明清散存文献忘筌丛书

主编　周荣

教育部人文社会科学重点研究基地基金（项目号：16JD730006）资助出版

《喻林》研究

蔡丰　著

武汉大学出版社

WUHAN UNIVERSITY PRESS

图书在版编目(CIP)数据

《喻林》研究/蔡丰著.—武汉：武汉大学出版社,2023.6
明清散存文献忘筌丛书/周荣主编
ISBN 978-7-307-17654-6

Ⅰ.喻… Ⅱ.蔡… Ⅲ.①百科全书—中国—明代 ②《喻林》—研究 Ⅳ.Z224

中国版本图书馆 CIP 数据核字(2022)第 014098 号

责任编辑:程牧原   责任校对:汪欣怡   版式设计:马　佳

出版发行:**武汉大学出版社**　(430072　武昌　珞珈山)
　　　　　(电子邮箱：cbs22@ whu.edu.cn　网址：www.wdp.com.cn)
印刷:湖北恒泰印务有限公司
开本:720×1000　1/16　印张:15.75　字数:232 千字　插页:1
版次:2023 年 6 月第 1 版　2023 年 6 月第 1 次印刷
ISBN 978-7-307-17654-6　定价:60.00 元

总　序

周　荣

　　长期做明清史研究的人一般会有一种很顽固的情结，即总习惯于将"明清"视为同一个时段，而不是两个朝代。专攻一朝历史的爱好者或研究者可能很难理解这种习惯，因为明朝和清朝两个王朝各占近三百年的时间跨度，两朝的皇帝及核心政治集团成员分别为汉族人和满族人。尤其是清兵入关后，强令汉人剃发易服，实行空前的文字狱，令中国传统文化的很多方面扭曲变形。明清两朝的巨大差异也导致了很多关于明朝和清朝孰优孰劣的争论，诸如两朝皇帝谁受教育的水平高，谁更有雄才大略，两朝政治决策机制哪个更合理，以及如果明朝没有覆灭，中国历史会不会走出一条不同的道路，等等。这些言论虽都有一定的合理性，但是，如果我们把明清两朝放在一起作一个长时段的观察，就比较容易发现它们在社会经济和文化等诸多方面的连续性。改朝换代的社会动荡虽然在一定程度上阻碍了社会发展的进程，但待社会恢复正常秩序后，很多固有的趋势又得以沿着既有的轨迹缓慢前行。尤为重要的是，从世界文明演变的进程来看，当世界历史发展到明清这个时间节点时，一些共同的时代特点也因势而生。此时，欧洲开始了殖民扩张和向资本主义转型的变迁，世界格局和东西方关系也在这里出现转折点，人类历史真正有了"世界史"的意味，中国再也不能孤立于世界历史之外了。此后，随着中西交流和冲突的日益增加，中国与世界相互交融的历史也揭开了新篇章。

　　明清是中国拥抱世界的时代，明清以来的社会发展趋势直接形成了今天的世界格局。中外学者以现代世界格局为基础来反思人类社会发展的这段历史时，提出了许多很有影响力的解释模式。如韦伯的"新教伦理与资本主义精神"、费正清的"冲击-回应"模式，中国学者一度热衷于采用马克思的"亚细亚生产方式"解释中国传统社会的性质，后来又发起"资本主义萌芽"大讨论。这些解释模式使越来越多的人关注西欧工业化以前中国与欧洲的历史以及它们之间的关系，明清的社会制度、经济观念、商品经济发展等问题开始在一种"世界史"或"人类社会普遍发展规律"的视野中受到重视并得到充分的研究。当然，这些解释模式都在一定程度上带有很强的西方中心主义色彩，无论是西方冲击下中国社会走上近代化道路，还是立足于资本主义萌芽来描述受到近代西方冲击以前中国社会的发展，其实都是在中国社会中寻找符合西方资本主义道路的因素。近年来，在反思和批评"西方中心论"的学术研究中，一些学者开始从全球一体化和经济全球化的角度重新思考和定位十五世纪以来的东西方历史。正是在这些持续的思考和探索中，明清时期的历史始终在"世界史"或"全球史"的语境中，受到来自世界各地学者的关注，并涌现出一批富有启示意义的成果。例如，美国学者彭慕兰以"交互比较"的方法克服欧洲中心论，在欧洲和中国历史的比较研究中"问的是为什么欧洲不是中国，而不只是问为什么中国不是欧洲"，他认为，经过他的研究和学者的反复讨论，"已完全站住脚的观点是：欧洲的核心区和世界其他一些地方(显然主要是东亚，但或许还有其他地方)的核心区之间经济命运的大分流在 18 世纪相当晚的时候才出现。在我们能够对其进行计量的范围内，大多数人的生活水平、在经济因素中占关键地位的劳动生产率、重要日用品市场及生产要素市场的广度及自由度等，看起来都大致相同"。为此，他的《大分流：欧洲、中国及现代世界经济的发展》一书的基本观点是：1800 年以前是一个多元的世界，没有一个经济中心，西方并没有任何明显的、完全为西方自身独有的内生优势；只是 19 世纪欧洲工业化充分发展以后，一个占支配地位的西欧中心才具有了实际意义。①

---

① 参见[美]彭慕兰：《大分流：欧洲、中国及现代世界经济的发展》，史建云译，江苏人民出版社 2003 年版。

继彭慕兰之后，加州学派的另两位学者王国斌、罗森塔尔又推出《大分流之外：中国和欧洲经济变迁的政治》一书，接续了国内外学者对"大分流"问题的关切和比较史学的视野，主要从政治视角观察中国和欧洲经济变迁的进程，在一定程度上修正了"大分流"理论，从而为明清以来中国和欧洲的社会经济变迁提供了新的解释。①

从中国社会内部观察，明清两朝的社会结构和组织方式也有很多一致性的特点，突出地体现在基层社会的治理模式上。在传统中国的大多数朝代，国家正式权力机构只设置到县一级，县以下的基层社会成为一个国家权力较弱而富有弹性的权力空间。明清易代之后，尽管经历了朝代的更替、社会制度的变革，但在基层社会治理状况上是一脉相承的。在民间惯习和组织、文化信仰方面，以及普通人的日常生活等方面一直保持着固有的延续性、适应性以及相应的弹性。学者们在关注和讨论明清基层社会的这些共同特色时，形成了极富影响力的"士绅社会"解释模式。大约在 20世纪 40 年代，吴晗先生对明代的乡绅作了较早的研究，此后经中外学者的共同努力，"士绅社会"理论日益完善，成为明清基层社会研究的重要范式。学者们发现，士绅阶层的形成与明清科举考试制度密切相关，经由学校与科举考试而获得功名和官职的是"正途"士绅，由捐纳等其他非正常途径获得功名和官职的称为"异途"士绅。他们在明清的国家与社会之中处于一种居中的位置，既自上而下贯彻正统意识和统治者的意图，也自下而上代表基层群众与上级官员对话，他们不仅担当官民沟通联系的纽带，也广泛参与地方社会诸种事业和事务，诸如维护治安、兴修水利、调解纠纷、兴办善举、赈灾济贫、移风易俗等，这些事务的成功举办，都有赖士绅发挥作用。在近年来国外学者有关明清地方和基层社会的研究中，"士绅"（gentry）这一概念逐渐被"地方精英"（local elite）所取代。所谓地方精英，"根椐周锡瑞和兰金的定义，指的是在地方舞台上（指县级以下）施加支配

---

① 参见［美］王国斌、罗森塔尔：《大分流之外：中国和欧洲经济变迁的政治》，周琳译，江苏人民出版社 2018 年版。

的任何个人和家族，这些精英往往比士绅的范围广泛得多，也更具有异质性，既包括持有功名的士绅，也包括韦伯论述过的地方长老，此外还有各种所谓'职能性精英'（functional elite）"①。相较于"士绅"，"地方精英"的含义更宽泛，其适用的范围也更广。不管是"士绅"还是"地方精英"，它们都是认识明清基层社会的重要工具。

　　总之，无论从外部还是从内部观察，明清时代在诸多方面是同质性的，传统的力量和种种前所未有的新因素相交织，形成了明清多重的社会结构和多变的时代风貌。"明清"成为观察中国历史内在发展规律的重要时代，有关明清社会经济文化的研究对今天我们认识中国国情也有着重要的参考意义，明清史的研究也因此而出现繁荣的局面。

　　与明清史研究总体上的繁荣局面和丰富性的解释模式相比，明清佛教史或佛教社会史的研究呈现出一种很尴尬的局面。涉及明清佛教相关主题的研究，目前还不能与相同时段的中国思想、文化和社会经济史等近邻领域相互关照起来，在同一层次上进行深入的探讨。中国传统文化虽号称儒、释、道三足鼎立，明清以降佛教文化也与本土文化一起回应西方文化的冲击，但目前关于明清学术、思想文化史的研究多重视宋明理学、阳明心学和清代汉学的传承关系，相形之下，同样在国家社会，特别是基层社会发挥重要作用的佛教思想与文化资源则没有获得对等的话语权。以日本著名明清佛教研究者荒木见悟为例，自20世纪60年代出版成名作《佛教与儒教：构成中国哲学的成分》以来，荒木见悟发表了有关明代佛教与思想史一系列著作，如《明代思想研究：佛教与儒教的交流》（创文社，1979年）、《佛教与阳明学》（第三文明社，1979年）、《阳明学的开展与佛教》（研文社，1984年）等。在这些论著中，荒木见悟以《华严经》《圆觉经》《大乘起信论》等佛典为素材，从独特的视角解读佛教思想，阐明佛、儒之间的互相影响和交涉关系，突破了以往中国思想史研究一直停留在儒家思想内部讨论的局限，为佛教思想进入中国思想史研究主流做出了有益的尝

———————————

①　参见邓正来编：《中国书评选集：1994—1996》，辽宁大学出版社1998年版。

试。可惜的是，荒木见悟的成果似乎没有受到明清佛教研究者的重视，他开辟的道路几乎没有什么继承者，他仍然被纳入明代阳明学以及近世儒学研究的学者队伍中，他的成果仍然被视作理解宋明理学与阳明心学关系的一个特例。

回顾学术化中国佛教史研究的历程，欧美和日本学者的研究起步较早，中国大陆和台湾的学者跟随其后，由于先入为主的印象和相互参照、借鉴的惯性，目前在中国明清佛教史研究领域形成了一些固定化的认知和解释模式，或者说是偏见。首先，明清时期被人们定性为是中国佛教的衰落时期。无论是日本早期的中国佛教史研究者忽滑谷快天，还是中国台湾的释印顺以及中国大陆的梁启超，都异口同声地表述了这样的观点，这一观点也在各个版本的中国佛教史著述中被反复申述。同时，明清近600年的历史进程中，本来并不太多的研究成果往往集中在少数几个时间点，甚至将整个明清佛教简单归结为以明末"四大高僧"为中心的佛教复兴运动。其次，教理、教团史的研究成为明清佛教研究的中心内容。人们习惯于凭借佛教经籍的翻译和诠释来判定佛学水平的高低，依靠官方典籍的规定来评述朝廷佛教政策的宽严，通过列举有关僧寺、庙产的分布与数量，通过统计在籍的僧尼数量或根据少数高僧的事迹来判断佛教的兴衰。正是基于这样的关注点，人们普遍认为，南宋以后，中国的佛教译经活动和佛教义学已经停滞不前，所以佛教日益走向衰落。其实，佛教是"普度众生"的宗教，对佛教盛衰的判断除了重视教义的变迁，君主、贵族和高僧等精英阶层信仰和接受佛教的事实之外，更应该关注普通大众是如何信奉和接受佛教的。研究者们似乎忽视了一个事实：历经唐宋至明清，佛教经过长期的弘传和中国化历程，很多教义已经深入人心，被人们普遍接受，已成为中国传统文化的一部分。此时的佛教已经不能简单地视为外来宗教，佛教不仅存在于寺庙当中，很多宗教内容和仪式转化为放生会、盂兰盆节、菩萨信仰、素食和放生等民俗活动或民间节日，渗透到人民生活之中。不与基层民众的日常生活和社会文化史的视域联系起来，很难理解和评判明清佛教的真实状况。

就史学研究的规律而言，要突破一个研究领域长期形成的固化模式，不外两种途径：一是理论方法的突破，二是史料的突破。应该说，近年来这两个方面都出现了一些可喜的趋势。如一些学者开始在方法论上创新，引入了社会文化史、历史人类学等方法展开明清佛教史的研究，取得了很好的效果，相关成果如卜正民《为权力祈祷——佛教与晚明中国士绅社会的形成》、韩书瑞《北京：1400—1900 年的寺庙与城市生活》、陈玉女《明代的佛教与社会》等。美国学者吴疆最近在复旦大学发起"佛法与方法：明清佛教及其周边"的讨论，从八个方面论及明清佛教研究的方法论转向，内容涉及明清佛教史的叙事、明清佛教研究中的"文本的交互性"（intertextuality）、明清佛教的区域宗教系统（Regional Religious System，简称为 RRS）、明清佛教研究中"心态史"（mentality）方法的运用以及明清佛教史研究的国际视野、宗教学视角、文化史视角和微观视角等方面。① 研究视野的拓展和方法论的突破也有助于史料观的拓展和新史料的发掘。从传统的以教理、教团史为核心视角出发，日本学者长谷部幽蹊的《明清佛教史研究序说》和《明清佛教教团史研究》等著作所提供的史料线索和梳理的细致程度可以说已经非常完备。若我们以更开阔的视野和更多元化的方法论来理解和指导明清佛教史和佛教社会史的研究，则在史料的发现和发掘方面仍有很大的空间。相较于宋以前，明清时期在雕版印刷术的改良和文化事业的发展方面有了长足的进步，保留至今的文献遗存也特别丰富。近年所进行的海内外存藏中国古籍文献的调查中，新发现的古籍大部分是明清时期的版本，其中有许多与佛教相关的史料并没有得到很好的重视和利用。除此之外，大量的明清时期的民间文书也在田野调查中被发现、整理和出版。以湖北地区为例，前不久出版的《湖北民间文书》（全十册）整理、收录了清代至民国湖北境内反映基层社会经济生活的原始民间契约文书 4000 余件。面对如此丰富的史料遗存，如果我们能解放思想，突破固化的研究范

---

① 参见吴疆、王启元编：《佛法与方法：明清佛教及周边》，复旦大学出版社2021 年版。

式的限制，则有可能在明清佛教史相关领域的研究中不断引发具有"史料革命"意义的"敦煌藏经洞"。正是顺着这样的思路，我们策划了这套丛书。

具体而言，这套丛书在明清佛教史料的发掘上有几个重点用力的方向。一是着眼于中国古代的佛教叙事传统，发掘那些因佛教的深入传播，叙事方式在明清时期发生了重要变化的典籍和文献。例如，在佛教中国化的早期进程中，《法苑珠林》等佛教类书多采用"援儒入佛"的策略以扩大影响，到了明清，儒家类书则大量借用佛教资源，表明佛教对社会文化的影响力和渗透力日益加强。其中，明代《喻林》首创引佛教譬喻入传统类书的先例，在类书的编纂上一方面收录佛典原文，另一方面专收典籍中的譬喻之辞。据统计，《喻林》中与佛教相关的譬喻句有 2900 多条，引自约 200 种佛教典籍。《喻林》此前并未引起佛教史研究的重视，本丛书首部专著《〈喻林〉研究》，既在微观上对《喻林》所引佛籍进行文献学梳理，亦结合徐元太的生平从宏观的角度来研究《喻林》"援佛入儒"的方式和特点，从一个明代士人知识分子的独特视角来观察明清佛教。二是着眼于明清时期新兴的佛教派别及其创作。明末清初，曹洞宗盛极一时，形成了寿昌、云门两大系统，其文学创作亦呈勃兴态势，而学界对这些作品关注甚少。本丛书对明末清初曹洞宗寿昌派诗歌进行较系统的研究，挖掘文字背后的丰富意蕴和独特价值。三是着眼于明清基层社会的地方宗教文献、民间文献。明清时期以佛教碑铭为代表的地方和民间文献具有传统史料、传世文物及人类学田野材料等"三重证据"的史料特点，这些碑铭或以实物的形态散布在寺庙、村落、墟市等基层生活场所，或以文字的形式残存在方志、寺志、山水志等地方文献中，是明清佛教研究的重要学术增长点。本丛书采用文献和田野相结合的办法，对明清佛教碑铭进行发掘和研究，自觉运用社会史的新理念、新方法，从"人"出发、以"人"为中心探讨明清佛教和民众生活的多面向。四是着眼于明清时期的国际环境和东、西方思想文化的碰撞。明中叶以降耶稣会士来华并由此展开的与中国本土文化的互动与碰撞是前所未有的。中国佛教联合儒、道共同抵制外来宗教，从传教士利玛窦和南京报恩寺的雪浪洪恩的"南京之争"开始，佛耶对话全面展开并延续到清代。中西之间的这些对话，在传教士方面，有大量的手稿、信札；在儒教和佛教方面，也有各种文献的辑录。本丛书重视对佛耶交涉文献的发掘，借此思考多元文明互动背景下佛教义学思想的可能性和局限性。

本丛书只是本人所承担的教育部人文社会科学重点研究基地重大项目"明清地方宗教文献与汉传佛教世俗化研究"（项目批准号：16JJD730006）的阶段性成果，非常感谢武汉大学中国传统文化研究中心各位领导、专家和同事的关怀与帮助，感谢丛书各位作者的辛勤努力，感谢武汉大学出版社各位领导和编辑的大力支持！我希望这套书的出版能够起到抛砖引玉的作用，吸引更多的同仁关注明清佛教史料的发掘与研究，僧俗四众同心普愿，宗门教下和学界凝心聚力，共同推进宗教学术自由昌盛，谱写明清佛教与社会史研究的新篇章。

2022 年 12 月

序

蔡丰 2016—2020 年在武汉大学文学院攻读中国古典文献学博士，我是她的指导老师。当时在论文的选题方向上几经斟酌，最后定为研究明代类书《喻林》。

《喻林》是明代徐元太编纂的一部质量较高的类书。该书主要收唐以前的譬喻，其内容不仅涉及经、史、子、集四部，也包括佛教和道教典籍中的内容。其突出特点有三：

一是该书专门收集古代典籍中带有隐喻性的语例和故事，此前类书未见从这一角度编纂的。中国的修辞方式很多，徐元太之所以独独钟情于"喻"，原因就在于这个"喻"涉及古人的思维方式，特别是其中对政治、伦理、哲学问题的论证方式。透过此书可以看到中国传统思维方式的一些特点。

二是该书花了大量的篇幅收集佛教典籍中的比喻语和故事的原文，并且将它们分别安放到编者独创的门目中。对该书二级类目的创设依据，值得深入研究；而佛教譬喻被安放于这些类目，是否会导致原先寓意的改变，以及这些改变意味着什么，诸如此类的问题，更值得深究。透过它我们至少可以窥见当时的读书人的知识体系及其对佛教譬喻的接受方式。

三是《喻林》在收录材料时，与明代绝大部分类书不同，它注明了出处。当然，这一点学界已有较多研究。

正是因为《喻林》具有以上特点，并且针对第一和第二点的研究空间很大，所以，我们初步将研究方式聚焦于此书。刚好武汉大学图书馆周荣教授正在从事教育部人文社会科学重点研究基地重大项目"地方宗教文献与明清佛教世俗化研究"（16JJD730006），我是其团队的一员，于是，我就向周教授请教这个题目是否可以纳入他的这项研究，周教授从思想史的角度对这个题目作了充分肯定，欣然将蔡丰的研究纳入他的项目，并提供了很好的建议和很多参考书目，特别是佛教譬喻研究方面的书。

武汉大学古籍所的研究工作特别重视实事求是、无证不信，所以，在我的指导下，蔡丰发挥她特别能吃苦的特质，做了很多精细统计和深入分析的工作，完成了博士论文，后又结合校外评阅意见和周荣教授的修改意见，做了细致的修订和增补。今天终于以一个比较圆满的面貌呈现于读者面前了！

该书分为五章。第一章结合《喻林》文本的内容来探讨徐元太的思想特点，并从私修类书的发展和比喻的发展两个角度来研究《喻林》的成书背景。第二章研究《喻林》的类目，重点在《喻林》类目定名依据的研究，认为该书借鉴了之前类书类目定名，其定名依据主要是儒家和道家思想，也有个别类目定名依据佛家。第三章研究《喻林》之"喻"，找出了《喻林》中与现代修辞学所定义的比喻概念不同的部分。这个部分主要包括类推和比较、解释说明、起兴和象征、寓言和讽喻等。第四章是《喻林》所引宗教内容方面的研究，此章亦是本书的重点。这部分在研究《喻林》"援佛入儒"策略的基础上，研究《喻林》的编纂理念和子目如何与佛典相关，以及佛教中的譬喻理论是如何影响中国譬喻文学的。第五章是《喻林》校勘记。此部分基于明万历一百二十卷本《喻林》跟四库全书本《喻林》的对读，并辅以明刊八十卷本的对校，以及对《喻林》所引原书的查考而成。该部分发现并纠正了万历一百二十卷本《喻林》的许多错讹，在掌握大量校勘实例的前提下，归纳了底本的致误原因。

具体来讲，该书的创新点如下：

第一，对《喻林》征引的佛教典籍的年代作了全面考察，弄清了《喻林》引佛典的准确情况，发现并非如编纂者徐元太所说只引唐代以前的。从《喻林》引用佛典的具体情况来看，除了失译的佛经以外，《喻林》引用的两百余种佛教典籍中，大多是六朝时的汉译佛经，但仍然采用了唐代高僧译出的佛经三十四种，宋代佛经七种。作者据此指出了前人据徐元太《自序》

所言的"六朝以上"断限的偏颇。

第二，全面分析了《喻林》所收材料的性质，发现《喻林》的"喻"除了包括比喻外，还有属于比拟、模拟、象征、起兴的内容，以及对宇宙、世界的起源、构成及运转机制的阐释文字，从而得出了古代的"喻"比现代的"喻"范围广的结论。另外，据作者研究发现，《喻林》一般收能比附德行和哲理性较强的"喻"，很少收纯文学性的、描绘性的比喻，这很大程度上与《喻林》其书的性质和徐元太编纂该书的宗旨有关。

第三，发现《喻林》门类下面的子目，是按相同相近意义类聚的。《喻林》意义相近或相同的子目大多安排在一起，虽然有些子目从表面来看意义差别很大，但总可以找到它们中间的"核心子目"，即便"核心子目"不明显，我们也可以抽绎出它们中间的核心意义。

第四，发现并分析了《喻林》援佛入儒的策略。《喻林》中的譬喻有很多来自佛教文献，这些佛教譬喻句被归类到按照儒家观念设立的门目中，较其原义，发生了不同程度、不同形态的变化。作者从多方面研究发现，《喻林》在对佛典譬喻进行归类时，充分考虑和接受了三教融合的观念和既成成果。对于在此之外的佛典譬喻的归类，则采取了"援佛就儒"的策略，即抹去或弱化其宗教特征，将其当作一般的世俗道理来理解、运用。而在"援佛就儒"过程中出现的意义改变，应该是编纂者有意为之，目的是想赋予这些比喻更广泛的世俗意义。《喻林》编者广收佛教譬喻，对于当时佛教的世俗化有一定的推动作用。

第五，通过校勘，发现并校正了明刊一百二十卷本《喻林》中的一些关系重大的错讹，还发现四库本的错误往往是由四库馆臣臆改而造成的。

蔡丰博士的研究从《喻林》开始，后续可延伸到佛教譬喻及其对中国传统思维和表达方式的影响等方面。如果有机会对魏晋南北朝隋唐汉传佛教典籍文物进行深入研究，那就能真正把学问做大做深。俗话说，机会总是找有准备的人。愿蔡丰永不止步！

罗积勇

2022 年 5 月

目　　录

绪　　论

一、选题缘由

(一)《喻林》是一部重要的类书

《喻林》是集古人设譬之辞的一部专门性类书，明代徐元太编。明代类书蓬勃发展，数量众多，以官修类书和民间类书为主，私纂类书数量相对较少，质量好的也不多。其原因主要在于，在编纂方法上存在剽窃饾饤、无资实用、不考原书、不注出处、委托名人、滥编类书等问题。在编纂内容上，又存在陈陈相因普遍、科业俗书泛滥等方面的不良状况。处在刻书态度普遍不严谨的时代，为克服人为疏失所造成的错误，徐元太所采取的策略，是在《喻林》每一条所收录的资料之末注明出处。《喻林》所注出处多是书名、篇名二级制，部分还注有作者或是小类、卷次，成为三级制。明代刻书有"明人刻书而书亡"之讥，而《喻林》出处注明详细，在明代类书之中实属罕见。它也成为明代私纂类书中比较好的一部。《四库全书总目》该书之提要云："是书采摭古人设譬之词，汇为一编，分十门，每门又各分子目，凡五百八十余类，历二十余年而后成，用心颇为勤至，其引书用程大昌《演繁露》之例，皆于条下注明出处，并篇目卷第一一胪载，亦迥异明人剽窃扯掔之习。……元太是编，实为创例，其搜罗繁复，零玑断璧，均足为缀文者沾丐之资，是亦不可无一之书矣。"[①]由此可见，体例结构的严

---

① （清）纪昀：《四库全书总目》卷一三六《喻林》提要，中华书局 1965 年版，第 1154 页。

1

谨，成就了《喻林》的一项特色。

《喻林》自叙云："会中州何侍御公代天来狩，相与提衡，最为契洽，偶见抄本，为宜宣布寓中，以惠后学。予弗获辞，竟灾梨枣。要之拾掇为文，人莫我知，亦莫我罪。比学宪郭君，博通今古，一代文人，海以内仰之，不啻麟角凤毛，而序云：汇喻为林自予始。予初心岂作始哉。至云与予谈天下事，若得于喻者，深私心窃有厚愧。夫《喻林》，不足稊文，即谬以文许，则文之与武两途，奚翅径庭三征，固恭仗天威，而受益郭君，良非渺浅。嗣郭君秉钺黔中，拓土开疆，元老壮犹，震乎殊俗，诚文武为宪，质之吉甫。宁过逊予？"①何公以为该书"宜宣布寓中，以惠后学"，给予刻印，郭君又高度赞颂该书创始之功。编者与读者都完全意识到该书的意义甚大，是因为他们意识到了"喻"对于谈天下事、明天下理的好处，也可能感觉到了八股代言与经史及诸子集中所载古人设喻之词以况譬达意之间的相通之处。因为到了正德、嘉靖年间，八股文已经成熟，且股对重在对比、比较，而比喻正可为其所用。曾为嘉靖乙丑进士的徐元太精心编纂而成的《喻林》，不能说与当时八股文的兴盛无关。钱泰吉《曝书杂记》中就有提道："钦命诗赋题，往往取此书，一日，琉璃厂书肆搜索殆尽，盖翰苑诸公争购读也。"②可见，虽距《喻林》成书已百余年，仍出现抢购的盛况。从此书受明清文人欢迎的情况来看，此书对科举有裨益，对文学创作亦有帮助。

从《喻林》征引文献的整体情况来看，该书所征引文献涵盖范围很广，遍布经、史、子、集四部。此外，该书还收录了很多宗教类文献，开启了儒教类书引宗教类典籍内容的先河。它不仅贯彻了作者所处时代提倡的"三教融合"的政策和趋势，也扩大了传统类书的编纂范围，给后人书籍的编纂以无穷的启发和教益。

---

①　(明)徐元太：《喻林》，上海辞书出版社1991年版，据上海辞书出版社图书馆藏明万历刻本影印。本书论述中所引《喻林》条文均出自此版本。
②　(清)钱泰吉：《曝书杂记》，收录于《续修四库全书》，影印清道光十九年(1839)别下斋丛书本，第926册，第9页。

再从《喻林》的编纂体例来看，《喻林》分造化、人事、君道、臣术、德行、政治、学业、文章、性理、物宜十门，从八十卷过渡到一百二十卷，门类次序虽有调整，但仍不悖天、地、人、事、物的顺序。在分类架构上，《喻林》采取"门类—子目"的二级分类方式，也就是冯浩菲先生所谓的"双目体类书"，此与中国古今多数类书一致，例如《北堂书钞》《艺文类聚》《初学记》等。《喻林》的内文也有自己的特点，在《喻林》每一类子目下，诸条文依序鳞比，且内容在前，出处在后。前文已提到，《喻林》所注出处多是书名、篇名二级制，部分还注有作者或是小类、卷次，成为三级制。从整体来看，《喻林》的编纂体例是十分严谨的，且该书的编纂水平也较同时期其他类书高。

但现代学者对《喻林》的研究很少，涉及《喻林》内容的书籍也不多，以至于很多人都不了解《喻林》，误以为这本书没有多少研究价值。据本人考证，比喻的名称最早见于《诗经·大雅·抑》，其中有"取譬不远，昊天不忒"的诗句；到了春秋战国时期，诸子百家开始对比喻进行研究；到了梁代，刘勰的《文心雕龙》有专篇对比喻进行全面、精辟的论述；到了明代，出现了徐元太的《喻林》；到了清代，出现了吕佩芬的《经言明喻编》。由此可知，《喻林》在比喻修辞发展的过程中起到了承上启下的作用。正是有《喻林》这种积累性质的专门性类书的出现，才有后来一系列研究比喻这种修辞手法的著作的出现，促进了近现代修辞学之譬喻的理论化、系统化的发展。总之，《喻林》无论是在当时还是现代都是一部重要的类书，具有很高的研究价值。

(二)《喻林》以及《喻林》中的佛典譬喻有很大的研究空间

中国历代对于类书，多只注意其工具书的性质与用途，对于其他方面则少有深入探讨。本人对与类书研究相关的大量论文做了分析，发现对于类书的研究一般集中在以下几个方面：对类书的通论性的研究、对类书与中国文化关系的研究、对类书发展演变方面的研究、对类书文献价值方面的研究、对类书的范围和发展方面的研究、对类书与文学关系方面的研究等，而对于类书专书的研究则主要集中在人们认为比较重要的几种类书上。据本人查证，对《喻林》这本书，到目前为止，国内外专门研究的论文很少，较为系统全面研究的著作也不多。结合上文我们所分析的《喻林》的重要性来看，《喻林》很有可能没有得到现当代学者的足够重视。

现阶段已有的研究成果主要体现在《喻林》的版本、体例等方面，而对《喻林》文本内容的研究则较少，特别是修辞、校勘、宗教文献方面的研究鲜有涉及。此外，体例方面的既有研究也不够细致、深入。因此，《喻林》作为修辞学史上一部承前启后的重要著作，有待挖掘的内容还有很多，对其进行全面、系统的研究也很有必要。

本书的创新之处在于，涵盖了《喻林》修辞、校勘、宗教文献方面的研究，并把这三个领域与对明代佛教的研究结合起来。

二、文献综述

（一）关于《喻林》的研究综述

上文提到，系统研究《喻林》的专著和论文不多（国内外具体的研究现状将在后文提及），但涉及并介绍《喻林》的书籍则比较多。很多工具书及修辞类的书籍对徐元太及《喻林》都作了简要的介绍，这类介绍主要存在于一些辞典类的工具书中，如：祝鸿熹、洪湛侯主编的《文史工具书辞典》，钱仲联、傅璇琮等主编的《中国文学大辞典》，吴枫主编的《简明中国古籍辞典》，赵传仁、鲍延毅等主编的《中国书名释义大辞典》，何伟主编的《中国古代吏部名人》等。除此之外，对《喻林》一书的介绍也散见于一些修辞学的著作，如：李华主编的《〈左传〉修辞研究》，谭全基主编的《古汉语修辞学论文集》，冯广艺主编的《汉语比喻研究史》。值得一提的是，以上书籍除了简单介绍徐元太及《喻林》，也有很多涉及了《喻林》的版本情况。据本人了解，为了契合子目及门类意义，《喻林》还收录了大量的寓言故事。因此，现阶段还出现了专门对《喻林》所收录的寓言故事进行研究的著作，如申华岑主编的《先秦寓言》，张友鸾选注的《古译佛经寓言选》等。

关于《喻林》，当代学者以鲁迅最早注意此书，其于《〈痴华鬘〉记》中云："常闻天竺寓言之富，如大林深泉，他国文艺，往往蒙其影响。即翻为华言之佛经中，亦随在可见，明徐元太辑《喻林》，颇加搜录，然卷帙繁重，不易得之。"然而，自鲁迅之后，迄今对《喻林》进行全面研究的论文或专书不多。国内学者对《喻林》的研究成果主要如下：

论文主要有以下几篇：伍立扬的《读〈喻林〉》，该论文从宏观的角度谈了作者对《喻林》这本书的理解和看法；江育豪的《徐元太〈喻林〉及其相关问题初探》，该论文就徐元太及其所编之《喻林》，论述了其编纂动机、版本、特色与体例等。

也有在其研究著作中对《喻林》做深入研究的，如：彭邦炯的《百川汇海——古代类书与丛书》对《喻林》作了述评；洪湛侯的《中国文献学要籍解题》，采《四库全书总目》及《曝书杂记》对《喻林》进行解题并做了研究。

但做《喻林》专书研究的仅有台湾江育豪先生的《徐元太〈喻林〉研究》。该书对《喻林》的研究深入而系统。全书分为四部分。第一部分研究徐元太的生平及著述，主要叙述徐元太的生平、家室、交游、事迹以及著述；第二部分系统地对《喻林》的成书原因进行了探讨，对其各个版本及现代重要影印本加以介绍，考订了各个版本成书的先后顺序，并比较了各个版本之间的异同；第三部分着重分析了《喻林》的体例，对该书体例的渊源、书中所采用的体例以及特殊形式进行了详细的介绍；第四部分从分类编排、体例结构、其所采用书籍目录以及书中所征引的文献四个方面入手，论其研究价值以及卓越之处。

国外对《喻林》的研究主要有日本学者佐藤一好的两篇论文，分别为《徐元太の生涯と〈喻林〉》和《〈四库全书总目提要〉の〈喻林〉评价》。这两篇文章对《喻林》均做了较为广泛的研究。

(二) 关于佛教譬喻的研究综述

因《喻林》中收录了大量与佛教相关的譬喻句，故本书将在第三章研究佛教譬喻的相关内容。因此，很有必要对佛典譬喻的研究作专门的研究综述。据本人查证，有关佛教譬喻的研究著作不多，比较著名的有学者丁敏的《佛教譬喻文学研究》。该书主要讲了何为佛教中的阿波陀那(后文中有具体的定义)，介绍了阿含经与律部中的阿波陀那，然后研究了一系列包含譬喻的佛典。该书多从这些佛典譬喻的内容和形式入手加以研究，这些包含譬喻的佛典有《撰集百缘经》《贤愚经》《杂宝藏经》《大庄严论经》《法句譬喻经》《出曜经》等。此外，对几部以譬喻为名的佛典也进行了研究，如《杂譬喻经》《旧杂譬喻经》《与众经撰杂譬喻经》《百喻经》等。该书还对佛典中词句的譬喻方式、佛典中譬喻的文学特色进行了综合性的研究，全面而细致地呈现出了佛教譬喻的特点。

　　除了丁敏的研究著作外，还有一些与佛教譬喻有关的研究论文。具体的情况如下：

　　元文广的博士学位论文《汉译佛典譬喻故事研究》认为，譬喻故事作为佛经的重要组成内容，是佛说法的工具。作为一种特殊的服务工具，它根本的价值是帮助人们理解佛理。该文主要从五个方面对汉译佛典譬喻故事进行研究。第一个方面涉及譬喻故事的形式。他认为譬喻故事具有嵌套叙事和二元结构两种形式。第二个方面涉及譬喻故事与佛教业报思想。他认为譬喻故事刻意丑化人物，不是出于审美的考虑，而是佛教教义宣扬善恶轮回果报等佛教思想的需要。第三个方面涉及譬喻故事与古印度财富继承制度。作者研究发现，佛经中用来比附佛理的譬喻故事，有一些涉及财产的继承问题。因此，他认为，这些譬喻故事对于认识古印度社会的财产继承问题具有重要价值。第四个方面主要研究譬喻故事对佛经文献研究的意义。作者认为，譬喻故事作为佛经中的一个重要内容，不仅在佛经中反复出现，还被大量结集成书，因此，这些不同佛经中的同一故事对佛典文献的疑伪、抄录、校勘以及辑佚等都具有重要的参考价值。第五个方面主要涉及譬喻故事对中国文学的影响，作者认为譬喻故事对中国故事特别是对中国人兽对话型叙事有巨大的影响。

　　姜媛媛的硕士学位论文《〈经律异相〉譬喻文学性研究》认为，佛经的大量传译，让中国文学在情节的运用、故事的类型、文体的创新和题材的扩大上有了新的视野，尤其体现在变文、禅诗、宝卷、小说中故事的取材或情节运用等方面。此外，佛经的传入与汉译，还扩大了中国的语言词汇。该论文从教义和文学两方面来谈什么是因缘，分类列举了《经律异相》中的因缘喻，并归纳了"因缘"故事的叙事特征。该文也谈到了《经律异相》中的譬喻，不仅从佛教譬喻文学的兴起研究了《经律异相》中譬喻部、譬喻师、譬喻经等内容，也谈到了"譬喻"对"因缘""本生""本事""记说"等方面的统摄；不仅探讨了《经律异相》与佛教比喻文学之间的关系，也概括了《经律异相》譬喻的叙事特征。此外，该文还从小乘思想和大乘思想，因果报应与六道轮回，以及性别与身份的角度谈到了《经律异相》譬喻文学的内涵与意蕴。

韩瑞的硕士学位论文《〈圆觉经〉中的比喻研究》认为《圆觉经》中包含多达 43 个形象生动、寓意深刻的譬喻，而且文辞优美、内涵丰富，是研究佛典譬喻绝不能忽略的一部经典。该文对《圆觉经》中的 43 个比喻做了全面的分析，并通过这些比喻来研究其所表达的佛教理论，以及这些喻理对于现代社会的启示。该文还结合《法华经》和《金刚经》这两部经典来分析《圆觉经》中比喻的特点。

赵纪彬的《中古佛典序跋讲说方式的譬喻性》认为，譬喻是中古佛典序跋重要的讲说方式之一，持续且广泛存在于中古时期的各个阶段与各类题写者所作的佛典序跋中。作者认为中古佛典序跋譬喻性的形成是多种因素共同作用的结果，与譬喻本身的属性、对佛教譬喻经的借鉴、中土业已存在的譬论等因素密不可分。作者还认为，中古佛典序跋的譬喻性具有重要价值，不仅使自身形象化，拉近了与诵读者之间的距离、扩大了自身的受众范围，而且把中古各个历史阶段及各类题写者的佛典序跋连接为一个有机整体，构筑起了它们之间的共性。

张煜的《〈长阿含经〉中的譬喻、故事及其他》以汉译《长阿含经》为中心，对该书中的譬喻运用、文学故事予以了分析和关注。作者认为修辞的譬喻多见于佛传类文学，并认为《长阿含经》还涉及佛塔崇拜，可以佐证 20 世纪日本学者如平川彰将佛塔崇拜与大乘起源相联系。作者还认为该经中贬低神通，以及对天堂、地狱的描写等，都对佛教史与佛教文学的研究具有很大的价值。

王廷法的《佛典"譬喻"的逻辑考察》一文认为佛典"譬喻"与因明三支的"喻"存在逻辑上的对应关系,且此种关系在佛典中悉有体现。以佛典"譬喻"的逻辑特性而论,佛典譬喻与因明三支的"喻"具有相通性,即均以属性相似为"譬喻"的基础,且具有排他性。作者认为,佛典"譬喻"本身具有逻辑自洽的表现形式,"譬喻"与寓意之间也存在相互对应的逻辑关系。为了宣扬佛理,佛典的喻体与喻依之间存在着并列和平行两种逻辑转换关系。

刘正平的《佛教譬喻理论研究》一文主要从佛教譬喻的语源学含义、譬喻的形式和作用原理三个方面对佛经中出现的譬喻进行了研究。作者认为,譬喻作为佛教重要的说理方法,存在顺喻、遍喻、分喻等多种形式。作者还认为,从佛教的语词相待性理论和藏识转识理论来分析和理解譬喻的喻依与喻体,藏识转识的流转过程,即是喻体和喻依产生新认知的过程。作者研究发现,顺喻建立的双向维度认识效果和分喻建立的"发散—收敛"认识效果是佛教譬喻的重要特色。

除了以上所列举的论文之外,研究佛教譬喻的还有赵伟的《佛教譬喻影响中国文学举例》、肖鹏的《佛教中盐的词汇和譬喻》、张海沙的《譬喻:佛教传法方便与诗学表达》等。有的论文从标题来看或许与佛教譬喻无关,但论文中也涉及了佛教譬喻方面的内容,虽然所占篇幅不多,但也有很多值得了解、借鉴的地方。如孙鸿亮的《佛经叙事文学与唐代小说研究》、闫艳的《佛经翻译文本研究》等。

三、研究内容

本书主要包含徐元太及《喻林》研究、《喻林》类目研究、《喻林》中的"援佛入儒"以及《喻林》中的"喻"与佛教譬喻等几个方面,每个部分具体的研究内容如下:

(一)徐元太及《喻林》研究

这部分主要分为徐元太的思想特征研究、《喻林》成书的文化背景研究、《喻林》的版本流传以及《喻林》引用书目研究四部分。因学术著作很大程度上能反映作者本人的思想境界、思维方式和思想水平，故本部分对徐元太的研究除了详细介绍其生平事迹外，主要侧重于结合《喻林》的内容来探讨其恪守忠君爱民、主张经世致用和提倡援佛入儒的三个思想特点。对《喻林》成书的文化背景和社会背景所进行的研究主要侧重于介绍类书、比喻的发展，以及三教融合的大趋势。对《喻林》引用书目的研究则结合《喻林》编纂宗旨和徐元太当时所能见到的古书两个维度来进行。比如该书所摘佛教譬喻，涉及的佛典，按其凡例，应限于六朝即隋以前的汉译佛典，而现实《喻林》引书情况是否完全如此？另外，徐元太引用这些佛典而摒弃其他佛典的原因是什么？《喻林》中被引用的佛典有什么特点？这些问题都亟待我们加以研究解决。

(二)《喻林》类目研究

江育豪先生研究《喻林》的体例，主要涉及《喻林》的门类、内文与出处的安排等方面。本书在他研究的基础之上力求创新。由于《喻林》是类书，它的体例安排自然会受到它之前的按分类原则编纂的古书的影响。又由于《喻林》是专收譬喻资料的特殊类书，所以它的分门设类，又必然受到它所收材料的影响。本书拟在研究《喻林》之前相关子书、类书、政书和文集的分类体例特点的基础上，探寻《喻林》的设类标准及设类特征。本部分拟分三节来研究《喻林》的类目。

首先，在研究《喻林》分门概况及排列特点的基础上来探讨其门类定名的依据。据了解，《喻林》的门类，有与之前类书相似的排列特点。而《喻林》门类定名的原因不仅与徐元太所崇尚的思想相关，也与当时的成书背景相关。更为重要的是，《喻林》门类的定名还有自身独特的依据。这些依据主要体现在参考《喻林》之前类书的体例上。比如：《喻林》中的(下文省略)《政治门》或参考《北堂书钞》中的《政术部》以及《世说新语》中的《政事》；《人事门》或参考《太平御览》中的《人事》；《文章门》或参考《太平御览》中的《文部》以及《颜氏家训》中的《文章》等。

其次，在研究《喻林》子目特点的基础上来探讨其子目定名的依据。据研究，《喻林》的子目具有自身独特的排列规律，即意义相近或性质相同的子目大多排列在一起，且列在一起的子目，不管表义差别有多大，我们总可以找到它们之中的"核心子目"。即便"核心子目"不明显，我们也可以抽绎出它们共同含有的核心意义。笔者还发现，《喻林》子目中的动词性结构最多，且部分子目名称含义模糊。

在此基础上，着重研究《喻林》子目定名的依据。据研究，这些定名依据包括：参考所引内容而定名，参考文献出处名称而定名，参考《喻林》之前类书的体例而定名，等等。《喻林》子目定名的依据，主要为参考所引内容和参考文献出处名称两种。关于参考文献出处名称而定名的情况，我们发现了《吕氏春秋》的篇名对《喻林》的一些子目的定名影响很大。另外，《喻林》与道家思想有关的子目，在取名时往往参考《淮南子》的篇名等。值得注意的是，有些子目的定名不一定是照搬《喻林》之前类书中的目录名称，很有可能是徐元太受其启发而取相似或相关的意义。

最后，本部分还研究了《喻林》的类目是如何融合宗教理念的。这里的宗教理念主要是"援佛入儒"的思想。具体来讲，"援佛入儒"主要体现在佛教内容在融入《喻林》子目时采用了诸多不同的方式。

(三)《喻林》中的"援佛入儒"

本部分首先给《喻林》这本书"定性"，即通过分析《喻林》的体例来说明《喻林》的儒家本位，以给后面的相关研究作铺垫。研究《喻林》中的"援佛入儒"，重点在于研究《喻林》"援佛入儒"的策略。"援佛入儒"的策略实际上是以"三教融合"理念为基础的。江育豪先生认为徐元太《喻林》促成了儒、释、道三教融合。① 事实上，《喻林》的两级类目基本上反映的是儒家

---

① 江育豪先生在《徐元太〈喻林〉研究》中认为：徐元太秉持儒家思想，在《喻林》当中建立一套"天、地、人、事、物"的思维架构，而将自成一套体系的佛教思想消解，逐一重新纳入儒家思维架构中……无论徐元太是无意或是刻意为之，皆促成儒、释、道融合的结果。

思想或者说"儒道互补、以儒为主"的思想体系。道教思想融入这个体系应不是很难,但佛教思想自成体系,即使是为众生受教方便而设的比喻、寓言也有特定意涵,这些特定意涵是如何被消解的,确实很有研究价值,通过这一研究可以探究到明代三教融合的具体途径与方式。笔者经研究发现,《喻林》中的"三教融合"主要体现在因果报应问题上的融合、儒教"理一分殊"与佛教"化无分别"的道理趋同两个方面,具体的形式则有先儒道融合、再融入佛教譬喻,以及不借助道家道教而直接融佛入儒两种。

《喻林》中的"迁佛就儒"主要体现在去除情欲、嗔怒,忽视节欲、戒欲的不同点,以及调适智愚方面的问题三个方面。就"援佛入儒"的具体策略来讲,主要体现在"迁佛就儒"诉求下的调适和"迁佛就儒"诉求下的改变两个方面。"调适"和"改变"有着本质的不同。"调适"指的是佛典文献在徐元太引用的过程中意义变化不大,但在理解的时候需要我们中和儒家和佛家的思想。"改变"指的是佛典文献经徐元太引用后与原意差别巨大,而这巨大的差别很大程度上是由徐元太本人理解有误造成的。关于"调适"和"改变"的方法,则是我们通过比较文献原意与徐元太理解义,并找出它们之间的歧义部分研究得来的。对于歧义部分,我们不仅对产生歧义的内容进行了分类整理,而且对歧义产生的原因进行了分析。具体来讲,以《喻林》中所引的佛教文献为线索,在《大正藏》里找出相关引文的上下文,以分析歧义产生的种类及原因。研究发现,"迁佛就儒"的具体措施主要有舍弃佛典比喻之本体、改变取喻角度、断章取义以及归类不当四种。其中前两种是"调适"的手段,后两种是"改变"的手段。然而,所引佛教内容中有歧义的部分毕竟是少数,其实没有歧义的部分也是非常值得研究的。鉴于如此多的佛教内容用数量极少的子目来归纳,那么产生这种现象的深层次的原因也是值得研究的。笔者认为,结合前面所提到的歧义产生的原因,我们可以在此基础上进一步研究《喻林》所体现的"三教融合"的思想。

《喻林》的"援佛入儒"还体现在《喻林》的编纂与佛典相关这个方面。在研究这个问题时,我们发现,编纂《喻林》系受佛典著作方式之启发,《喻林》的类目定名多依据所收佛典譬喻本身,而且《喻林》的编纂宗旨和类目定名受《法苑珠林》的影响。本部分主要以佛典特别是以《法苑珠林》为例，来分析研究佛典的著作方式如何启发《喻林》的编纂者，佛典的譬喻本身如何启发《喻林》的类目定名。在本部分的最后，本人对《喻林》中的"援佛入儒"进行了评价，并揭示了该现象的意义。

(四)《喻林》中的"喻"与佛教譬喻

虽然《喻林》是徐元太汇集唐以前很多书籍中的比喻句而成的一本专门性类书，但由于古代"喻"的观念跟现代有很大的差别，在我们今人看来，《喻林》中的很多内容是不能称为"喻"的。这主要是因为古人所谓的"喻""譬喻"所指的范围比今人宽很多，只要带有"比"的性质大多可叫"喻"，甚至为了说明某一事物而使用的比较手法也可叫"喻"。如先秦惠施为了说清"弹"是什么，而用"弓"来比较，说"弓去其矢而以石易之"就是"弹"。而这一比方无论是在惠施自己，还是在与其对话的人看来，都毫无疑问地属于"喻"。由此可见，《喻林》中"喻"的观念跟现代有很大的差别，主要是因为编者将本非比喻但有可能改造为比喻的资料也收入了。① 本部分在研究比喻的起源、成因与分类的基础上，主要分析《喻林》文本内容呈现的方式和特点，古代的"喻"和现代的"喻"之间的异同点，从而更好地认识《喻林》中譬喻材料的性质和类型，并进一步研究佛教譬喻对中国譬喻的影响，以及佛教修辞类譬喻对中土文学有何影响。

《喻林》一书采摭古人设譬之词，汇为一编。可见，这本书很能体现徐元太对于"喻"所持的观点及看法。本部分以徐元太所认为的"喻"为核心，主要从研究古代的类推思维入手，分析《喻林》中"喻"产生的根源，逐步梳理"喻"的发展史，进而探讨古代的"喻"与今天的"喻"有何不同，并着重分析它们之间的因承关系。在此基础上再来探讨《喻林》中"喻"的种类。由于《喻林》乃徐元太所编，那么徐元太本人的思维方式也直接影响到《喻林》的内容取舍及呈现方式。通过研究《喻林》中"喻"的特点，我们也可以了解

---

① 《喻林》徐元太自序："即非喻而可为喻，犹笔存之。"

徐元太是怎么看待"喻"这一概念的。经本人研究,《喻林》中的"喻"至少包括了类推、比较、解释说明、象征、寓言故事、讽喻以及比拟这几种。本部分还介绍并研究了《喻林》中与宗教相关的譬喻,在研究佛教类譬喻时,专门把它分为明喻、暗喻、讽喻、打比方和解释说明五种。

本部分的后面两节主要研究佛教譬喻对中国譬喻和中土文学的影响。在研究佛教修辞类譬喻对中国譬喻的影响时,本部分在对佛教譬喻多重含义和分类标准辨析的前提下,提出了自己的分类方法,再在新提出的分类框架的基础上研究佛教的修辞类譬喻是如何影响中国譬喻的,并认为佛教的修辞类譬喻对中国譬喻的喻体的选择和创造、喻体的表述、固化的取喻角度以及比喻的方式都有或深或浅的影响。在研究佛教修辞类譬喻对中国具体文学形式的影响时,本书选取的角度是寓言和小说,并对文学理论的影响也有所阐释。

(五)《喻林》校勘记与所引佛教文献的问题

本部分首先对《喻林》的版本源流作了一个简单的介绍。《喻林》最早的刻本应是明代万历十七年(1589)的八十卷何刊本,徐元太在《喻林》自序中详细记载了这个刻本的缘起:"会中州何侍御公代天来狩,相与提衡,最为契洽,偶见抄本,为宜宣布寓中,以惠后学。予弗获辞,竟灾梨枣。"何侍御当时是到四川担任地方官,可见这个本子是明代的蜀刻本,武汉大学图书馆藏有。这次初刻之后,又陆续增加了不少资料,于是徐元太于万历四十三年(1615)成了一个一百二十卷自刻本。这个本子比八十卷本刻得精。在明代还有一个五十卷的抄本,现藏于故宫博物院,这应是何刊本或徐刻本的节抄本。明清针对《喻林》的删节刻本有明天启二年(1622)署名郦道元辑共二十四卷的《喻林髓》,清代不著辑人共六卷的《喻林一枝》,还有清代王苏删辑共二十四卷的《喻林一叶》。《四库全书》收有《喻林》,据说其所依据的底本是明刊一百二十卷本,但有明显删改。文渊阁《四库全书》删《政治门》中《驭夷》一类,更将《政治门》中《暴兵》一类也删除,这都是出于政治目的。将《四库全书》本与万历四十三年一百二十卷刻本对比,发现《四库全书》本改动了不少字，这些改字有的符合《喻林》所引原书，也有的并不符合，纯属凭主观臆测而改。

因为《喻林》的版本弄不全，无法全面校勘，那么笔者对《喻林》的校勘，主要是基于明万历一百二十卷本《喻林》跟四库全书本的对读。首先，将明刊一百二十卷本与四库全书本逐条对读，找出明刊本与四库全书本不同的地方。再进一步翻查明刊八十卷本，最后根据出处返查原书，判断万历一百二十卷本的正误。在掌握大量校勘实例的前提下，本书还归纳了底本即《喻林》万历一百二十卷本的致误原因。

在校勘过程中，本人发现了很多底本致误原因完全没有任何根据的情况，这让笔者更觉得对《喻林》底本的校勘是十分必要的。如"譬如一切草木，丛林依地为根本。【法集经·欲四】①"，底本出处"法集经·欲四"，八十卷本同，四库全书本作"法集经·卷四"。而通过考证《大正藏》所收《法集经》原文，该句在其第四卷。这是底本的错误与原文找不出任何相关性的情况。还有的底本和四库全书本存在差异之处，本人在以《喻林》所引原书与之对校时，发现《四库全书》本改错了，这很大程度上属于四库馆臣臆改。如"老莱子隐于蒙山之阳，以葭为盖，蓬为室，岐木为林者，父为度衣。【太平御览·地部·防山】"，底本"岐木为林者，父为度衣"，八十卷本作"岐木为林，耆父为度衣"，四库全书本作"蓍木为艾席，枝为床衣"。但查考中华本《太平御览》作"岐木为床，耆艾为席"，此例很有可能是四库馆臣臆改，造成了文不成句的情况。四库馆臣凭臆测而改字的情况相较起来更多，如"如有二象，桶力而斗，若一被伤，退而不复。【大乘密严经卷下】"，底本"桶"，八十卷本作"桶"，四库全书本作"角"。查考《大藏经》所收《大乘密严经》原文作"捔"。这也是因四库馆臣臆改而误的例子。由此可见，四库馆臣并未原原本本、老老实实进行对校、他校，因而《四库全书》本的改字也就不可靠。

此外，底本还出现了因受原文俗字字形、异体字字形影响而导致错误

---

①　本书中，《喻林》诸条所注出处，均采用【】标示。

的情况。如"掇怀珠之蜂于九渊之底，指含光之珍于积石之中。【抱朴子外篇·清鉴】"，底本"蜂"，八十卷本同，四库全书本作"蚌"。考证上海古籍出版社本《抱朴子外篇》作"蚌"。而错误的原因很有可能因为"蚌"有异体作"蜯"，"蜯"与"蜂"形近。又如"卉而散诸野，终年肥遁。【何氏语林·言志王无功集无心子传】"，底本"卉"，八十卷本同，四库全书本作"弃"。查考《何氏语林》，用的是"弃"的俗字，而《喻林》底本可能误抄为"卉"。

　　一般来讲，底本致误原因大致可以分为误、脱、衍、倒四种情况。其中"误"的类型最多，可以分为因同音致误、因衍文致误、因脱文致误、因倒文致误、因音近致误、因形近致误、因音同形近致误、因音近形近致误等种类。此外，就《喻林》这本书来说，还有其他的一些特点。比如：故事性强的部分错误少，理论性强的部分错误多；或因刻工不熟悉典籍名称，出处部分也有不规范及出现错字的情况；因徐元太引用比喻并非完全照搬，很多比喻乃拼接剪辑而成，在这个过程中也难免会出现错误。值得一提的是，《喻林》底本的很多错误找不到以上所说的常见的原因。据本人统计，这种情况比较多，这也充分体现了校勘《喻林》的必要性和价值。本部分亦从校勘出来的与佛教有关的材料中，集中研究《喻林》引佛教文献过程中出现的问题。本部分的研究主要从《喻林》各版本引用佛教文献所出现的重要异文，以及《喻林》所引佛教譬喻与佛典原文意义产生出入的情况两方面来切入。

第一章　徐元太及《喻林》

第一节　徐元太的生平

徐元太(1536—1617)，字汝贤，宣城(今安徽宣城市)人。嘉靖四十四年(1565)进士。初知江山县，复知魏县，拜铨曹主政，转员外郎。迁吏部主事、陕西按察使、都察院右都御史，户、兵两部左侍郎、四川巡抚，以军功升兵部右侍郎，累迁顺天府府尹，官至南京刑部尚书。

关于徐元太的生平，① 中国台湾学者江育豪先生在其著作《徐元太〈喻林〉研究》中做了详细的研究。该书对徐元太家世的研究，主要涉及其父祖、兄弟、家室和子嗣四个方面。父祖一类主要提到了其远祖徐知证、六世祖徐亨、五世祖徐严、高祖徐惠、曾祖徐说、祖父徐访以及父亲徐衢，并提到了其五世祖、曾祖、祖父以及父亲皆有清操；兄弟一类主要涉及其兄徐元气，还提到了他为官期间，勤政爱民，颇受爱戴；家室一类主要提到了自己的两位夫人，即元配刘夫人和梅夫人；子嗣一类主要提到了徐元太的三个儿子，即臣庆、廷庆和之庆。在研究徐元太交游的部分，作者主要提到了其好友郭子章、梅鼎祚、汪道昆、许国等人。在这部分中，作者不仅详细介绍了他们的著作情况，还展示了他们与徐元太联系密切的"文证"。此外，该书还提到了徐元太的学殖著作，如他所撰的《全史吏监》《抚

---

① 可参看江育豪：《徐元太年谱简编》，见江氏著《徐元太〈喻林〉研究》，台湾花木兰文化出版社 2007 年版，第 28 页。

蜀奏议》《史鉴吟》，所辑的《尸子汇逸》，所编的《喻林》和《易编》①等。

本部分也从本人自己的视角，着重从徐元太的思想形成和思想特点这两个方面提出了自己的一点看法。认为徐元太相关思想的形成离不开其家庭环境特别是其父亲的正面影响，他"经世致用"的思想主要体现在赫赫战功上。

一、父亲的正面影响

徐元太的父亲徐瞿，字亨之，号澜溪，官浮梁主簿。据《宁国府志》载，徐瞿为官颇有清操。徐瞿曾在浙江做过一个名为典史的小官，有一次因为冒犯了上级官员遭到了责打。他觉得非常羞愧，于是辞去职务回归乡里。但当时的徐元太喜欢游乐，对举业不感兴趣，还被县学除了名。徐瞿内心的忧伤不免又多了几分。他随后叫来儿子，并告诉自己所经历的羞辱之事。徐元太听后思想上深受震动，并暗暗发誓，一定要发愤读书，为父亲洗去羞辱。经过不懈的努力，他终于考上了进士。

考中进士后，徐元太正好被分配到那位曾责打自己父亲的官员的家乡当地方官。他觉得为父洗辱的机会来了。但临行前，父亲却要求他不要为自己报仇，并认为那位官员是家族的恩人，他觉得正是那位官员的羞辱，自己才有机会教育儿子并使之顺利考上进士。他要求徐元太去了那里，要主动拜访那位官员并感谢他，徐元太只好答应了父亲的要求。从这件事我们可以看出，徐元太的父亲是一位严于律己、宽以待人的人。徐父对他的影响很显然是正面的，甚至贯穿他的一生。这从他后来的为人处世、清廉的官风中都可以体现出来。

二、不惧权相张居正

嘉靖四十年（1561），徐元太参加乡试，名列第二。嘉靖四十四年（1565），考中进士，初知江山县（今浙江），复知魏县（今河北），因为政

---

①　该书今不传，未详内容。

绩卓异，不久就升任铨曹主政，员外郎，继而升吏部考功主事。

万历五年（1577），他担任会试的同考官，权相张居正的三个儿子恰好都参加这一科的考试。其他考官都惧于张的权势，准备同时录取三人。但徐元太独持异议，认为考场上应该公事公办，结果张的三个儿子中仅有一个被录取。张居正为此十分恼怒，后来找借口将他贬为山东参政。

还有一次，张居正派他的儿子到泰山祈福，官员们都赶去陪伴张公子，只有徐元太没去。他认为，这是张居正的儿子为自己的父亲祈福，又不是臣子为皇帝祈福。既然不是为皇帝祈福，大可不必去凑热闹。他不仅自己这么做，还身体力行写信劝其他官员不要去。他还引用《论语》中的"曾闻泰山不如林放乎"的典故来讽刺这帮人颠倒是非，弄得他们非常尴尬羞愧。徐元太之清正廉洁、刚正不阿的精神可见一斑。

三、西南平叛建军功

徐元太不仅有文韬，还有武略。史载万历十三年（1585）夏，四川松潘地区的少数民族发生叛乱，朝廷派徐元太任四川巡抚，率军平叛。这场战争可以分为三个阶段：第一阶段，徐元太采取分散、瓦解的策略平松潘；第二阶段，采取"以夷制夷"的策略平建越；第三阶段，征集五万大军平马湖。长达三年的平叛战争，彰显了徐元太善调度、悉机宜、善用人的优良军事才能，也是徐元太一生功业的巅峰期。由于平叛有功，他升任兵部右侍郎，右佥都御史，加二品服。

四、退隐林下政声扬

万历十七年（1589），徐元太辞官回到了家乡，从此开始了长达二十多年的隐居生活。虽然辞官了，但他依然关心地方建设。具体的措施包括置义田千亩，赡养家族，捐资修建藏经阁、观音堂、长安坝等。特别是修建水坝，这一举措极大限度地解决了农田干旱的问题，这也让很多老百姓念其德行。

从以上几件事情我们可以得知，徐元太是一个清正廉明、不畏强权、能文能武的官吏。

第二节　徐元太的思想

笔者在了解前人研究成果的基础上，阅读了大量相关资料，认为徐元太的思想主要体现在恪守忠君爱民、主张经世致用和提倡"援佛入儒"三个方面。一般来说，学术著作大体能反映作者的思想境界、思维方式和思想水平。鉴于此，本人将以《喻林》为主体，来研究徐元太的思想特点。

一、恪守忠君爱民

作为一名封建官吏，徐元太受传统儒家思想的浸润颇深，由此形成了忠君爱民的重要思想。明代张一桂在其著作《漱秋堂文集·前魏令宣城徐公生祠记》中就记载了他当魏县县令时的政绩，更提到了他离开魏县时，老百姓携老扶幼，泣于车下，并为之立生祠的场面。该书认为徐元太之所以如此受爱戴，是因为他颁布了一系列诸如减轻劳役、注重民生、整饬吏治、倡学表节等方面的措施，并取得了良好的效果。其实，徐元太忠君爱民的思想在他的著作中也有反映。他编纂的《喻林》中也选取了很多与这一思想相关的内容，其中"忠君"的思想在《臣术门》中有最直接的体现。

如：《臣术门一》中有《审任》《守正》《守职》《明分》《忠君》《匡辅》《进言》等子目。其中《审任》主要指要根据自己能力的大小而做相对应的事情，即《喻林》所引的（下文均省略）《墨子·亲士》中提到的："虽有贤君，不爱无功之臣；虽有慈父，不爱无益之子；是故不胜其任而处其禄，此非禄之主也。"《守正》主要是说明君臣心中正直、有节操的重要性。《守职》主要是说臣子做好自己工作的重要性，即《盐铁论·疾贫》中提到的："骄马不驯，驭者之过也；百姓不治，有司之罪也。"《明分》主要是说臣子要明白自己的身份地位，不可僭越，即《太平御览·职官部·总叙官》中提到的："官之有级，犹阶之有等；升阶越等，其步也乱，乱登朝级，败礼伤法。"《忠君》《匡辅》《进言》等子目则告诫臣子要对君主忠贞不贰，且要尽辅佐、进言之责。

《臣术门二》中有《谏诤》《勤事》《立功》《进贤》《称任》《行令》《攻邪》《尽职》等子目。其中《谏诤》主要是说臣子有对君主直言进谏的义务。《勤事》主要是说臣子事君要尽其所能，如《后汉书·虞诩传》："志不求易，事不避难，臣之职也。不遇盘根错节，何以别利器乎？"《立功》主要是讲臣子要有建功立业的决心。《进贤》主要是说贤才的可贵，臣子应该向君主举荐贤才。《称任》主要是说要根据自己的能力做与之相符的事情，这跟《臣术门》中的《审任》相似。《行令》主要是说臣子要无条件地执行君主的命令，即《潜夫论·实贡》中提到的："夫明君之诏也，若声；忠臣之和也，如向；长短大小，清浊疾徐，必相应也。"《攻邪》主要是说臣子要力除对社稷不利的奸臣，即《后汉纪·孝桓下》中提到的："农勤于除草，故谷稼丰茂；忠臣务在除奸，故令道德长。"《尽职》主要是说臣子对君主、对国家要尽自己的职责。

《臣术门三》中有《持体》《恭顺》《一心》《积诚》《戒随》等子目。其中《持体》主要是说臣子居于不同的位置要有不同的为官态度，即《吕氏春秋·贵公》中提到的："夫相，大官也。处大官者，不欲小察，不欲小智，故曰：'大匠不斲，大庖不豆，大勇不斗，大兵不寇。'"《恭顺》主要是说臣子对君主要恭敬顺从。《一心》主要是说臣子要一心一意对待君主。《积诚》主要是说臣子对君主要有诚心、忠诚。《戒随》主要是说君臣相处要有章法，即《左传·昭公二十年》中提到的："若以水济水，谁能食之？若琴瑟之专一，谁能听之？"该句用两个疑问句，来说明处事太过随便、毫无章法是行不通的。

《臣术门四》中有《戒贪》《戒盛》《忧国》《重国》《泽民》《相道》等子目。其中《戒贪》主要是说臣子要戒除贪欲。《戒盛》主要是说臣子为人不可恃宠而骄，即《焦氏易林·颐之大有》中所提到的："盛极必毁，高位崩颠。"《忧国》主要是说臣子要以国家为念，关心国家的兴衰荣辱。《重国》主要是说臣子要重视国家的需求，即《新序·杂事四》中提到的："仁人也者，国之宝也；智士也者，国之器也；博通士也者，国之尊也。"《泽民》主要是说臣子要心系天下苍生，为民谋福。"相道"中的"相"是辅佐的意思，《相道》主要是说臣子辅佐君主的职责及重要性，即《中论·审大臣》中提到的："大臣者，君之肱骨耳目也，所以视听也，所以行事也。"

《臣术门五》中有《结知》《思退》《立节》等子目。其中"结知"中的"知"指的是知己，主要是说臣事君要有知恩图报的情怀，要了解君主的想法，如《战国策·楚宣王》："江乙说于安陵君曰：'以财交者，财尽而交绝；以色交者，华落而爱渝。是以蔽色不敝席，宠臣不敝轩。今君擅楚国之势而无以自结于王，窃为君危之。'"《思退》主要是说臣子随时要有急流勇退的豁然心态。《立节》主要是说臣子内心要有信仰、节操。

从以上《臣术门》中的诸子目来看，徐元太对如何由内而外做一个"合格"的臣子有全面涉及，这充分体现了他的"忠君"思想。

再来看徐元太的"爱民"思想。该思想在《政治门八》中《顺民》《安民》《足民》《激劝》《布泽》等子目中有直接体现。其中《顺民》主要是说要顺从民意、民心，即《后汉纪·孝灵下》中提到的："在溢则激，处平则恬，水之性也；急之则扰，缓之则静，民之情也。"《安民》《足民》主要是说臣子的重要职责是让百姓安宁，安居乐业。《激劝》主要是说要善于用激励、奖赏的措施驭民，这里"劝"有奖励的意思。《布泽》主要是说统治阶级要善于以德治国。

徐元太忠君爱民思想的根源是他具备清正廉明的性格，除了上文第一节中提到的受其父亲的影响很大，还与他良好的家风有密不可分的关系。实际上，徐元太的祖辈都具备这种优良的性格。徐元太之五世祖徐岩，生卒不详。① 根据《本朝分省人物考》的记载云："严，性刚直，有清操。累督关、陕、徐州军储，着声绩。官至户部郎中。"② 曾祖徐说，字以中，《宁国府志》记载云："说，登成化戊戌（1478）进士，授礼部主事，历擢南

---

① 江育豪：《徐元太〈喻林〉研究》，台湾花木兰文化出版社2007年版，收录于潘美月、杜洁主编：《古典文献研究辑刊》第五编。

② （明）过庭训：《本朝分省人物考·卷三十八·南直隶宁国府》"徐说"条，收录于《明代传记丛刊》，明文书局1991年版，132册，第471页。

京右通政。谦抑端谨，虽秩列闲司，亦能修举故典，随事尽职，尝持节，册封靖江王，资赆甚厚，一无所取，致仕归务，以忠信先乡里。年八十余卒，其齿德为一时冠云。"①祖父徐访，后人对其之评价，俱为正向，《宁国府志》云："(徐访)有懿行，以耆德称于乡。"②第一节已经提到了徐元太的父亲徐瞿的影响，此不赘述。徐元太还有兄弟名徐元气，字汝和，嘉靖壬戌年(1562)进士，为官亦清正廉洁，有政声。由此可知，徐元太祖上的遗风和家风均对其忠君爱民思想的形成影响深远。

忠君爱民的根本原因是徐元太本人秉性纯正，清正廉明。从《喻林》这本书来看，徐元太清正廉明的性格在《德行门》中有最直接的体现。如：《德行门一》中的《廉洁》《履信》《庄敬》；《德行门二》中的《蹈仁》《中行》；《德行门六》中的《成德》《德盛》《大成》等。此外，在《造化门》中也有体现，如《造化门二》中的《无私》《盛德》等子目。因为这几个子目的含义大部分显而易见，此处就不赘述，在此仅解释一下"中行"的含义。"中行"中的"中"指的是"中庸之道"，如《淮南子·泛论训》中所提到的："太刚则折，太柔则卷，圣人正在刚柔之间，乃得道之本。"

此外，由于《造化门》包括《盛德》这个子目，而《德行门》中有《德盛》这个子目，这两个子目从字面意思来看差别不大，在此将这两者加以比较，分析其异同点。《造化门》中的《盛德》是指大自然中的万事万物都有自己的"德"，在这部分，通常用物的"德"来比人。如《太平御览·地部·水上》："顾夷子与子华游东池，子华曰：'水有四德，沐浴群生，深流万世，是仁也；扬清激浊，荡去滓秽，是义也；柔而难犯，弱而难胜，是勇也；道江疏河，恶盈流谦，是智也。'"又如《春秋繁露·五行对》："忠臣之义，孝子之行，取之土。土者五行最贵者也，其义不可以加矣；五声莫贵于宫；五味莫美于甘；五色莫贵于黄。"而《德行门》中的《德盛》强调的是德

---

①　(明)陈俊等修，沈愗学等纂：《宁国府志》，成文出版社，影印万历五年(1577)刊本，收录于《中国方志丛书》第691号，第1653页。

②　(清)庄泰弘等纂修：《宁国府志》，成文出版社，影印康熙十二年(1673)刊本，收录于《中国方志丛书》第692号，第1629页。

之"盛"。如《中庸》："辟如天地之无不持载，无不覆帱；辟如四时之错行，如日月之代明。"又如《老子·洪德》："大成若缺，其用不敝；大盈若冲，其用不穷；大直若屈；大巧若拙；大辩若讷。"因此，这两个子目虽然都能反映徐元太清正廉明的思想，但侧重点是不一致的。

二、主张经世致用

从徐元太的生平来看，他虽然是进士出身，但是他并不仅居文职。他还做过吏部尚书、兵部侍郎等武官，因此他也是一名能征善战的军事将领。此外，徐元太还编纂过诸如《全史吏鉴》《抚蜀奏议》《史鉴吟》等与吏治相关的著作。从这个方面也可以看出，他的读书、做官以至学问都是为现实社会需要服务的，即他十分提倡经世致用。

上文提到，从万历十三年（1585）到十五年，短短三年，徐元太战功赫赫，平松潘、建越、马湖，足以说明他具备卓越的军事指挥才能。此外，他还有出色的吏治才能。如：为了边境的长治久安，他置安边以固封守，设抚彝以便分理，开县治以育残氓，改守备以据要地，设巡检以辖黄郎，定酋长以束邛彝，修武备以控要荒，设堡墩以严烽堠，正疆界以杜侵争，清土田以供边饷，撤守戍以省远徭，更敕书以专责任，遴守备以驭穷陬，简职官以裨始事等。① 这一系列体察民情、军情、边情的措施，无不彰显徐元太经世致用的思想。

徐元太经世致用的思想也体现在他对《喻林》的编纂理念中。他编纂《喻林》，虽然与当时文人编纂文集的风气、自己喜好譬喻有关，但该书的编纂，是有它真正的现实意义的。

有研究认为："明代后期是一个'天崩地坼'的时代，社会的各个方面都发生了许多显著的变化。……到了万历年间，风气之转移，俗尚之改革，又渐与往年不同。从正德、嘉靖到万历年间逐渐形成了一股与传统的

---

① 参见江育豪：《徐元太〈喻林〉研究》第一章第二节"功勋事迹"部分，台湾花木兰文化出版社 2007 年版。

伦理观念和道德准则相违背的社会风气。"①更有学者指出:"进入明中后期以后，政治腐败日渐突出，贪贿公行，士风败坏；荒淫怠政，玩忽职守，党争不息，纪纲不振；兼并土地，转嫁赋役，富者愈富，贫者愈贫，民不堪命，这些都是社会经济发展的阻碍力量。"②在这种社会风气的明后期，出现了很多揭示社会黑暗的著作，特别是小说，如《三言二拍》《聊斋志异》等，代表了当时知识分子对社会的关心和忧虑。《喻林》虽然是一部类书，没有与小说相似的引人入胜的故事情节，但从它的门类及子目安排来看，该书对社会的黑暗面也有一定的针砭及警示意义，客观上也促进了社会的发展。总的来说，《喻林》在明代中后期这个"世风日下"的大的历史背景下出现，是有一定现实意义的。

徐元太把《喻林》分为造化、人事、君道、臣术、德行、文章、学业、政治、性理、物宜十门，涵盖了社会的诸多方面。其中《文章门》《学业门》对当时的读书人有一定的指导作用，也对净化社会风气有好处；《德行门》对社会风气的影响也是正面的，而且对人精神世界的塑造也有一定的积极意义；《造化门》《性理门》《物宜门》则有利于人们认清大自然的本质和人性的内涵，对提升人们的思想境界有帮助。很显然，《喻林》不是一本随波逐流的类书，而是适应时代需求而成的一本颇有教义的书。该书字里行间都凝聚着徐元太的心血，也彰显了他忧国忧民的情怀。

与忧国忧民思想所对应的现实方法是经世致用，只有具有实用性，才能解决社会发展中出现的实际问题。徐元太提倡的经世致用的思想，从《喻林》所征引的子目下的具体内容也可以看出来，在《政治门》《人事门》中有最直接的体现。在《政治门》中体现的大多与吏治相关，如《政治门五》中的《防萌》《交修》等，《政治门九》中的《理财》《通变》《拨乱》等，《政治门十》中的《更新》《至治》等，《政治门十一》中的《固国》《庇本》《强本》等，

---

① 陈茂山:《试论明代中后期的社会风气》,《史学集刊》1989 年第 4 期。
② 张显清:《晚明社会的时代特点》,《河南师范大学学报》(哲学社会科学版) 2005 年第 6 期。

《政治门十二》中的《征伐》《选将》《义兵》《要地》《驭夷》《暴兵》等,《政治门十三》中的《兵机》等,《政治门十四》中的《屯膏》等。以上子目名称大多根据字面意思就很好理解,但有一小部分子目的含义需要仔细揣摩。其中《交修》主要是说臣子处下,要匡助在上的天子,即《毛诗·东方注》中所提到的:"君明于上,若日也;臣察于下,若月也。"《义兵》主要是说用兵打仗必须要考虑老百姓的安危。《要地》主要是说行军打仗的过程中要占据战略要地。《兵机》主要是说战争中兵法谋略的重要性。

除此之外,《人事门》下的很多子目也能反映徐元太经世致用的思想,且主要体现在为人处世和精神层次两个方面。体现在为人处世方面的,如《人事门三十一》中的《适用》《效用》《善用》等,《人事门三十二》中的《用长》《韬光》《适当》《量力》《趋时》《顺时》等,《人事门三十三》中的《待时》《审时》《审理》等。其中"用长"中的"长"指的是"长处",说的是做事要善于运用自己的长处。《趋时》中的"时"指的是事物发展的规律,该子目告诉我们,做事情要顺应事物发展的规律。《审理》是告诉人们要知晓事物的发展规律和道理。还有针对提升人内心的精神层次和修养的内容,如《人事门三十四》中的《尚刚》《尚柔》《尚动》《尚静》《尚先》《尚后》《尚速》《尚迟》等,从这些子目名称来看,徐元太是一个十分具有辩正精神的人,看问题全面而周到:在崇尚"刚"的同时也崇尚"柔",在崇尚"动"的同时也崇尚"静",在崇尚"先"的同时也崇尚"后",在崇尚"速"的同时也崇尚"迟"。此外,还有《人事门三十五》中的《尚义》《尚勇》《决断》《强力》等。其中《强力》主要是说统治阶级必须具备强大的能力,才能解决诸多问题,即《后汉书·丁鸿列传》中所提到的:"天不可以不刚,不刚则三光不明;王不可以不强,不强则宰牧纵横。"从以上的分析我们可以知道,徐元太不仅提倡经世致用,而且主张把这一思想融入社会生活的方方面面。

三、提倡援佛入儒

早在隋唐时代,儒家中就出现了不直接排斥佛教的一派学者,他们提出了"援佛入儒"的主张,希图从佛教中吸取有用的思想来丰富自己,以创造新的儒学。这种思想到明代大为发展，有学者认为："朱熹广大、精微兼备的思想体系的建构离不开对佛学的融摄。朱熹早年有很长一段出入佛老的经历，对华严禅颇有研究，这为他借鉴佛学打下了比较坚实的思想基础。在朱熹的思想体系中，无论是他的理一分殊说、理事显微体用论、关于心得阐释还是修养方法上对'静'的关注，都可见佛学，尤其是华严禅思想对他的影响。"①因此，佛学在理学的兴起中起到了至关重要的思想助缘作用。同样的，针对朱学之弊而建立起来的陆学与禅学也有莫大的渊源，甚至有人直接称其为禅学。有学者研究称："就陆学本身而言，无论是其心本论的建构理路，明心见性的'易简工夫'，还是不立文字、六经注我的观点，都和佛学尤其是禅宗思想有诸多相似之处。"②

此外，明末阳明心学的兴起也与佛教思想的渗透密切相关。"与陆九渊一样，王阳明之学也被视为禅学……但在他看来，佛禅与儒学一样，都是求尽其心，其差别仅在毫厘之间，并认为佛学与儒学乃体用关系，儒为体，佛为用。他也正是以佛禅为用来建构自己的心学思想体系的。"③在王阳明的良知论、知行合一论、无善无恶之心体论、顿渐结合的功夫论中，我们都可见佛禅灵知论、定慧等论以及佛性"非善、非不善"等观点的影响。

徐元太正是生活在理学影响极大、三教不断融合的万历年间，在这个大的社会、文化背景下，《喻林》"援佛入儒"的编纂思想，十分符合当时的历史背景。且遍查诸如《艺文类聚》《太平御览》《册府元龟》等大型类书的引文出处，均无佛教典籍的记载。仅在《纂图增新群书类要事林广记》中查到该书有涉及佛教的部分，但该部分主要介绍佛法源流、禅教名数等方面，并未涉及佛典的具体内容。因此，说《喻林》首开引佛教文献入传统类书的先例，的确是有事实依据的。

为了实现"援佛入儒"的编纂理念，徐元太在整本书的宏观架构、类目

---

① 王心竹：《理学与佛学》，长春出版社 2011 年版，第 107 页。
② 王心竹：《理学与佛学》，长春出版社 2011 年版，第 154 页。
③ 王心竹：《理学与佛学》，长春出版社 2011 年版，第 189 页。

安排上有精心的设计，也在某些内容的选取、安排上做了主观上的微调。经本人研究发现，《喻林》在对佛典譬喻进行归类时，充分考虑和接受了三教融合的观念和既有成果。对于在此之外的佛典譬喻的归类，则采取了"援佛入儒"的策略，即抹去或弱化其宗教特征，将其当作一般的世俗道理来理解运用。而在"援佛入儒"的过程中导致的意义改变，则赋予了这些譬喻更广泛的世俗意义，且广收佛教譬喻对于当时佛教的世俗化有一定的推动作用。(具体的研究请参看本书第四章)

第三节 《喻林》成书的背景

《喻林》成书于明万历年间，这一时期正是类书数量激增的时代，比喻的发展也进入了新的阶段。且明万历年间理学影响极大，儒、释、道三教不断融合，《喻林》的编纂在这个大的社会、文化背景下，渗入了"三教融合""援佛入儒"的编纂思想。本部分就专从文化背景和社会背景两个角度来研究《喻林》的成书背景。

一、文化背景

(一)类书的发展

当今学者对类书的定义有自己的理解，一般来看，大家都认为类书是摘录、汇辑多种文献中的原文，按内容性质分门别类地编排组织，以供寻检和征引的工具书。关于类书的起源，前人提出了"类书源出'杂家'说""类书源出《尔雅》说""类书源出赋说"等观点。但从客观的角度来讲，类书的源头肯定是多元的，必然是汲取了《皇览》之前千余年的中华文明的成果，也必然是伴随着中国古代文化的发展而产生的。

对于类书不同阶段的发展情况，不同的学者亦有各自不同的看法。但大体的发展脉络应该是有所定论的，即江育豪所说的："类书编纂发展甚早，然魏晋时期仍处于酝酿阶段，不甚普遍；宋代则因科举的需求、雕版印刷术的普及，而使类书的编纂，取得较为蓬勃发展的局面。有明一朝达到类书编纂的高峰期。"鉴于《喻林》成书于明代万历年间，我们就主要研究明代类书的发展情况，以期能了解明代类书的发展对《喻林》成书所带来的影响。

关于明代类书的发展，有学者认为："明代类书的发展进入黄金期。官修类书多为大部头，动辄千卷万卷，明代解缙、姚广孝等奉敕撰《永乐大典》，明成祖亲自为之撰序，书曰：'上自古初，迄于当世，旁搜博采，汇聚群书，着为奥典。'"①还有学者认为："汇编与类书的生产，在明代尤其是晚明时期达到了高峰，官方和私人都竞相参与这个生产与再生产的过程。"②从以上观点来看，明代类书的发展已然十分繁荣。

对于明代类书具体的发展态势，总的来说是官修数量减少、私纂种类增加以及篇幅卷数大增等。据本人统计，在官修类书方面，宋代有《太平御览》《太平广记》《册府元龟》等，清代有《渊鉴类函》《古今图书集成》《佩文韵府》《韵府拾遗》《骈字类编》《子史精华》《分类字锦》等，而明代官修类书只有《永乐大典》。对比之下，明代官修类书数量大减。私纂类书恰恰与之相反，不仅朝专门性类书方面积极拓展，而且篇幅卷数也不断扩大，如专门探摭图谱的章潢的《图书编》和王圻的《三才图会》，与姓氏有关的夏树芳的《奇姓通》、杨慎的《希姓录》、李日华的《姓氏谱纂》等。在篇幅卷数方面，明代之前所编类书，篇幅达百卷以上者不多。但到明代，私修类书达百卷以上者，则比比皆是。如彭大翼的《山堂肆考》有二百四十卷，俞安期的《唐类函》有二百卷、《启隽类函》有一百零九卷，冯琦的《经济类编》有一百卷，王圻的《三才图会》有一百零六卷，饶伸的《学海君道部》有二百四十卷等。由此，徐元太处于明代这个类书特别是私纂类书的大发展时期，写出一百二十卷的私纂性类书《喻林》，正顺应了当时的类书特别是私

---

① 张晚霞：《我国类书的发展及其类目的沿革》，《淮北师范大学学报》（哲学社会科学版）2018 年第 2 期。

② ［美］本杰明·艾尔曼：《收集与分类：明代汇编类书》，刘宗灵译，《学术月刊》2009 年第 5 期。

纂类书发展的趋势。

（二）比喻的发展

比喻，古时称作"比""辟"。据本人研究，古代典籍中很早就出现了比喻，如《尚书·盘庚上》："若网在纲，有条而不紊；若农服田力穑，乃亦有秋。"该句以"服田"喻劳苦，以"有秋"喻乐利。《诗经》也广泛使用了比喻，在《大雅·抑》中，就有"取譬不远，昊天不忒"的论述，强调运用比喻时要以浅近比喻深远，以熟悉比喻陌生。

春秋战国时期，比喻作为一种极富表现力的语言手段备受重视。诸子在运用比喻的过程中，初步总结了一些有关比喻的理论。最早对比喻下定义的是墨子，《墨子·小取》中对比喻作了如下论述："辟也者，举他物而以明之也。"该论述基本反映了比喻的本质属性，即比喻是一种用对他物描写的方式来进行解释说明的方法。《论语·雍也》中阐述道："子曰：'夫仁者，己欲立而立人，己欲达而达人。能近取譬，可谓仁之方也矣。'"孔子认为，要以身边最熟悉的东西作为喻体来说理。韩非子在《难言》中提到"多言繁称，连类比物，则见以为虚而无用"，认为如果事物原本很清楚，再用"虚而无用"的比喻来修饰是不可取的。庄子在《天地》中也说："谓己道人，则勃然作色；谓己谀人，则怫然作色。而终身道人也，终身谀人也，合譬饰词聚众也，是始终本末不相坐。垂衣裳，设采色，动容貌，以媚一世，而不自谓道谀，与夫人之为徒，通是非，而不自谓众人，愚之至也。"由此可知，庄子反对"譬饰"的比喻。荀子在《荀子·非十二子》中提到"便说譬喻，齐给便利，而不顺礼义，谓之奸说"，认为比喻是"谈说之术"中一种有效的手段，他强调比喻要符合礼仪，为宣传儒家思想服务。淮南子在《淮南子·要略训》中提道："假譬取象，异类殊形，以领理人之意……言天地四时而不引譬援类，则不知精微，从大略而不知譬喻，则无以推明事。"他在这些论述中强调了比喻必须以一定的客观物象为基础，要善于寻找不同客观物象之间的相似点来说明抽象的道理。

汉代刘向的《说苑·善说》中著名的有关"弹之状若弹""弹之状如弓"

的论述，十分深刻地阐述了比喻在交际中的作用。王逸在《离骚经序》中说："《离骚》之文，依诗取兴，引类譬喻，故善鸟香草以配忠贞，恶禽臭物以比谗佞，灵修美人以譬于君，宓妃佚女以譬贤臣，虬龙鸾凤以托君子，飘风云霓以为小人。其词温而雅，其义皎而朗。"很明显，该书对《离骚》中的比喻寓意及用喻特点做了研究。王充在《论衡》中这样论述比喻："何以为辩？喻深以浅。何以为智？喻难以易。贤圣铨材之所宜，故文能为浅深之差。"该论述明确了取得比喻效果的基本方法，即"喻深以浅""喻难以易"。他在该书《物势篇》中说"论必有是非，非而曲者为负，是而直者为胜。亦或辩口利舌，辞喻横出为盛"，阐述了比喻的运用要恰到好处的道理。他在该书《正说篇》中又提到"说家以为譬喻增饰，使事失正是，诚而不存，曲折失意"，表明了他反对滥用比喻的态度。王符认为："诗赋者，所以颂善丑之德，泄哀乐之情也。故清雅以广文，兴喻以尽意。"此句中他提出的"兴喻以尽意"的主张，揭示了比喻的特点和功用。在《潜夫论·释难》中，他也对比喻的特点、价值做了阐释："博督曰：吾子过矣，韩非子取矛盾以喻者，将假其不可两立，以诘尧、舜不得并之势，而论其术性之仁与贼，不亦失是譬喻之意乎？潜夫曰：夫譬喻也者，生于直，告之不明，故假物之然否以彰之。"强调了比喻是一种委婉的表现手法。

　　直至魏晋南北朝、宋代，始有比喻专论。刘勰《文心雕龙·比兴》是最早谈比喻的专论。该篇认为"故比者，附也……附理者，切类以指事"，"且何谓为比？盖写物以附义，飏言以切事者也"，意即比喻具有通过刻画别的事物来比喻所说之事，用明白的语言来描绘事物的特点。刘勰最早提出了比喻的分类问题，他将比喻分为两类：一类是"比义"，即以具体的事物来比抽象的义理；另一类是比类，即以具体事物来比具体事物的形貌。同时，刘勰还论述了比喻材料多样性的特点，如"夫比之为义，取类不常，或喻于声，或方于貌，或拟于心，或譬于事"。他认为比喻取材有声、貌、心、事的差异，也说明了比喻内容的繁丰。关于比喻的运用，他提到"比类虽繁，以切至贵""喻巧而理至""物虽胡越，合则肝胆"，认为比喻贵在贴切，要用得巧妙才能将道理说透，而且用喻要抓住事物之间的"相似点",达到"切"和"巧"的境界。南朝文学批评家钟嵘在《诗品·序》中也论及比喻:"故诗有三义焉:一曰兴,二曰比,三曰赋。文已尽而意有余,兴也;因物喻志,比也;直出其事,寓言写物,赋也。"这段话强调了比喻在表达思想上的作用。盛唐诗人王昌龄在《文镜秘府论·地卷·六义》中也对"比"作了解释:"比者,直比其身,谓之比假,如'关关雎鸠'之类是也。"

宋代陈骙的《文则》对比喻也作了专门的论述:"《易》之有象,以尽其意,《诗》之有比,以达其情。文之作也,可无喻乎?"他认为作文时必须用比喻,强调了比喻的重要性。在《文则》中,他将"取喻之法"归纳为直喻、隐喻、类喻、诘喻、对喻、博喻、简喻、详喻、引喻、虚喻十种。朱熹在《诗集传》中说"比者,以彼物比此物也",对比喻的定义简明精当,为后世广为沿用,影响甚大。总之,比喻发展到明代,已经积累了丰富的实践。且在此基础上,形成了对比喻的定义、分类、作用、运用等方面较为丰富的论述。正是在这个基础之上,徐元太搜集了唐以前的很多譬喻句,编成了第一部譬喻类的类书《喻林》。

二、思想背景

(一)阳明思想的传播

王阳明心学的创立及传播,在明末学术思想和社会上产生了广泛的影响。可以说,明末学术思想的演变,始于王阳明心学的创立。王阳明以"致良知"为心学宗旨,以"心"代替了程朱的"天理",将程朱理学所规定的客观外界强加在人身上的"理",转变成了人们主观可以感知的"心"。从学术上而言,王学克服了朱子末学的株守章句、琐屑零碎的弊端,给困惑中的士子指明了修道的捷径,激发了人们的主观能动性。从社会效果而言,王学开展了如火如荼的讲学运动,吸引了中下层士子及普通民众,在社会上产生了较大影响。

王学传播广泛,内部分化不可避免,局势一发不可收。其中,学术性浓厚的讲学者，终日谈论良知道德，束书不观，不问世事；而大胆立异的泰州学派，如王艮宣扬自主精神，发展平民化倾向，冲破"天理"观的束缚；李贽援释入儒，追求性情本真，提出"童心""性灵"和"至情"观，呼唤个性真情，蔑视礼法，突破封建伦理道德的禁锢，挑战了程朱理学的权威。主要体现在以下几个方面：第一，王阳明为了使理学理论简单化，反对朱熹关于道心与人心的区分，提出心只有一个，就是道心，并明确提出了"心即理"的命题。第二，王阳明为了使理学理论简单化，不同意张载和程朱关于天地之性与气质之性的区分，提出人性只是一个，就是天地之性；对于恶的来源，他主要讲私欲之弊。第三，王阳明为了使格物致知的理论简单化，反对程朱关于心外之物、事物之理客观存在的观点，提出天地万物与天地万物之理客观存在的观点，提出天地万物与天地万物之理都存在于心中，就是心念(意)的发用流行，并且心也就是理。第四，王阳明以心为天地万物万理的本缘与本体，那么心就是宇宙中最宝贵的东西，而心必须依赖于身体才能存在，这就很容易使人们推导出身体是宇宙中最宝贵的东西的结论。①

阳明心学的产生，对明末的学术与社会产生了深刻的影响，但其末流则受到攻击。受到攻击的，一是因注重体悟道德而疏忽世事、谈心论性而束书不观、参杂禅学等所表现出来的空疏学风，二是追求个性、肯定功利情欲而形成的启蒙思想。后者甚至被认为是明中后期以来思想混乱、道德式微、社会失序的一个导因。因此，阳明末学成为各方面关注的焦点和反思的源泉，其中东林学派②首掀辩论、纠弊的风潮。

(二)程朱理学的发展

明代中叶以后，资本主义萌芽的出现和发展，表明中国的社会已经开始迈出了由封建社会向资本主义社会转变的第一步。尽管这个转变的时间

---

① 尹协理：《宋明理学》，漓江出版社2014年版，第116页。
② 所谓东林派的思想是以克服明末阳明学左派的猖狂自大为目标的，而阳明学左派这种猖狂自大的胚胎是在无善无恶的思想中孕育的。

非常漫长，道路非常曲折，但作为封建社会自由租佃制阶段意识形态的理学，必然与资本主义萌芽不相适，从而与封建社会的经济、政治、文化制度一起，开始逐步走向衰落、腐朽和反动。

在这个社会剧烈变动的时代，理学分裂为三派：理学末流派、理学正统派、理学创新派。理学末流派或只在注脚中讨分晓，或空谈心性，面对严重的社会危机，却束手无策。理学正统派已不再过多地争论程朱陆王的门户高低，而是全力投入挽救社会危机的努力之中，在明末主要是反对腐败，挽救明朝政府的统治。理学创新派则适应资本主义萌芽出现以后的新形势，企图对理学的理论进行某些改造，提出了一些新思想，但在根本问题上，他们不背离封建制度和封建伦理道德，因而仍然属于理学中的一个派别，只是思想比较激进。

理学末流派谈不上有思想的代表，因为他们既无理论创建又无实际功业。理学正统派人数众多，他们在不同的时期、不同的地点、不同的地位上作出了自己的贡献，但理论上没有什么创建。理学创新派的人物也不少，但他们一般不与政府合作，主要从事著述和讲学，在理论上总结明朝灭亡的经验教训，总结理学在理论和实践上的得失，提出了许多很有见地的看法。因此，明末理学发展的大趋势虽然是在走下坡路，但对社会、对当时人的思维方式还是有巨大而深刻的影响。

（三）明末佛教的世俗化

《喻林》成书于明万历年间。万历朝由盛转衰的过程中，社会、经济、文化等方面的繁荣发展和政治体制之腐朽及官吏之腐败交织在一起，因而这时期也是明王朝由极盛而走向极度衰败的重要转折阶段。这一时期，佛教却是呈现出前所未有的新局面，明代的名僧很多就是涌现在这时期的前后，一些沉寂已久的佛教宗派又呈兴盛态势，佛学研究也比以往活跃繁荣了许多。佛教的繁荣一方面是相应于社会、经济、文化活跃和繁荣的形势，同时也与这时期帝王及其统治阶层的宗教倾向有很大关系。但万历帝及后来的几个皇帝事实上都不是热衷于佛教者，佛教在万历朝前期能依傍的是热衷于佛教的万历生母慈圣皇太后。①

　　明代后期佛教发展的势头没能在统治者那里找到可靠的扶助，而是伸向了士阶层和民俗社会，这种发展趋向也是与明代社会之政治文化环境相关联的。毫无疑问，明代后期社会繁荣发展的环境，使佛教有了发展的基本条件，佛教呈现出明朝开国以来最为活跃的发展态势。究其主要原因，除了其自身积蓄的内在能量，就外部促因来看，一是在理论方面受到部分兼通儒释的士大夫及读书人的青睐，二是在信仰方面在世俗社会获得了广泛的基础面地盘。士大夫阶层的青睐使佛教在乡绅社会得到支持；读书人对学理的兴趣使佛学研究有了很大提高；而佛教广泛地融入民俗，深入社会世俗生活的各个角落，则使佛教拥有了广大深厚的信众基础。明末佛教不仅一路高调提倡儒释融通以博取儒家士人的好感，更是很注意发展净土信仰等以赢得民俗社会，扩大信众的支持。这样的拓展选择使明代佛教越发走向了世俗化发展的方向。

第四节　《喻林》的版本流传和引用书目

一、《喻林》版本及流传情况

　　据本人了解，就卷帙数量而言，《喻林》有五十卷本、八十卷本及一百二十卷本之别。此外，《喻林》还有节本《喻林髓》《喻林一枝》《喻林一叶》以及相关题名著作《广喻林》《喻林略》等。到清代还有文渊阁、文津阁四库全书本。总之，《喻林》流传下来的版本众多，版本之间的差异颇大。由于存在很多客观原因，本人无法搜集到《喻林》的各种版本，所能见到的只有《喻林》八十卷本、一百二十卷本，《喻林略》以及文渊阁四库全书本四种。因此，本人无法对《喻林》的版本源流进行系统的研究。所幸对于《喻林》版本情况，江育豪先生在其著作《徐元太〈喻林〉研究》中研究得很详尽，在

---

　　①　周齐：《明代佛教与政治文化》，人民出版社 2005 年版，第 89 页。

此，为了使大家对《喻林》的版本流传有一个全面的了解，也便于后文的研究分析，本人将对其研究成果作简单的介绍。

江育豪先生在他的著作中对《喻林》的版本作了科学的论述，也对其演变情形作了详尽的分析。他主要对三种类型的抄本（五十卷本、文渊阁四库全书本、文津阁四库全书本）、两种类型的刻本（八十卷本、一百二十卷本）、三种类型的节本（《喻林髓》《喻林一枝》《喻林一叶》）以及两种与《喻林》相关题名之书（《广喻林》《喻林略》）作了详细的介绍。除此之外，还针对不同版本的增删、钤印、印刷情况以及字体演变情况等作了全面而细致的论述。他做的这些研究，让我们对《喻林》诸版本有一种"虽未见，似实见"之感。为了方便后人知晓具体版本的去处，在该部分之末，还附有《现存藏本一览表》。

对于《喻林》版本演变的情况，江先生得出了如下结论：

（1）五十卷本的成书时间早于八十卷本。

（2）一百二十卷本是在八十卷本的基础上形成的。

（3）清代的文渊阁四库全书本和文津阁四库全书本都源于一百二十卷本。

（4）《喻林髓》《喻林一枝》《喻林一叶》是从一百二十卷本删节而来的。

（5）《喻林略》和《广喻林》在对一百二十卷本有删节的同时也增添了一些新的内容等。

他还提道："在时代风气和个人因素的交互影响之下，促成《喻林》成书，而一百二十卷本的《喻林》，并非一蹴而就，而是经五十卷本、八十卷本的蜕变，才形成一百二十卷本的风貌。而且，数部节本以及相关提名著作的完成，更让'喻林系'的类书呈现多样化，也使它的版本发展的脉络清晰可见。"①

对于江先生以上的结论，由于本人未全部见到《喻林》的诸多版本，不敢贸然评论，但根据自己手中所掌握的四种版本及相关资料，本人认为有

---

① 江育豪：《徐元太〈喻林〉研究》，台湾花木兰文化出版社 2007 年版，第 36 页。

以下三点是可以肯定的，且这几点看法基本与江先生一致。即：

（1）一百二十卷本是在八十卷本的基础上形成的，这从它们的成书时间前后有差别就可以看出来。

（2）文渊阁四库全书本源于一百二十卷本。这两个版本主体内容差别不大，四库全书本也改正了一百二十卷本中的诸多错误（具体请参看后面的校勘部分）。据本人研究，四库全书本和一百二十卷本最大的差别是四库全书本把一百二十卷本中与少数民族有关的部分即《驭夷》这个子目删除了，应该是清朝少数民族入主中原的缘故。

（3）《喻林略》是从《喻林》一百二十卷本删略而来的。这个也可以从它们成书的朝代不同看出来，《喻林略》是清道观居士道光二十二年（1842）年的抄本，且在删略一百二十卷本的基础上还增加了一些新的内容。

二、《喻林》书目引用概况及佛教类引用书目

本部分以万历一百二十卷本《喻林》的引用书目为研究对象。之所以选取万历一百二十卷本，是因为该版本是《喻林》版本体系中收录材料比较全面、详细的，也是较能代表徐元太本人对比喻的看法的。《喻林》自序有载：

> 第唐而后，学士大夫、骚人墨客，咸嗤繁秽，乃断六朝以上，自经史子集以及道佛诸书四百余种。凡语涉比辞者，无论圣贤与流略之粃华，目所尝见，必手录焉。即非喻而可为喻，犹笔存之。颇惭不急是勤，宁免诮生玩愒。惟欲砭遗忘之疾，且借鲜逸心。信无补空疏，知犹贤乎已已。遡从释褐计有二纪，退食罔虚，积成巨帙。又病丛穰蔓杂，不便省观，因加诠次成编，析分十门，列类五百八十有奇，总汇一百二十卷。乃若秕糠沙石，概未籭淘；亦丝蒯并收，期无漏弃也。任江河之多峭，自不妨汲祭其中。或择而弗精，将渍白蝇于清醮矣。以林名喻，岂尽杞梧哉。①

---

① （明）徐元太：《喻林》，上海古籍出版社1991年版，第11页。

《四库全书总目》提道："自秦汉以迄六朝，文人词赋多以罕譬为工，恣肆汪洋大都得力于此。"由此可知，譬喻在六朝以前运用非常普遍。从《喻林》的自序中，我们可以了解到，徐元太为编纂《喻林》，收集了六朝（指孙吴、东晋、南朝宋、南朝齐、南朝梁、南朝陈）的来自经、史、子、集以及佛、道的典籍四百余种。其中经部主要收集了《诗》《书》《礼》《易》《春秋》《论语》《孟子》《尔雅》和与之相关的传、注约四十种；史部主要收集了六朝的史书约三十种；子部主要收集了先秦诸子和其他种类的子部书九十余种；集部主要收集了《楚辞》《文选》《世说新语》等书籍共十九种；杂部除了《本草》外，还收录了很多宗教典籍，其中道教经典有《无上内秘藏经》《三十六部尊经》《海空智藏经》等三十四种，佛教经典有《大般若波罗蜜多经》《放光般若波罗蜜经》《光赞般若波罗蜜经》等两百余种。从各类书籍的数量来看，因佛教是外来宗教，且抽象的教义对于底层民众来说难于理解，在这种情况下，佛教徒为了传教的需要，无论在口头上还是所著典籍中，通常会运用很多的比喻句和带有讽刺性的寓言故事对教义加以解释说明。因此《喻林》所收佛教类典籍数量最多。因子部类书籍哲理性强，语言丰富且灵活多变，《喻林》引用的相关典籍也较多。相较而言，引用书目中种类较少的是史部类书籍。这或许与历史著作行文比较正式，且比喻句式用得相对较少有关。引用最少的是集部典籍，导致此结果的原因，留待下节分析。

为了便于下文对《喻林》所引的佛教类书目进行分析研究，也便于读者粗略地了解这些书目，下表将列出所引用佛教类书目的书名，以及该书的译出时间和译者名。

本书所引佛教类书目表

书名	译出时间	译者
波罗蜜多经	唐	玄奘译
放光波罗蜜经	西晋	无罗叉译

续表

书名	译出时间	译者
放光波罗蜜经	西晋	竺法护译
道行波罗蜜经	后汉	支娄迦谶译
小品波罗蜜经	后秦	鸠摩罗什译
大明度无极经	三国	吴支谦译
胜天王波罗蜜经	陈	月婆首那译
清净分卫经	宋	翔公译
仁王护国波罗蜜经	唐	不空译
大宝积经	唐	菩提流志译
三戒经	北凉	昙无谶译
阿弥陀经	姚秦	鸠摩罗什译
无量寿经	曹魏	康僧铠译
决定毗尼经	西晋	炖(敦)煌三藏译
发觉净心经	隋	阇那崛多译
阿述达菩萨经	西晋	竺法护译
大乘显识经	唐	地婆诃罗译
佛遗日摩尼宝经	后汉	支娄迦谶译
摩诃衍宝严经	—	失译
毗耶娑问经	元魏	瞿昙般若流支译
大方等大集经	北凉	昙无谶译
大乘大方等日藏经	隋	那连提耶舍译
大集月藏经	隋	那连提耶舍译
大集地藏十轮经	唐	玄奘译
大方广十轮经	—	失译
虚空孕菩萨经	隋	阇那崛多译
观虚空藏菩萨经	刘宋	昙摩蜜多译
菩萨念佛三昧经	刘宋	功德直译
大集菩萨三昧经	隋	达摩笈多译

书名	译出时间	译者
般舟三昧经	后汉	支娄迦谶译
大方等大集经贤护分	隋	阇那崛多译
阿差末菩萨经	西晋	竺法护译
无尽意菩萨经	南朝宋	释智严、释宝云译
大方广佛华严经	东晋	佛驮跋陀罗译
大方广佛华严经	唐	实叉难陀译
金光明最胜王经	唐	义净译
佛说宝如来三昧经	东晋	祇多蜜译
正法华经	西晋	竺法护译
文殊支利普超三昧经	西晋	竺法护译
力庄严三昧经	隋	那连提耶舍译
大方等陀罗尼经	北凉	法众译
僧伽吒经	元魏	月婆首那译
佛说华手经	姚秦	鸠摩罗什译
佛说法集经	元魏	菩提流支译
佛说观佛三昧海经	东晋	佛陀跋陀罗译
大方便佛报恩经	—	失译
佛说菩萨本行经	—	失译
菩萨处胎经	姚秦	竺佛念译
央掘魔罗经	刘宋	求那跋陀罗译
法苑珠林	唐	道世撰
大智度论	后秦	鸠摩罗什译
高僧传	梁	慧皎撰
出曜经	姚秦	竺佛念译
金刚三昧经	—	失译
辩正论	唐	法琳撰
佛说身观经	西晋	法护译

续表

书名	译出时间	译者
那先比丘经	—	失译
集沙门不应拜俗等事	唐	彦悰纂录
佛说魔逆经	西晋	竺法护译
力庄严三昧经	隋	那连提耶舍译
弘明集	梁	僧佑撰
正法经	宋朝	施护大法师所译
文殊师利问菩萨署经	后汉	支娄迦谶译
三慧经	—	失译
大法鼓经	刘宋	求那跋陀罗译
法句经	吴	维祇难等译
长阿含经	后秦	佛陀耶舍共竺佛念译
菩萨本缘经	吴	支谦译
僧肇注维摩诘经	后秦	僧肇撰
佛遗日摩尼宝经	后汉	支娄迦谶译
中阿含经	东晋	瞿昙僧伽提婆译
阿閦佛国经	后汉	支娄迦谶译
五灯会元东土祖师达摩 佛说大乘造像功德经	唐	提云般若译
文殊师利问菩萨署经	后汉	支娄迦谶译
大正句王经	宋	法贤译
杂阿含经	刘宋	求那跋陀罗译
长者音悦经	吴	支谦译
阿育王传	西晋	安法钦译
百喻经	萧齐	求那毗地译
十二门论	姚秦	鸠摩罗什译
中阴经	姚秦	竺佛念译
中论	姚秦	鸠摩罗什译

书名	译出时间	译者
十住毗婆沙论	后秦	鸠摩罗什译
罗什译维摩诘经	孙吴	支谦译
文殊师利宝藏尼经	唐	菩提流志译
大方广如来秘密藏经	—	失译
禅法要解经	姚秦	鸠摩罗什译
普超三昧经	西晋	竺法护译
增壹阿含经	东晋	僧伽提婆译
佛说群牛譬经	西晋	法炬译
众经撰杂譬喻	姚秦	鸠摩罗什译
杂宝藏经	元魏	吉迦夜共昙曜译
百论	姚秦	鸠摩罗什译
佛说四谛经	后汉	安世高译
佛说内身观章句经	—	失译
佛说太安般守意经	东汉	安世高译
遗教经论	陈	真谛译
佛说四十二章经	后汉	迦叶摩腾共法兰译
大乘庄严经	大唐	地婆诃罗再译
泥犁经	东晋	竺昙无兰译
随相论	陈	真谛译
明度五十校计经	后汉	安世高译
未曾有经	后汉	失译人名
摄大乘论	后魏	佛陀扇多译
得道梯隥锡杖经	南北朝	佚名
别译杂阿含经	—	失译
大乘经	大唐	三藏般若奉诏译
苏婆呼童子经	唐	输波迦罗译
达摩多罗禅经	东晋	佛陀跋陀罗译

续表

书名	译出时间	译者
大集贤护经	隋	阇那崛多及笈多等译
阿育王经	梁	僧伽婆罗译
维摩诘所说经	姚秦	鸠摩罗什译
长阿含十报法经	后汉	安世高译
佛说无常经	唐	义净译
尼拘陀梵志经	宋	施护等译
广百论	唐	玄奘译
如实论	陈	真谛译
十八空论	陈	真谛译
法胜阿毗昙心论	高齐	那连提耶舍译
思念如来经	刘宋	求那跋陀罗译
须摩提女经	吴	支谦译
决定毗尼经	西晋	敦煌三藏译
入大乘论	北凉	道泰译
瑜伽师地论	唐	玄奘译
法华经	后秦	鸠摩罗什译
发觉净心经	隋	阇那崛多译
大庄严经论	唐	地婆诃罗译
佛说譬喻经	唐	义净译
须摩提长者经	吴	支谦译
龙树菩萨传	姚秦	鸠摩罗什译
菩萨本行经	—	失译
佛性论	陈	真谛译
如来三昧经	东晋	只多蜜译
菩萨善戒经	刘宋	求那跋摩译
思惟要略法	姚秦	鸠摩罗什译
达磨法蕴足论	唐	玄奘法师译

续表

书名	译出时间	译者
佛说义足经	吴	支谦译
大乘显识经	唐	地婆诃罗译
天请问经	唐	玄奘译
大乘庄严经论	唐	波罗颇蜜多罗译
太子瑞应本起经	吴	支谦译
七佛所说神咒经	吴	月支优婆塞支谦译
无量寿经	曹魏	康僧铠译
无明罗刹集	—	失译
中本起经	后汉	昙果共康孟详译
摄大乘论释	隋	笈多共行矩等译
阿毗昙八揵度论	北凉	浮陀跋摩共道泰等译
阿育王譬喻经	—	失译
惟日杂难经	吴	支谦译
禅秘要法经	姚秦	鸠摩罗什等译
佛说越难经	西晋	聂承远译
道行波罗蜜经	后汉	支娄迦谶译
佛说五苦章句经	东晋	竺昙无兰
箭喻经	—	失译
四阿含暮抄解	符秦	鸠摩罗佛提等译
禅要呵欲经	—	失译
虚空孕菩萨经	隋	阇那崛多译
法句譬喻经	西晋	法炬共法立译
四愿经	吴	支谦译
莲华面经	隋	那连提耶舍译
本事经	唐	玄奘译
身毛喜竖经	宋	惟净等译
修行地道经	西晋	竺法护译

续表

书名	译出时间	译者
大乘大方等日藏经	隋	那连提耶舍译
佛本行集经	隋	阇那崛多译
大集菩萨三昧经	刘宋	直共玄畅译
三观经	后汉	安世高译
佛说四十四章经	后汉	迦叶摩腾、竺法兰同译
三戒经	北凉	昙无谶译
大方等佗罗尼经	—	失译
大集地藏十轮经	唐	玄奘译
佛说七女经	吴	支谦译
菩提资粮论	隋	达摩笈多译
般舟三昧经	后汉	支娄迦谶译
大方便佛报恩经	—	失译
罪业报应经	后汉	安世高译
佛遗教经	姚秦	鸠摩罗什译
占察善恶业报经	隋	菩提灯译
大乘密严经	唐	地婆诃罗译
大集月藏经	高齐	那连提耶舍译
大方广十轮经	—	失译
胜天王波罗蜜经	陈	月婆首那译
清净分卫经	宋	沙门翔公译
无量寿经	—	失译
梵魔喻经	吴	月支优婆塞支谦译
佛说弟子死复生经	宋	沮渠京声译
一百五十赞佛颂	唐	义净译
阿弥陀经	姚秦	鸠摩罗什译
华子经	—	—
金刚三昧本性清净不坏不灭经	—	佚名

书名	译出时间	译者
念佛三昧经	刘宋	功德直译
诸法最上王经	隋	阇那崛多译
佛临涅槃记法注经	唐	玄奘译
佛说坚意经	后汉	安世高译
佛说净饭王般涅槃经	宋	沮渠京声译
佛般泥洹经	西晋	白法祖译
楼灰经	西晋	法立共法炬译
三摩竭经	吴	竺律炎译
譬正论	—	—
佛说梵志阿飚经	吴	月优婆塞支谦译
旧杂譬喻经	吴	康僧会译
起世因本经	隋	达摩笈多译
佛说生经	—	佚名
佛说净业障经	—	失译
文殊问菩提经论	元魏	菩提流支译
解脱道论	梁	僧伽婆罗译
佛说阿含正行经	后汉	安世高译
大方等大集经	隋	僧就合
佛说旧城喻经	宋	法贤译
究竟一乘宝性论	后魏	勒那摩提译
菩萨地持经	北凉	昙无谶译
正法念处经	元魏	瞿昙般若流支译
杂譬喻经	后汉	支娄迦谶译
天王太子辟罗经	—	失译
法海经	西晋	法炬译
佛说佛地经	唐	玄奘译
仁王护国般若波罗蜜多经	唐	不空译

续表

书名	译出时间	译者
大乘法界无差别论	唐	提云般若译
阿毗昙甘露味论	曹魏	代译 失三藏名
大毗卢遮那成佛神变加持经	大唐	善无畏共沙门一行译
法集经	元魏	菩提流支译
如来三昧经	东晋	祇多蜜译
佛说骂意经	后汉	安世高译
杂阿毗昙心论	刘宋	僧伽跋摩译
医喻经	宋	施护译

从《喻林》引用佛典的具体情况来看，除了失译的佛经以外，《喻林》引用的两百余种佛教典籍中，大多是六朝时的汉译佛经，但也有一些是唐、宋两代高僧译出的。据本人统计，由唐代高僧译出的佛经有三十四种，如《大毗卢遮那成佛神变加持经》《金光明最胜王经》《佛说佛地经》等。宋代佛经有七种，如《医喻经》《佛说旧城喻经》《佛说净饭王般涅槃经》等。从这一点来看，徐元太在《喻林·自序》中所说的引用书目出自"六朝以上"，是有失偏颇的。但我们也不能据此说古人不严谨，只能说古人在很多时候只是讲了一个大概的情况。此外，除了收录汉译经典，《喻林》中还有极少数编纂辑录性质的佛典，如《集沙门不应拜俗等事》等。另外，《喻林》在出处中标注的佛典名称有很多存在略写的情况，如把《佛说罪业应报教化地狱经》直接省略为《罪业报应经》，把《大乘大集地藏十轮经》省略为《大集地藏十轮经》等，这也能从侧面反映出明人编书的不严谨之处。

从徐元太所引用佛经的译出时间来看，《喻林》引用不同朝代佛典的情况，与佛典不同时期的翻译情况也有很大关系。有学者研究称："汉魏二代，佛经翻译全系私译而无官译，盖为政者于佛教之接受与对译经、弘佛之支持乃渐进之过程，由此及彼尚需时日。国家与朝廷介入佛经传译，直至东晋时期道安译经才见端倪。此前，不管是关中洛阳还是江南吴地，佛经传译无不是民间自发形式。受人力与财力限制，两晋以前所出译典，多为单卷或小本，卷帙浩繁之经论翻译于彼时根本无能为力。"①也就是说，汉魏的汉译佛经较东晋数量少，且质量不高。这也与《喻林》所引的晋代佛经较汉魏时期数量多且出错相对较少的实际情况比较吻合。

我们知道，佛教经典分为经、律、论三大部分。"经"是佛陀说过的话的汇编，也是佛教教义的基本依据；"律"是佛教组织为教徒或信众制定的纪律或行为规范；"论"是对经、律等佛典中教义的解释或重要思想的阐述。这说明，"经"是佛教传播教义的主体，而且佛经在传播的过程中，通常运用大量的譬喻来解释抽象的佛理。因此，《喻林》中所引的佛教典籍绝大多数是"经"，而仅有几部是"论"。此外，《喻林》所引用的佛典，多为人们耳熟能详或在人民群众中传播比较广泛的佛经，如前文提到的《波罗蜜多经》《阿含经》《大宝积经》《百喻经》等。从《喻林》佛教方面的引文情况来看，引用频率的高低确与上文提到的不同佛典特征相符。据本人研究，引用频率最高的佛典有《大智度论》《波罗蜜多经》《百喻经》《长阿含经》《大宝积经》等。特别是《百喻经》，所含的寓言故事最多，在《喻林》中作为讽喻的引用也最为频繁。

再从另一个角度来思考，生活在明代的徐元太基本上应该能见到所有汉至六朝以来的汉译佛经，为什么仅仅收录了两百余种呢？这个阶段其他的汉译佛经为什么没有被选入《喻林》呢？我们再从徐元太未引用的汉译佛典来分析，以求能找到这个问题的答案。为了便于说明问题，本人把秦汉至六朝以来的汉译佛经分为汉魏时期、两晋南北朝时期两种。在每个时间段里随机选出十种徐元太并未选入的佛经，并通过细致地研究它们的内容来尝试找出徐元太没有选用这些佛经的原因。

经本人研究发现，首先，徐元太没有选用的佛经一般卷数都比较少，如汉魏时期的《佛说孛经抄》《佛说赖咤和罗经》《佛说马有三相经》《佛说阿那律八念经》只有一卷，《摩诃摩耶经》只有两卷。又如，两晋南北朝时期的《佛说如来兴显经》只有四卷，《度世品经》只有六卷，《奋迅王问经》只有两卷，《贤劫经》只有八卷，《八吉祥经》只有一卷。其次，徐元太没有选用的佛经，大多内容中的譬喻句较少。以西晋聂道真译的《异出菩萨本起经》为例，该经用讲故事的方式讲述释迦牟尼成佛的经过，由于该经运用的是平铺直叙的叙述性语言，所以该经中基本没有运用譬喻。与之相似的还有刘宋求那跋陀罗译的《过去现在因果经》，这部经也是用叙述性的语言讲述了佛教的因果报应学说，因此该经也基本没有运用譬喻。除此之外，经本人查证，基本没有譬喻句的还有姚秦鸠摩罗什译的《十住经》、吴支谦译的《佛说孛经抄》等。当然，佛典中基本没有譬喻句的毕竟是少数，更多的情况是内容中所含譬喻句数量不多，如隋阇那崛多译的《添品妙法莲华经》《善思童子经》《佛说月上女经》等。

三、《喻林》引用书目的特点

从整体来看，《喻林》从书目中引用的内容是按照传统的经、史、子、集的顺序来安排的。继传统的四部分类之后，因徐元太把《本草》和宗教类书籍放在一起，以上四部分之后还有杂部。据本人统计，杂部所包含典籍数量最多，约占《喻林》引用书目的六成。其中宗教类引用书目包含道教和佛教两种，且在《喻林》内容的安排上，道教类譬喻放在佛教类譬喻之前。

此外，我们发现，引用书籍种类的多少并不能完全反映徐元太对各类书籍中比喻内容的选取情况。如经部书籍的种类虽不是最多的，但是从《喻林》全书的内容来看，徐元太在经部书籍中所选取的比喻句却是最多的，如《诗经》《易经》等经部类书籍在每个子目中都有或多或少的引用。我们还发现，大多数子目下最开始的譬喻都是选自与《周易》相关的书籍，如《易系辞上传》《易说卦传》等，然后再是《诗经》《论语》《老子》等儒家重要经典。如此高的引用频率也反映了徐元太是以儒家思想为主导来编纂《喻林》这本书的。排在后面的史部、子部、集部、杂部的经典由于选择范围较宽，导致重复率相对较小。也就是说，经部类典籍的使用频率与这类典籍的收录数量大致成反比。有时同一部类内部，书籍的引用频率也是不同的，就拿佛教类典籍来说，该类典籍虽然收录譬喻数量最多，但有的典籍引用频率非常小，从全书中也找不出几次，如《菩萨处胎经》《海八功德经》《佛说罪恶报应经》等。有的典籍引用频率则非常高，基本上每个子目下都有出现，如《般若波罗蜜多经》《大宝积经》等。所以要掌握《喻林》中譬喻内容的选取情况，我们不仅要对不同类部典籍的引用情况有所了解，还需要对《喻林》引用书目的频率做多方面的考察。

与大量引用佛教典籍不同，《喻林》中引用书目数量最少的是集部类。众所周知，集部收历代作家的散文、骈文、诗歌和文学评论等著作。按道理来说，这部分的比喻句应该数量较多，所引用的书目也应该较多，但《喻林》所引用的集部类书目只有十九种。原因何在？

本人参看了集部类书籍中的譬喻句，分析了《喻林》大量从集部类书籍中引用的譬喻句，发现《喻林》很少收纯描绘性的譬喻句，一般收录的都是哲理性比较强的，跟政治、德行相关的譬喻句。本人认为，出现这种情况的根本原因，与《喻林》以弘扬儒家思想为编纂的宗旨有关。在这种编纂方针的指导下，《喻林》收录纯描绘性比喻句的可能性不大。事实上，纯描绘性的文学作品在发展的过程中也不断地与人类的情感体验相结合。以山水诗的发展变化为例，胡大雷先生认为："山水诗之形成，在观念上的基础即是由山水比德向山水欣赏的转变。"①从《喻林》的编纂宗旨来讲，《喻林》收录的譬喻句不仅要与人类的情感体验相结合，更重要的是要与能体现儒家思想的人类情感体验相结合。如《政治门四·赏罚》"春秋不以善恶殊其雕荣，人君不以贵贱革其赏罚。【文选·陆士衡连珠注】"，该例以大自然春秋两季对万事万物公平客观的态度为例，引出了人君对所有人的赏罚应该做到公平公正、不徇私枉法的道理，体现了儒家思想所倡导的品德。又如《政治门五·防萌》"事皆从微至著，不可不慎之于初。所以寻木起于牙蘗，洪波出于涓泉。【李善注文选·东京赋】"，该例用"寻木起于牙蘗""洪波出于涓泉"的比喻道出了万事都发端于微小，也提出了儒家推崇的

---

① 胡大雷：《〈文选〉诗研究》，世界图书出版公司 2014 年版，第 181 页。

"慎始"思想。再如《造化门一·倚伏》"福为祸始，祸作福阶，天地盈虚，寒暑周回。【文选·卢谌赠刘琨诗】"，该例十分具有哲理性，用大自然中的"盈虚"和"周回"的规律来说明福祸相依的道理。

我们再从类书的作用这个角度来分析。关于类书的作用，胡道静认为："类书储材待用，一方面是备仓促应对之需，一方面也是为撰文、作诗资料之需。封建时代的诗、文，大多需要堆砌典故。临事得题，不得不乞灵于类书，而平日不得不有所预备。"①该句指出了类书存在的实际作用，即为了应对文人临时的写作需求，也为以后的写作需求储存资料。《喻林·自序》中也提道："汇喻为林，自予始。予初心岂作始哉？至云与予谈天下事，若得于喻者深，私心窃有厚愧夫。"②这句话也表达了徐元太用比喻谈天下事、与人交流的想法。由此可知，类书和比喻的实际应用价值要求所收录的比喻必须超越常见的描绘功能，而更加注重突出内容的哲理性和与现实社会各个方面的相融性，这也是《喻林》整体上重譬喻的实用性、哲理性的根源。

综上所述，《喻林》所引用的典籍数量的多少、某类典籍引用频率的高低是以符合徐元太的编纂目的为前提的。看起来无规律，实际上还是有规律可循的，这也是《喻林》的引用书目从整体上给人一种"杂而不乱"之感的原因。

---

① 胡道静：《中国古代的类书》，中华书局 1982 年版，第 20 页。

② （明）徐元太：《喻林》，上海古籍出版社 1991 年版，明万历刻本影印本，第 11 页。

第二章 《喻林》类目研究

对于《喻林》的体例，江育豪先生虽然已作广泛的研究，但并未对类目进行专门性的研究。本章拟从《喻林》类目的特点和定名的依据两个方面来研究该书的门类和子目，也拟从文化融合的角度（主要涉及"援佛入儒"）来研究《喻林》类目的定名是如何体现宗教观念的。

第一节 《喻林》的门类

一、《喻林》门类概况

类书分门别类，其所排列的顺序，可以反映编纂者的偏好或其重视之处。对于《喻林》门类及排列的情况，江先生提道："《喻林》总共分为《造化》《人事》《君道》《臣术》《学业》《政治》《德行》《文章》《性理》《物宜》十门，重刊一百二十卷本时，顺序上虽做了些细微调整；但仍不悖天、地、人、事、物的次序，明显是因《艺文类聚》流风所致。徐元太《喻林》门类的安排，流露受儒家思想熏陶的痕迹，展现以传统儒者自居，以儒家思想为依归的思维。"[①]

以《喻林》万历一百二十卷本为例，据本人统计，该书中《造化门》有两卷，《人事门》有五十八卷，《君道门》有十三卷，《臣术门》有五卷，《德行门》有七卷，《文章门》有五卷，《学业门》有五卷，《政治门》有十四卷，

---

① 江育豪：《徐元太〈喻林〉研究》，台湾花木兰文化出版社 2007 年版，第 97 页。

《性理门》有六卷,《物宜门》有五卷。从《喻林》门类的卷数情况来看,《人事门》的卷数占全书总卷数的近一半,可见徐元太特别注重"人事",即世间的人和事,也说明唐以前比喻的本体多与人、事有关。《君道门》有十四卷,《政治门》有十三卷,可见徐元太十分注重政治及君臣的相处之道。《德行门》有七卷,这说明徐元太也十分注重品德方面的修养。总之,徐元太对《喻林》门类的编排,除了沿袭前代类书的思想,也体现了其重视经世致用的一贯作风和重视传统儒家思想的世界观。

二、《喻林》门类定名的依据

(一)与作者的思想相关

前文我们提到,徐元太的思想特点有三,即恪守忠君爱民、主张经世致用以及提倡援佛入儒。很显然,《喻林》门类的确定必然以他的这些思想为纲。徐元太忠君爱民,他必然很重视与之紧密相关的君臣关系、政治关系以及自己为官方面的修养。所以《喻林》一百二十卷中,《君道门》有十三卷,《臣术门》有五卷,《政治门》有十四卷,《德行门》有七卷。他主张经世致用,那么他必然重视与人、事相关的具体的实践方面,所以在《喻林》中,《人事门》就有五十八卷之多。他提倡援佛入儒,因此在《喻林》中也出现了两卷与佛教思想相关的《造化门》,但该思想在《喻林》的子目命名及内容的选取方面体现得更为明显(详情请参看本书第四章)。

(二)与当时的成书背景相关

《喻林》的门类作为全书的主导,其定名也与当时的成书背景相关。首先我们来谈《喻林》成书的宗教背景。据本人了解,明代是宗教发展较为特殊的阶段。道教、佛教都有各自不同的兴盛期,而这两根此起彼伏的线在明朝如两根抛物线一般错综交叉地发展,并相互影响。譬如,门类中出现的"造化"一词,不仅佛教里有,道教里也存在。因此以儒家宗旨为纲的《喻林》里所包含的《造化门》就是明代"三教融合"大趋势的直接体现。

再来看《喻林》成书的文化背景。由于统治者的大力提倡，程朱理学在明初占主导地位。徐元太生活在明中后期，虽然程朱理学在走下坡路，但是科举考试中仍然是程朱理学在起主导作用。作为封建知识分子的徐元太自然受程朱理学的影响很深，这也在他所编纂的《喻林》中有很明显的体现。我们知道，所谓的"性理"，一般就指宋儒的性理之学，且与"性理"本质相似的指事物的性质、道理、规律的"物宜"，也与性理之学相关。所以《喻林》中包含了《性理》和《物宜》两个门类，共计十一卷之多，这也反映出编者的思想倾向。

最后来看明代的社会背景。众所周知，明代覆元之后，科举重回正轨，制度得到进一步完善，以至它成了读书人进身的不二法门。在这个大的社会背景下，作为万历进士的徐元太编纂的《喻林》肯定与科举考试有一定的关系。再从徐元太本人的情况来看，作为一位从封建时代通过科举考试而获取功名的士大夫，他对读书与考试也应该是非常重视的。因此，《喻林》中也包含了与之相关的内容，如该书就包含了《文章门》《学业门》，共计十卷之多。

总之，《喻林》门类定名的原因不仅与徐元太本人的主观思想有关，也与他当时所处的社会背景、文化背景、宗教背景等客观因素有关。我们必须把这两个方面结合起来，才能更加深刻地理解《喻林》的结构和其所要表达的主旨思想。

三、《喻林》门类定名的文献依据

《喻林》门类的定名不仅与前文所提到的诸多因素相关，还与徐元太在编纂该书时所参考的书目有关。因《喻林》是一部汇集譬喻修辞语句的类书，所以徐元太在给《喻林》门类定名时也肯定会参考《喻林》之前的类书或分类文集。或从它们的一级类目中直接引用，或从二级子目中获取灵感。为了研究《喻林》门类定名的依据，我们主要参考了以下几种典籍：一是诸子书，如《墨子》《管子》《吕氏春秋》《淮南子》《新序》《说苑》《论衡》《潜夫论》《刘子》《世说新语》《颜氏家训》等；二是此前的类书，如《北堂书钞》

《太平御览》《太平广记》等。

细查以上诸子著作和类书的目录名称可以看出,《喻林》门类的定名有与之相同或相似之处。这说明徐元太在为《喻林》门类定名时或许参考了这些书籍。如:

《喻林》(后文省略)的《政治门》或参考了《北堂书钞》中的《政术部》,《世说新语》中的《政事》,《潜夫论》中的《本政》,《说苑》中的《政理》,《管子》中的《立政》等;

《人事门》或参考了《太平御览》中的《人事部》等;

《文章门》或参考了《太平御览》中的《文部》,《颜氏家训》中的《文章》,《北堂书钞》中的《诸王文学》《艺文部》,以及《世说新语》中的《文学》等;

《学业门》或参考了《太平御览》中的《学部》,《潜夫论》中的《潜学》,《颜氏家训》中的《勉学》,《刘子》中的《崇学》《专学》,《吕氏春秋》中的《劝学》,《北堂书钞》中的《好学》等;

《德行门》或参考了《世说新语》中的《德行》,《潜夫论》中的《德化》,《世说新语》中的《德行》,《吕氏春秋》中的《上德》,《说苑》中的《贵德》,《太平御览》中的《德行》《德化》等;

《君道门》或参考了《说苑》中的《君道》,《北堂书钞》中的《君道》等;

《臣术门》或参考了《说苑》中的《臣术》,《北堂书钞》中的《臣术》等。

除此之外,其他三门,即《造化门》《性理门》和《物宜门》,虽然在以上书籍中没有直接的类目名称参考,但是这三个子目名称的定名或许受到了其他相关类目名称的启发。

第二节 《喻林》的子目

一、《喻林》子目的概况及特点

据本人统计,《喻林》中的子目共有五百八十六个,且不同门类下的子目数量也有很大差别。其中《造化门》包含子目二十二个，《人事门》包含子目二百七十一个，《君道门》包含子目五十五个，《臣术门》包含子目三十七个，《德行门》包含子目三十一个，《文章门》包含子目三十五个，《学业门》包含子目二十四个，《政治门》包含子目五十八个，《性理门》包含子目二十八个，《物宜门》包含子目二十九个。与门类相似，《喻林》的子目也有自身的特点。本人研究发现，《喻林》中的子目多为名词性结构和动词性结构。有些子目名称含义模糊，不好理解，容易出现歧义。出现这种情况，我们必须参考该子目所收录的譬喻句才能理解清楚。此外，虽然各个门类的子目数量都不相同，同一门类中众多子目的分布也没有固定的规律可循，但大致可以肯定的是，同一门类中意义相近或性质相同的子目大多排列在一起，且列在一起的子目，不管表面上含义差别有多大，总可以找到它们之中的"核心子目"。即便"核心子目"不明显，我们也可以从这些子目中抽绎出它们共同含有的核心意义。下面我们对前文提到的《喻林》子目的特点进行逐一分析。

（一）子目中以动词性结构居多

我们以《喻林》前三十卷中的一百四十五个子目为样本，来分析《喻林》子目中的语法结构情况。并从语法结构的特点为视角，来分析可能存在的原因。

单从子目的字面意义来看，有很多子目为并列性结构。这种并列性结构大体可分为动词性、名词性和形容词性三类。动词性并列结构（子目中的两字均为动词），如《造化门一》中的"流行""生克""倚伏"等，《人事门一》中的"争让""藏修"等，共计二十例；名词性并列结构（词语中两字均为名词），如《造化门一》中的"天道""形气"等，《文章门二》中的"经义""德晖""才艺"等，共计十二例；形容词性并列结构（词语中两字均为形容词），如《人事门一》中的"好恶""优乐"等，共计五例。

有很多子目是偏正结构。这种偏正结构大体分为名词性偏正结构和动词性偏正结构两种。名词性偏正结构如《造化门一》中的"至大""至神""至虚"等，动词性偏正结构如《造化门二》中的"不夺""不变""不竭"等，共计三十八例。

有的是主谓结构，如《人事门三》中的"自取"，《人事门二》中的"仕进"，《人事门九》中的"心隐"等，共计七例。

有的是动宾结构，如《人事门三》中的"趋利"，《人事门四》中的"避害""除害"，《人事门五》中的"知心""虑患"，《人事门二十》中的"势阻"等，共计四十八例。

有的是主谓结构，如《人事门十三》中的"情殊"，《人事门二十九》中的"遇殊"等，共计七例。

其他比较难以区分的共有七例，且多为名词性结构。

总之，从整体来说，《喻林》中动词性结构（包括动词性并列结构、动宾结构以及副词修饰动词性的偏正结构）的子目数量最多。其原因可能是动词性结构的子目定义更为客观，比较形象化和立体化，对于该子目譬喻句的选取有明确的指导性、统括性。

（二）部分子目名称含义模糊

《喻林》中的大部分子目的含义很容易判断，但也有一小部分不太好理解。出现这种情况，就需要我们对照其下收录的譬喻句来判断。本部分整理了比较难理解的子目，并根据其下收录的譬喻句对其含义加以阐释，现整理如下：

《造化门一》中的"相须"，指互相依存，互相配合。

《造化门一》中的"相禅"，"禅"由"禅让"义引申。指事物之间相演变、相转化。

《造化门二》中的"类召"，指同类相互吸引。

《人事门一》中的"藏修"，"藏"指韬光养晦，"修"有整理、学习的意思，指人要韬光养晦，不断学习进步。

《人事门八》中的"审具"，指要观察具体的情况，具体问题具体分析。

《人事门九》中的"审宜"，指要根据具体的情况作出与之相应的决策。

《人事门九》中的"心隐"，指人心叵测，不容易了解。

《人事门十》中的"应物"，指做事要顺应事物规律的发展。

《人事门十三》中的"情殊"，指特殊的不可类推的情况。

《人事门十三》中的"略小"，指无视或不重视不重要的、次要的部分。

《人事门十五》中的"性成"，指事物的形成是因本质如此，而非外力作用。

《人事门二十五》中的"无方"，"方"是指规律，"无方"即指没有固定的规律。

《人事门二十六》中的"才难"，指人才稀少，人才难得。

《人事门二十九》中的"小见"，指见识短浅，思想狭隘。

《人事门三十九》中的"择术"，指挑选外在环境的方法。

《人事门四十一》中的"轻外"，指对名利看得淡。

《人事门四十三》中的"昌后"，指子孙繁荣昌盛。

《人事门四十四》中的"生促"，指人的一生非常短暂。

《人事门四十七》中的"计失"，指因考虑问题不周而计策失败。

《人事门四十七》中的"令反"，指行事的方式与做事的目的不一致。

《人事门五十六》中的"材害"，指树大招风，有才能的人容易遭到迫害。

《君道门五》中的"戒察"，这里"察"指过分的明察秋毫，"戒察"颇有点"难得糊涂"的意思。

《君道门七》中的"器使"，主要讲的是选贤任能方面应该注意的种种问题。其中，"器"指有才能的人。《论语》中孔子就曾说子贡是"琏瑚之器"，现代汉语口语还称成才为"成器"。

《君道门八》中的"烛奸"，指揭发奸邪的小人。

《君道门十一》中的"致士"，指招贤纳士。

《君道门十二》中的"防壅"，"壅"是"阻塞"的意思，"防壅"是指对于君主来说，要防止言路阻塞。

《臣术门四》中的"相道"，"相"是"辅佐"的意思，"相道"是指辅佐的方式。

《臣术门五》中的"结知"，是指臣子要用对待知己的方式对待君主，报答君主的知遇之恩。

《德行门二》中的"中行"，指高尚、中正的言行。

(三)子目的排列规律

上文已提到，《喻林》意义相近或相同的子目大多安排在一起，但有些子目从表面来看，意义差别很大。不过不管这些子目含义差别有多大，总可以找到它们共有的"核心子目"，即便"核心子目"不明显，我们也可以抽绎出它们中间的核心意义。我们先以《学业门》为例来对子目的排列规律进行分析。

《学业门一》中包含《从师》《取友》《端习》《必为》《积累》五个子目，从字面意义来看，这五个子目的含义相差很大，但是只要仔细思考，我们就会发现，这五个子目的核心子目是《端习》，因为"从师"和"取友"的目的是"端习"，而"端习"也是"必为"和"积累"的前提，而且这五个子目都是围绕学习方法来讲的。

《学业门二》中包含《精专》《不息》《渐进》《深造》《折衷》《探本》六个子目，这六个子目表面的含义也相差很大，但是它们的核心子目是《深造》。因为"深造"是"精专""不息"和"渐进"的目的，也是"折衷"和"探本"的前提，而且这几个子目都是从追求知识的程度来说的。

《学业门三》中包含《博古》《存心》《涵养》《充才》《求明》五个子目，与上文我们分析的情况不同的是，这五个子目中没有"核心子目"。但从中我们可以抽绎出"热爱读书，潜心学问"的核心意义，而且这几个子目都是从追求知识的角度来说的，虽然各自表达的侧重点不同，但都是从求道的大方向上来说的。

《学业门四》中包含《求道》《求益》《志惰》三个子目，虽然这三个子目中"志惰"与另外两个含义完全相反，但"志惰"(该子目实则强调要戒除惰性)正是"求道"和"求益"过程中应该极力避免的，其本质上也与"求道"

"求益"一样，是劝人要勤奋好学。

《学业门五》中包含《神悟》《心得》《要成》《造士》《成名》五个子目，虽然所说的是各个不同的方面，但是围绕的重点则是完成学业后的收益。我们仔细观察就会发现，这五个子目的意义也是逐层加深的。不仅《学业门》如此，其他各门中的子目也有一定的排列规律。

我们再来看《君道门》。仔细分析《君道门》中的子目，我们发现，《君道门》中的子目名称大多是意义相近的放在一起。从意义相近的子目中，我们可以抽绎出它们的核心意义。如《君道门一》中包含《履运》《修德》《敬畏》《端尚》《广大》五个子目，主要从宏观角度来说明作为一个君主应该具备的素质。《君道门三》中包含《独断》《用众》《从谏》《审听》《贵谦》五个子目，主要讲君主决策时应具备的具体态度。《君道门五》中包含《思危》《戒察》《戒侵》《戒侈》《戒满》《戒满》《虚怀》七个子目，主要讲君主该如何完善自身。《君道门六》中包含《用贤》《辩才》《知人》《得人》四个子目，主要讲君主应该如何挖掘人才。《君道门七》中包含《任人》《器使》两个子目，主要讲君主应该如何运用人才。《君道门十》中包含《驭臣》《敬臣》《体臣》《去谗》《远邪》五个子目，主要讲君主应该如何对待臣子。《君道门十三》中包含《法天》《尽道》《神运》《无为》四个子目，主要涉及君主治理国家的策略。

类似的还有《德行门》《政治门》等。《德行门二》中包含《谨言》《慎行》《中行》《蹈仁》四个子目，主要是从言行方面来讲人的品德修养。《德行门三》中包含《慎独》《积小》《励志》《反己》《自修》《内修》六个子目，主要是讲如何提高自己内心的修养。《德行门四》中包含《特立》《有本》《执守》《器局》四个子目，主要是谈性格的修炼。《德行门六》中包含《成德》《德盛》《大成》《德验》《感孚》五个子目，主要是说品德的重要性。《德行门七》中包含《声闻》《无名》《成物》《企仰》四个子目，主要是说良好的名声的重要性。

《政治门一》中包含《端本》《尚德》《创始》《守成》四个子目，主要从宏观上讲最高统治者维护统治应该要做到的几个方面。《政治门二》中包含

《法制》《文武》《宽严》三个子目，主要涉及维护统治应该采取的宏观方面的措施。《政治门四》中包含《赏罚》《号令》《礼乐》《齐礼》《和乐》五个子目，主要涉及维护统治应该做到的具体的方面。《政治门五》中包含《操约》《防萌》《交修》《等则》四个子目，主要涉及对外交流方面的具体措施。《政治门十二》中包含《征伐》《选将》《义兵》《要地》《驭夷》《暴兵》六个子目，主要涉及对外用兵的策略。

但也有例外的情况，如有的门类下所有的子目性质差别不大，但还是被作者人为地、随机地分为几个小的门类。以《性理门》为例，《性理门》中的子目并没有明显的差别，涉及的都是人性与天理方面的内容，但作者依然把它们划归为六个不同的门类，且各个门类之间并没有明显的区分度。具体分类如下：《性理门一》中包含《贞一》《各足》《同然》《本善》《真心》《无我》《至虚》《因物》；《性理门二》中包含《妙道》《形色》《殊途》《一定》《心君》；《性理门三》中包含《神情》《治性》《凝神》《静定》《内求》；《性理门四》中包含《守要》《至人》《去情》；《性理门五》中包含《去欲》《去智》《全真》；《性理门六》中包含《齐物》《达观》《贼性》《失常》。与这种情况相似的还有《物宜门》和《造化门》。

还有一种情况，是两个相邻门类中有一些性质相似的子目，但却被分开了，而和与自身性质不同的子目同处一个门类下。如《人事门十五》中包含《行权》《贵智》《性成》《习能》《易知》《难知》《误知》，《人事门十六》中包含《莫知》《怀忧》《忧世》《世变》《伤志》，很显然《莫知》与《易知》《难知》《误知》放在一起更合适。又如，《人事门三十四》中包含《尚刚》《尚柔》《尚动》《尚静》《尚先》《尚后》《尚速》《尚迟》，《人事门三十五》中包含《尚义》《尚勇》《知命》《和同》《决断》《强力》。很显然，《尚义》《尚勇》与《人事门三十四》中的八个子目是一类的。除此之外，还存在一个门类中有一两个子目的含义与其他子目不同的情况，这种情况在门数及子目数最多的《人事门》中出现得最为频繁。如《人事门十七》中包含的《嗟逝》《讥调》《讬比》《隐语》《寓言》《先后》六个子目，很明显，前面五个子目是与语言的形式有关，而《先后》这个子目跟前面五个不同。又如《人事门三十七》中包含

的《预图》《厚道》《博爱》《施德》《顺施》《念故》《利人》七个子目，后面六个
子目主要讲为人处世要重视德行，而《预图》这个子目与后面六个子目明显
不同。

二、《喻林》子目定名的依据

《喻林》子目有五百八十六个，这么多的子目名称是如何确定下来的？
它们的定名依据是什么？其实总的来看，《喻林》子目定名的依据可以分为
主观和客观两种。在第一章中我们谈到了徐元太具有恪守忠君爱民、主张
经世致用、提倡援佛入儒的思想特征。这三个思想特征也是《喻林》子目定
名的主观依据，此观点上文已有分析，此处不赘述。本部分我们重点分析
《喻林》子目定名的客观依据。

(一)先辑录内容后定名

1. 参考所引内容而定名

据本人研究，《喻林》中的很多子目名称是根据所引内容而定的。有一
部分子目名称是直接从所引内容中截取而来的，并且往往会出现在多个句
子中。以《造化门》中的子目"天道"为例，我们可以在多则例句中找到"天
道"一词。如：

> 天道者，无私就也，无私去也。能者有余，拙者不足，顺之者
> 利，逆之者凶。譬如隋侯之珠，和氏之璧，得之者富，失之者贫。
> 【淮南子·览冥训】　(《造化门一·天道》)

该例对"天道"一词进行了解释，并在该句开头就有"天道"二字。

> 夫本末相兼，犹手背之相包，一身和则百节皆适，天道顺则本末
> 俱畅。【郭子注·庄天地】　(《造化门一·天道》)

该例在最后一句提到了"天道"。

仅这两个例句内容中就包含"天道"一词，徐元太在定这个子目名称时显然对这些句中的"天道"一词有所借鉴。

还有一部分子目名称是根据句意提炼出来的。这种情况我们可以分为两个类型：一是句中包含子目名称中所含有的字，只是所处位置不同；另一种则是句中完全不出现子目名称中所包含的字，但子目名称所蕴含的思想很容易从句中提炼出来。

我们先来看第一种情况。这种情况的子目名称实际上是"拼接"而成的，该类子目名称由同一个句子中处于不同位置的两个字组成，但能准确涵盖其下所收录譬喻句的意义。如：

> 天形穹隆如鸡子，幕其际周，接四海之表，浮于元气之上，譬如覆奁以抑水而不没者，气充其中故也。【晋书·天文上】 （《造化门一·形气》）

该例形象地说明了"形"和"气"的特点以及两者之间的关系，因此徐元太抽出句中"形""气"二字，组成"形气"这个子目。

> 有实而无乎处者，宇也；有长而无本剽者，宙也。有乎生，有乎死，有乎出，有乎入。入出而无见其形，是谓天门。天门者，无有也，万物出乎无有。【庄子·庚桑楚】 （《造化门一·有无》）

该例中举出若干个例子，准确地说明了"有""无"之间的关系，因此徐元太抽出"有""无"二字，组成"有无"这个子目。

我们再来看第二种情况。这种情况的子目是从句意中提炼出来的。以《造化门》中的子目《生克》为例，虽然其很多句子中并没有直接出现"生克"一词，但从句意中极容易提炼出该词的含义。如：

链土生木，链木生火，链火生云，链云生水，链水反土；链甘生酸，链酸生辛，链辛生苦，链苦生咸，链咸反甘；变宫生征，变徵生商，变商生羽，变羽生角，变角生宫。【淮南子·地形训】 （《造化门一·生克》）

该例中用十五个例子来说明事物之间相生相克(即生克)的道理。

木得金而伐，火得水而灭，土得木而达，金得火而缺，水得土而绝。万物尽然，不可胜竭。【黄帝素问内经·宝命全形论】 （《造化门一·生克》）

该例用"五行"中的相生相克的例子来说明"生克"的道理，句意明晰，通俗易懂。

如水得增上力，灭火；火得增上力，则消水。乃至草木，各有相害。【大智度论卷六十八】 （《造化门一·生克》）

该例用我们熟悉的"水"和"火"之间势力的消长来说明"生克"的道理。

2. 参考文献出处名称而定名

《喻林》中的很多子目名称是参考并直接引用文献出处名称而定的。如：

汲井决陂，灌溉园田，物亦生长。霈然而雨，物之茎叶。根核莫不浇濡，程量树泽，孰与汲井决陂哉。故无为之为大矣，本不求功，故其功立；本不求名，故其名成。沛然之雨，功名大矣，而天地不为也，气和而雨自集。【王充论衡·自然篇】 （《造化门二·自然》）

又如：

> 天道无为，故春不为生而夏不为长，秋不为成，冬不为藏。阳气自出，物自生长，阴气自起，物自成藏。【王充论衡·自然篇】（《造化门二·自然》）

以上两例的子目名称是"自然"，显然与所引参考文献的出处名称一致。再以子目《品藻》为例，如：

> 问如所目，陆为胜耶？曰：驽马虽精速，能致一人耳。驽牛一日行百里，所致岂一人哉。【世说新语·品藻】 （《人事门五·品藻》）

该例的子目名称是"品藻"，与所引参考文献的出处名称一致。又如：

> 庾道、季云、蔺相如，虽千载死，人懔懔恒如有生气，曹蜍、李志，虽见在，厌厌如在九泉下。【艺文类聚·人部·品藻】 （《人事门五·品藻》）

该例的子目名称是"品藻"，与所引参考文献的出处名称一致。再如：

> 子昭诚自幼至长，容貌完洁，然观其插牙齿，树颊额，吐唇吻，自非文休之敌。【何氏语林·品藻】 （《人事门五·品藻》）

该例的子目名称也是"品藻"，与所引文献的出处名称也是一致的。

还有一部分子目名称不是直接参考文献的出处名称而定，而是从文献出处的名称中获得启发。如：

> 天无私覆也，地无私载也，日月无私烛也，四时无私行也，行其德而万物得遂长焉。【吕氏春秋·去私】　（《造化门二·无私》）

该例的子目名称"无私"和文献出处的名称"去私"意义有相同的部分，即都是摒弃"私欲"的意思。但相比之下，"去私"的主观性更强，而"无私"的范围更广，也更能彰显自然万物所呈现的品德特征，与所引句子的含义更贴切。该例子目名称的确定，很有可能是在参考文献出处的基础之上，结合了徐元太自身想要表达的意愿。又如：

> 龙举一井而云弥九天，虎啸一谷而风扇万里，阳燧在堂而太阳火，方诸运握而少阴水，类感之也。【刘子·类感】　（《造化门二·类召》）

该例的子目名称是"类召"。"类召"的重点在"召"，而"类感"的重点在"感"。相较之下，后者主观性更强。从该例句的内容来看，其实与"类感"更为接近。但由于该书以儒家思想为纲的编纂宗旨，以及具有一定实用价值的编纂目的，徐元太很有可能就主观上参考了"类感"这个引文出处，而根据实际情况改成了"类召"。

（二）先定名后收录内容

与上文的情况相反，徐元太也可能先定名后收集内容。在这种情况下，作者首先考虑的很可能是当时的社会背景。因上文研究门类定名时也涉及了这类情况，此处就不再赘述。本部分就主要研究《喻林》子目的定名是如何参考其之前类书或分类文集的定名方式的。《喻林》五百多个子目中，查到与之前典籍中的类目完全一致的有近四十个，更多的是不一致或不完全一致的子目名称，这些子目的定名或许间接地受到了之前典籍的影响。这说明《喻林》中子目的定名至少有四十个左右可能直接参考了之前的典籍，现在整理如下：

《造化门二》中的"自然"或参考了《论衡》；

《造化门二》中的"感应"或参考了《太平广记》；

《人事门五》中的"品藻"和"赏誉"或参考了《世说新语》；

《人事门六》中的"慎微"或参考了《潜夫论》；

《人事门九》中的"心隐"或参考了《刘子》；

《人事门十二》中的"养生"或参考了《颜氏家训》；

《人事门十二》中的"殊好"或参考了《刘子》；

《人事门十八》中的"通塞"或参考了《刘子》；

《人事门三十二》中的"韬光"或参考了《刘子》；

《君道门三》中的"用众"或参考了《吕氏春秋》；

《君道门四》中的"贵公"和"贵信"或参考了《吕氏春秋》；

《君道门六》中的"用贤"或参考了《北堂书钞》；

《君道门六》中的"知人"或参考了《礼记》《刘子》；

《臣术门一》中的"守职"或参考了《北堂书钞》；

《臣术门二》中的"谏诤"或参考了《北堂书钞》；

《臣术门五》中的"立节"或参考了《说苑》；

《德行门一》中的"孝弟""廉洁"和"履信"或参考了《北堂书钞》；

《德行门二》中的"慎行"或参考了《吕氏春秋》；

《德行门三》中的"慎独"或参考了《刘子》；

《文章门一》中的"威仪"或参考了《北堂书钞》；

《文章门五》中的"好尚"或参考了《太平广记》；

《政治门二》中的"文武"或参考了《刘子》；

《政治门三》中的"教化"或参考了《北堂书钞》；

《政治门四》中的"赏罚"或参考了《刘子》；

《政治门四》中的"号令"或参考了《北堂书钞》；

《政治门八》中的"顺民"或参考了《吕氏春秋》；

《政治门十》中的"至治"或参考了《北堂书钞》；

《政治门十一》中的"归心"或参考了《颜氏家训》；

《政治门十二》中的"征伐"或参考了《北堂书钞》；

《性理门四》中的"去情"或参考了《刘子》；

《物宜门一》中的"随时"或参考了《刘子》；

《物宜门三》中的"居处"或参考了《太平御览》。

第三节　《喻林》的子目与佛教思想

从徐元太所撰的自序可以看出，《喻林》本质上是为封建统治阶级服务的，这就直接导致《喻林》中的佛教类譬喻具有"弘儒"指向性，这也与徐元太"援佛入儒"的编纂理念相关。本部分主要研究《喻林》中的佛教类譬喻是如何与《喻林》的子目融合，并实现其"弘儒"指向性的。

一、佛典原意与《喻林》子目含义一致

《喻林》中所引的大部分佛教类譬喻与其所属的子目含义一致，这也与徐元太要弘扬的儒家思想相契合。如：

> 夫妇二人，向蒲桃酒瓮内欲取酒，夫妇两人，乍见人影，二人相妒，谓瓮内藏人，二人相打，生死不休。时有道人，为打破瓮，酒尽了无，二人意解，知影怀愧。【法苑珠林卷五十三】　（《人事门十一·戒疑》）

该例讲的是夫妇两人见到酒瓮里有人影，相互起疑，直到打破酒缸才真相大白的故事，说明了"戒疑"的重要性。这里佛教"戒疑"的观念与儒家思想契合。又如：

> 譬如金师，有持百金来授其手，语言："此物王遣付汝，令造种种妙庄严。具，宜急用意，一月使成，如期不成，或复粗恶，当斩汝首，定不相赦。"金师闻已，身心战怖，昼夜精勤，竭思营造，未曾暂

起诸余作意，唯作是念：我当云何？如王所期，严具成办，其人乃至。严具未成，中间虽有饮食等事，而都不作饮食等想，但于金所，心心相续，思构变易，作庄严具。何以故？彼极爱重自身命故。【波罗蜜多经卷五百八十】 （《人事门十二·重生》）

该例强调的是对人自身的爱护，这里佛教所提到的"重生"十分契合儒家"重生"的思想。

二、佛典原意中的一种与《喻林》子目含义一致

有的佛典类讽喻的含义，从不同的角度可以有不同的理解。在这个时候，徐元太一般是选取其中一种，来适应其所属的子目含义，并呼应其所要弘扬的儒家思想。如：

> 有莲华池，多有水鸟，在中而住。时有鹳雀，在于池中，徐步举脚，诸鸟皆言："此鸟善行，威仪徐序，不恼水性。"时有白鹅而说偈言："举脚而徐步，音声极柔软，欺诳于世间，谁不知谄谀？"鹳雀语言："何为作此语！来共作亲善。"白鹅答言："我知汝谄谀，终不亲善汝。"【法苑珠林卷五十四】 （《人事门十·畏谗》）

该子目"畏谗"并不能十分准确地揭示该例的中心思想。因为从鹳雀的角度来说是"畏谗"，而从白鹅的角度看则未必如此。又如：

> 雪山之中，有一恶兽，名为"能害"，变诈百千，以取诸兽，杀之而食。若见牝鹿有子从者，便为子声，悲鸣相呼。若见牡鹿，便现有角与其相似，而往亲附，彼无惊惧，杀而食之。见牛马等种种诸兽，悉同彼形而肆其恶。【大乘蜜严经卷下】 （《人事门十·防诈》）

该例与上例一样，若从其他动物的角度来讲，"防诈"是对的，但从恶

兽本身的角度来讲，意义是相反的。这表明，选取佛典譬喻诸多理解途径中的一种，来与儒家思想相契合，是徐元太"援佛入儒"的一个具体策略。

三、重新定义佛典原意，以适应《喻林》子目含义

除了以上两种情况，还有一种情况是徐元太所定义的意义与佛典原意完全不符。如：

> 有兄弟三人，各自谓高健无辈，共更持夜。二兄居前卧，小弟便独坐。有一虫，名为不吉，来啮其髀，弟以手指之，虫便长大，复捶益大，其人嗔恚，取虫蹴蹋，自致疲极，虫益大不止。其人止休，一夜已竟，呼仲兄起，虫复啮之，兄复如小弟与共斗，虫更长大如屋，如是疲极，复止休。二夜竟，便呼大兄起坐，虫复啮之，大兄持手指摩挲，虫复起，兄生意以盏覆之，须臾，极，虫便出盏，去。至明日，二弟极，不能复起。兄知二弟与虫共斗，便问何以不起，二弟惭不敢语。兄言："与虫共斗，剧耶？"弟言："然。"兄语弟言："后倘有不吉虫来，但以盏覆之，不当指也。"譬喻如痴人得对，便嗔恚，徒得罪。如弟与虫斗，自致疲极。黠人见对，来便避之，是得福，譬如盏覆，不吉虫去。【三慧经籍八】 （《人事门一·争让》）

该例徐元太定义为"争让"，但从末句可以看出，该例强调的是"避让"的重要性，而与"争"无关。徐元太对该佛教讽喻重新作了定义，以适应儒家思想。又如：

> 有王名曰光明，乘调顺象出行游观，前后导从，歌舞唱妓，往到山所崄难之处，王所乘象，遥见牸象，欲心炽盛，哮吼狂逸，如风吹云，欲往奔走，不避岨崄。时调象师，种种钩斫，不能令住，时光明王甚大惊怖。象师白王：更无余方，唯当攀树。王闻是语，以手攀树，象即奔走，逐于牸象，时王瞋忿而作是言：汝先言象，调顺可

乘，云何以此狂象而欺于我！象师合掌而白王言：如此狂逸，非我所调。王语之曰：为是何过，非汝所调？彼即白王：象有贪欲，以病其心，非我所治，大王当知如此之病，杖捶钩斫所不能治，贪欲坏心，亦复如是。【大庄严经论卷九】　　（《人事门十一·色欲》）

该例徐元太定义为"色欲"，但从实际内容来看，该例所指实为"贪欲"，而且相比较而言，"贪欲"的范围更大。

第三章 《喻林》中的"援佛入儒"

前文提到，徐元太所编纂的《喻林》是第一部专收譬喻的类书，它首创引佛教文献入传统类书的先例。据本人逐条统计，《喻林》中有关佛教内容的譬喻句有 2964 条，引自约 200 种佛教典籍。所引用的佛典譬喻广泛分布于《喻林》各门类中，尤其是《人事门》《德行门》《学业门》，其中《人事门》所占佛教类譬喻句数量最多，约为 65%。其次是《学业门》《德行门》和《性理门》，均占总量的 9% 左右。《喻林》中包含如此庞大数量的佛典内容，并且分布如此之广，充分表现了其"援佛入儒"的特征。本章将在全面研究《喻林》的儒家本位思想的基础上，从《喻林》"援佛入儒"的策略，《喻林》的编纂如何与佛典相关等角度来研究《喻林》中的佛教文献，以全面地研究《喻林》中所体现的"援佛入儒"思想。

第一节 《喻林》的儒家本位思想

本章主要研究《喻林》中援佛入儒的思想。在研究这项内容之前，我们必须要弄清楚这样一个问题：既然提到了"援佛入儒"这一概念，那么我们有哪些证据可以证明《喻林》是一本反映儒家思想的类书？因为在研究一个问题之前，我们必须要仔细分析这个问题的性质，这样后续的研究才真正具有学术价值。因此本节对《喻林》的儒家本位的研究很重要。一般来说，一本书的性质如何，与编纂者的身份有关，也与该书编纂的目的有关，还与该书所包含的内容以及呈现的体例有关。本节就从以上几个方面来研究《喻林》是如何体现其儒家本位思想的。

一、《喻林》编纂者与该书的儒家本位思想

本书第一章已经对徐元太本人进行了全面的研究。从他所处的明末这个大的时代背景来看，虽然出现了"三教合流"的趋势，但是儒家思想仍然在社会的发展中占主导地位，这导致《喻林》作为一本非宗教性质的书籍，其所反映的思想也必然适应当时的时代背景。这也是《喻林》一书呈现儒家本位思想的一个大前提。

再来看看徐元太本人，从前文的研究成果我们可以得知，徐元太是明万历年间的进士，从小到大受到的是最纯正的儒家思想的教育。加之其父、其兄都是深受儒家思想浸润的知识分子，那么他从小生长的家庭环境也有利于他儒家思想体系的形成。我们知道，一个人的思想很大程度上能决定他所创造的成果的性质。《喻林》作者徐元太的思想在很大程度上也能决定《喻林》一书的性质。从前文的研究可知，徐元太的思想特征之一为"忠君爱民"，这个思想特征其实就带有很深刻的儒家思想的烙印。

前文提到，《喻林》是一部汇聚譬喻材料的类书。类书的性质，通俗来讲，就是一种起收集、整合资料作用的书籍。此外，传统类书还有辑佚、校勘的作用。据本人研究，就《喻林》这本书来讲，其编纂的原因有受时代风气的影响、徐元太个人喜好譬喻以及编制写作备忘录的需要三点。从该书编纂的原因来思考，我们亦不难理解《喻林》以儒家思想为编纂方针。且《喻林》一书，编成后流传极广，甚至嘉庆初年，"钦命诗赋题，往往取此书"。从后世对《喻林》一书的如此推崇来看，《喻林》是十分契合奉儒家思想为圭臬的封建知识分子的内心需求的。

总之，这一系列的或外在或内在的因素导致徐元太本人身受儒家思想浸染，并形成了与时代背景一致的、根深蒂固的儒家思想。这也决定了《喻林》一书儒家本位思想的形成。

二、《喻林》的体例与该书的儒家本位思想

本部分主要从《喻林》体例的源流以及《喻林》体例方面的具体内容来研

究《喻林》的儒家本位思想。

关于《喻林》体例的源流，在《四库全书总目提要》中已有初步的揭示，其云："《喻林》一百二十卷，明徐元太撰……是书采摭古人设喻之词，汇为一编，分十门，每门又各分子目，凡五百八十余类，历二十余年而后成，用心颇为勤至。其引书用程大昌《演繁露》之例，皆于条下注明出处，并篇目卷第，一一胪载，亦迥异明人剽窃掯扯之习。"①从这段提要可知，《喻林》出处注明的体例，乃是上承(宋)程大昌《演繁露》一书而来。

再考《四库全书总目·子目·杂家类·演繁露》之提要云："(《演繁露》十六卷、《续演繁露》)宋程大昌撰……所引诸书，用李匡乂《资暇集》引《通典》例，多注出某书某卷，倘有伪舛，易于寻检，亦可为援据之法。其书正编不分类，续编分制度、文类、诗事、谈助四门。"②《四库全书总目》这段提要以为《演繁露》及《续演繁露》出处的体例，是用李匡乂《资暇集》引《通典》之例，而多注明出于某书某卷；然而细查《资暇集》，未见其引《通典》之文，且于条文之末另标出处者。

考《资暇集》《续演繁露》及《喻林》三书，体例存有异同。就分类上，《资暇集》凡十六卷，分卷不分类，而《续演繁露》分制度、文类、诗事(续诗事合并计算)、谈助四门，《喻林》与此方式相当类似，故《喻林》的体制参考《续演繁露》尤多。就出处注明上，由于《资暇集》隶属子部杂家类，主要考订旧文及掌故，多数未注明出处，或散见于条文之中。《续演繁露》于条文之末另标出处者，较《资暇集》略多，至《喻林》方逐条标明出处，体例上较《资暇集》《续演繁露》严谨许多。

总之，《喻林》出处体制之所由自，依《四库全书总目》之说是承自《续演繁露》及《资暇集》，然未见直接证据可供证明如其之说，抑或改良自其他类书。不过，由此可得知《喻林》出处注明的体例，并非自行创新者，实

① (清)永瑢、纪昀等：《四库全书总目》，中华书局1965年影印浙江本，第1154页。
② (清)永瑢、纪昀等：《四库全书总目》，中华书局1965年影印浙江本，第1020页。

73

自唐而宋，自宋而明，相承而来。① 从《喻林》体例的源流发展来看，《喻林》的发展受中国传统类书发展轨迹的影响，而这个轨迹也是在遵循儒家思想的前提下形成的，因此我们从这个角度可得到《喻林》具备儒家本位思想的结论。

再来看《喻林》体例方面的具体内容。首先来看《喻林》门类的安排。我们知道，类书分门别类，其所排列的顺序，可以反映出编纂者的偏好或其重视之处，例如唐朝欧阳询等奉敕编纂的《艺文类聚》，分类上以天、地、人、事、物为序，凸显敬天的观念，这种以天地为尊的观念，深植人心，而"天、地、人、事、物"的排列方式，也被后世类书取法。《喻林》分造化、人事、君道、臣术、德行、政治、学业、文章、性理、物宜十门，从八十卷过渡到一百二十卷，门类次序虽有调整，但仍不悖天、地、人、事、物的顺序。在分类框架上，《喻林》采用"门—子目"的二级分类方式，此与中国古今多数类书一致，如《北堂书钞》《艺文类聚》《初学记》《册府元龟》《事文类聚》等。由此可知，《喻林》门类的安排与儒家的传统观念相吻合，而《喻林》的二级分类方式则因袭了传统类书的安排方式，也与儒家思想有莫大的渊源。

三、《喻林》的内容与该书的儒家本位思想

本部分主要从《喻林》的文本内容来谈该书的儒家本位思想。据本人研究，《喻林》的十个门类中，除了《造化门》之外，其他九门都涉及以儒家思想为主体的社会的方方面面。如《人事门》涉及封建社会中与儒家思想密切相关的（下文省略）人、事方面的内容，《君道门》涉及与君臣关系相关的内容，《臣术门》涉及与臣子品行相关的内容，《德行门》涉及与品德修养相关的内容，《文章门》涉及文学写作方面的内容，《学业门》涉及与学业相关的内容，《政治门》涉及与政治生活相关的内容，《性理门》涉及与人性相关的内容，《物宜门》涉及与事物性质、规律相关的内容。特别是《性理门》《君

① 江育豪：《徐元太〈喻林〉研究》，台湾花木兰文化出版社2007年版，第78页。

道门》《物宜门》，非常具有典型性。

再看每一门类下面的子目，从字面意义来看，大多数子目的含义都与儒家思想联系紧密。最后从文本的布局来看，《喻林》每个子目下都收录了一定数量的譬喻句，且譬喻句的排列一般都按经、史、子、集、杂的顺序，虽然与儒家思想直接挂钩的仅是出自经部的譬喻句，但是由代表儒家思想的门类统摄，也使得《喻林》一书的儒家本位思想得到彰显。

综上所述，《喻林》虽是一部类书，但以儒家思想为编纂宗旨，这个宗旨贯穿于《喻林》体例的建立和内容的选取。有此前提，后面与"援佛入儒"思想相关的研究就有了研究依据，结论的可靠性和真实性就有了保障。

第二节 《喻林》的编纂与佛典相关论

上文提到，《喻林》中包含数量庞大的佛典内容，并且分布很广。经本人研究发现，它的二级类目的定名也受到《法苑珠林》和其他佛典的影响。甚至，《喻林》将譬喻资料分类汇编这个创举也受到佛典著作方式的启发。本节将从《喻林》的著作方式、类目定名以及编纂宗旨等角度来研究其与佛典相关的情况。

一、编纂《喻林》系受佛典的著作方式之启发

《喻林》在类书的编纂上有两个突破：一是收录佛典原文；二是专收典籍中的譬喻之辞。我们遍查现存明代以前的类书，均未发现直接把佛典当作引用书而大量收录其中的情况，最多是像《事文类聚》那样，编纂者用自己的话介绍一下佛教及其习俗而已。因此，下面重点研究第二个突破。

《喻林》之前，类书均未特别突出譬喻，更未为此编纂专门的类书。《初学记》每一条目下有"叙事""事对"和"赋""诗"等纬目，但没有"譬喻"纬目。《艺文类聚》每一条目下除了没有"事对"外，其排列与《初学记》差不多。宋代类书部头虽大，但每一条目下也没有"譬喻"这个纬目。可见类

书专收譬喻，确实始于《喻林》。而收佛典譬喻，同样是一个创举，同样始于《喻林》，鲁迅就曾特别指出了《喻林》的这一特征。①

那么，明代的徐元太为何想到编一部专门汇集譬喻之辞的类书呢？我们综观上文提到的《喻林》的"两个突破"，认为二者之间是有联系的，即：作者因为大量阅读佛典，受到佛典著作方式的启发，而萌生了编纂专辑譬喻之辞的《喻林》的想法。

关于《喻林》编纂的缘起，徐元太在该书自序中提道："……然尤嗜喻言，为假譬之殊形异类，甚易窍穿壅遏，修词者莫可舍旃耳。"②一般人也喜欢譬喻之言，徐元太为何会"尤嗜"？这恐怕跟他受佛典影响有关。前文提到，《喻林》中有关佛教内容的譬喻句引自约200种佛教典籍，而徐元太实际的阅读当还不止此数。因为根据我们统计，《喻林》中有关佛教内容的譬喻句有2964条。除了佛教譬喻类经典外，徐元太是不大清楚他所读的佛典中到底有没有譬喻的，他是通过盲读，挖掘出了很多以前人们不知道的佛典譬喻，其中引用最多的佛教典籍为《大智度论》《般若波罗蜜多经》《法苑珠林》等。据本人统计，引《大智度论》约430条，《波罗蜜多经》约220条。所以《喻林》自序中所表达的遍读六朝佛典的意思是可信的。

在万历朝政跌宕起伏的几十年里，佛教的影响呈现出前所未有的新局面。在万历前期，由于万历帝年幼，尚无定向的宗教倾向，诸事由两宫皇太后定夺，而仁寿皇太后和万历生母慈圣皇太后皆崇信佛教。"在明代中后期，在士大夫中间往往以谈禅、交禅为风流韵事。不少文人与禅僧唱酬往来。在家中几案上摆放着佛书道书，寻僧奉佛，成为当时士大夫们的普遍风尚。"③徐元太为朝廷命官，他当官的时间正处万历年间，既然太后信佛，皇帝也不抵制，士大夫们又以此为风尚，他自然也可名正言顺地在阅

---

① 鲁迅：《〈痴华鬘〉题记》，《鲁迅全集（编年版）》第四卷，人民文学出版社2014年版，第179页。

② （明）徐元太：《喻林·自序》，上海辞书出版社1991年版，明万历刻本影印本，第3页。

③ 汤纲、南炳文：《明史》（下），上海人民出版社2003年版，第1368页。

读传统典籍的同时阅读佛典，取其能为自己所用者。这就是《喻林》自序所说的："予至陋且善忘，虽稔习篇章，久则惘然莫忆，故日随疏记，以识所闻。然尤嗜喻言，为假譬之殊形异类，甚易窍穿壅遏，修词者莫可舍游耳。第唐而后，学士大夫、骚人墨客，咸嗤繁秒，乃断六朝以上，自经史子集以及道佛诸书四百余种。凡语涉比辞者，无论圣贤与流略之粕华，目所尝见，必手录焉。即非喻而可为喻，犹笔存之。颇惭不急是勤，宁免消生玩丧。惟欲砭遗忘之疾，且借鲜逸心。信无补空疏，知犹贤乎已已。遡从释褐，计有二纪，退食罔虚，积成巨帙。又病丛穰蔓杂，不便省观，因加诠次成编，析分十门，列类五百八十有奇，总汇一百二十卷。乃若粃糠沙石，概未簸淘；亦丝黂并收，期无漏弃也。任江河之多瞆，自不妨汲祭其中。或择而弗精，将渍白蝇于清醨矣。以林名喻，岂尽杞梧哉。用当厥材，丑犹化好。"①不难看出，抱着"丑犹化好"的扭捏态度，《喻林》编者广泛取材于佛典，而取材的前提是徐元太广泛阅读了佛教典籍。前面已经说到，《喻林》中有关佛教内容的譬喻句引自约 200 种佛教典籍，而徐元太实际的阅读当还不止此数。

我们知道，喻语是佛家七语（因语、果语、因果语、喻语、不应说语、世流布语、如意语）之一，② 是佛教传扬佛法的一个重要的方便法门。它以简短有趣的愚人故事、生活故事来表现佛教道理。同时，佛教经典教义本身也好用譬喻修辞手法加以阐述，仅以"法"构成的譬喻词如"法海""法云""法船""法雨"等，就有 170 余个之多；《圆觉经》中"动目摇湛水""定眼回转火""云驶月运"等譬喻更是脍炙人口。据荆三隆统计，③ 在《大藏经》中，譬喻经典主要集中在三个部分。第一部分，阿含部中的六卷单篇

---

① （明）徐元太：《喻林》，上海辞书出版社 1991 年版，明万历刻本影印本，第 3 页。

② 譬喻还是佛典分类的一个组成部分，是佛说十二部（契经应颂、授记、讽颂、自说、因缘、譬喻、本事、本生、方广、希比、论议）之一。

③ 荆三隆：《杂譬喻经注译与辨析·前言》，中国社会科学出版社 2017 年版，第 3~5 页。

的譬喻经典，即《咸水喻经》《箭喻经》《蚁喻经》《五阴譬喻经》《佛说马有八态譬人经》《佛说月喻经》各一卷。第二部分，为本缘部中的譬喻经。这一部分大体上可以分为以下三个类型：一是佛陀本生类，以佛陀前世修行故事构成；二是佛教因缘类，以佛教因果故事为主题；三是阐发佛教义理的譬喻类。第三部分，为经集部中的两卷，即《慈氏菩萨所说大乘缘生稻秆喻经》一卷和《佛说旧城喻经》一卷，以及史传部中的《天尊说阿育王譬喻经》一卷。以上三个部分，共计一百二十九卷。而这其中，第二部分本缘部中阐发佛教义理的譬喻类数量最多，它有四种形式的著作：第一，《旧杂譬喻经》一部两卷，《杂譬喻经》三部四卷，《众经撰杂譬喻》一部两卷，共五部八卷；第二，由九十八个譬喻故事合集的《百喻经》四卷；第三，由偈言组成的譬喻经，有《法句譬喻经》四卷，《出曜经》三十卷；第四，譬喻经类的六卷单篇经典，分别是《猘狗经》《群牛譬经》《大鱼事经》《譬喻经》《灌顶王喻经》《医喻经》各一卷。尤其是《百喻经》本身就是譬喻的汇集，据说多是采集自印度民间故事。① 而《众经撰杂譬喻》则明显地采集散在众经中的譬喻而成，对《喻林》的著作体例影响尤深。以上经典，只要是唐代以前所译或所作，《喻林》大部分涉及了。

因此，我们有充分的证据说明，徐元太是受佛典譬喻类经典影响，萌生汇譬喻为一书的想法的。而"言事以譬"也是先秦以来的传统，且《韩非子》亦曾辑寓言为篇以备用。② 于是，徐氏就可以不用特别申明自己的想法系受佛典的著作方式的影响而放心地编《喻林》这部书了。

二、《喻林》类目定名多依据所收佛典譬喻本身

《喻林》采取两级分类。第一级分为十门：《造化门》《人事门》《君道门》《臣术门》《德行门》《文章门》《学业门》《政治门》《性理门》《物宜门》。

---

① 赵纪彬：《〈百喻经〉所集故事来源考论》，《海南师范大学学报》（社会科学版）2013年第3期。

② 《韩非子》有内储说上、下，外储说左上、左下，外储说右上、右下，共六篇，专收寓言故事。

显然,这是参照传统类书的"天、地、人、事、物"框架而定的,只不过是将"天、地"合为一"造化"而已。十门是最先定下来的,是不变的。但十门之下,设多少子目,各子目名称如何,却不能先定。因为这是有关譬喻的类书,其定名的根据只可能是譬喻诸要素中本体、喻体或相似点中的某一项,只能等到材料集中并分类后,才可能依据各类材料的共同点而定。而各类材料中所收佛典譬喻往往是由若干譬喻句和一个较长的寓言故事组成,它们的意思表达得最充分。所以,这就有了依据佛典譬喻定类名的可能性。事实上,《喻林》有很多类目名称的确立直接或间接地受到其所收佛典譬喻的影响。

一种普遍的情况是,所收佛典材料中的某个词汇就直接取作《喻林》的子目名称。如《佛说四十二章经》:"佛言:'夫人为道务博爱博哀,睹人施道,助之欢喜,亦得福报。'质曰:'彼福不当减乎?'佛言:'犹若炬火,数千百人各以炬来,取其火去,熟食除冥,彼火如故,福亦如之。'"该佛典中就提到了"博爱",《喻林》就取之以为该类材料的类名。

又如《喻林》的《学业门》中的子目名称"渐进"也是如此得出的。所收《法句经·广衍品》曰:"既自解慧,又多学问,渐进普广。油酥投水,自无慧意,不好学问,凝缩狭小。"这里的"学问"本来指的是与佛教相关的学问,虽与《喻林》所指不同,但做学问的方法都是"渐进"。

有时,所收佛典材料中虽没有与《喻林》子目名称相同的词语,但有意义相同的句子,《喻林》定子目名称时也会受其影响。

如《百喻经》云:"昔有大富长者,左右之人,欲取其意,皆尽恭敬长者。唾时,左右侍人以脚蹋,却有一愚者,不及得蹋,而作是言:'若唾地者,诸人蹋却,欲唾之时,我当先蹋。'于是长者正欲咳唾,时此愚人,即便举脚,蹋长者口,破唇折齿,长者语言:'汝何以故蹋我唇口?'愚人具答所由故:'唾未出,举脚先蹋,望得汝意。'凡物须时,时未及到,强设功力,反得苦恼,以是之故,世人当知时与非时。"

该段《百喻经》原文就有"凡物须时,时未及到,强设功力,反得苦恼"的句子,句中的"须"就是等待的意思。《喻林》根据该材料本身的词句把子目定名为"审时"。"审时"与"须时"同义。

又如《百喻经》云："往昔愚人，痴无所知，到余富家，见三重楼，高广严丽，即作是念：我有财钱，不减于彼，云何不造。即唤木匠而问言曰：'解作彼舍不？'木匠答言：'是我所作。'即便语言：'今为我造。'木匠即便经地垒墼作楼，愚人见垒，语木匠言：'我不欲下二重之屋，先可为我作最上屋。'木匠答言：'无有是事。何有不作最下造彼第二，不造第二，云何得造第三屋？'愚人固言：'我不用下二，必为我作上。'时人闻已，便生怪笑。譬如世尊四辈弟子，不勤修敬三宝，懒惰懈怠，欲求道果，不欲下三果，唯欲得第四阿罗汉果，亦为时人之所嗤笑，如彼愚者等，无有异。（不依三乘次第，先学大乘，亦复如是。故佛藏经云：不先学小乘后学大乘者，非佛弟子。）"文中"不依三乘次第"等语启发了《喻林》编者，故《喻林》将它归入《学业门》的《渐进》子目。

再如《百喻经》云："昔有一人，说王过罪，而作是言：'王甚暴虐，治政无理。'王闻是语，既大瞋恚，竟不究悉，信傍佞人，捉此贤臣，仰使剥脊取百两肉。有人证明，此无是语，王心便悔，索千两肉用为补脊。夜中呻唤，甚大苦恼，王闻其声，问言：'何以苦恼？取汝百两，十陪与汝，意不足耶？何故苦恼？'傍人答言：'大王如截子头，虽得千头，不免子〔于〕死。虽十倍得肉，不免苦痛。'愚人亦尔，不畏后世，贪浊现乐，苦切众生，调发百姓，多得财物，望得灭罪，而得福报。譬如彼王割人之脊，取人之肉，以余肉补，望使不痛，无有是处。"该例《喻林》把它归在"无益"这个类目下，十分切合"譬如彼王割人之脊，取人之肉，以余肉补，望使不痛，无有是处"这句话所说的主题。

最后，我们要特别指出，所谓受佛典材料本身的影响，还表现为受一系列佛典的影响。如《喻林》的子目名称"无我"，也在《维摩诘所说经》《大方广佛华严经》《大方等大集经》等佛典中有直接的体现。又如，"因果报应"本就是佛教一个很重要的思想，《涅槃经》讲："业有三报：一现报，现作善恶之报，现受苦乐之报；二生报，或前生作业今生报，或今生作业来生报；三速报，眼前作业，目下受报。"《人事门·食报》里面讲的都是因果报应方面的内容，很显然，《喻林》这个子目的定名也受到了佛教思想的影响。

三、《喻林》的编纂宗旨和类目定名受《法苑珠林》的影响

《喻林》自序说譬喻之辞对"修词者"而言是"莫可舍旃耳"，还提到"弟唐而后，学士大夫、骚人墨客，咸嗔繁秽，乃断六朝以上，自经史子集以及道佛诸书四百余种"。就是说，编者徐元太给《喻林》定的体例只是收唐以前的资料。但是，《喻林》却大量地收录了唐初释道世所编的《法苑珠林》的材料(约二百一十条)，不但从该书转引部分佛典资料，而且收了《法苑珠林》各篇、各部中《述意部》中的材料，而《述意部》中的材料实为释道世自己所写。徐元太对《法苑珠林》如此破例，说明其对此书有着非同一般的重视。

《法苑珠林》是一部佛教类书，它有一百卷本和一百二十卷本两种，现在学界较为认可的是一百卷本。它以知识类别为"篇"，一类知识为一篇，"篇"中设"部"来分述知识。每篇之末，也就是以部类分述知识完毕，设有"感应缘"故事，有的较大的部类也分设有感应缘。如此，共有篇类100篇。篇中设部，除第一、二部均为"述意部""引证部"之外，其他部类之名称与多少均按具体需求由作者随机设定。从编纂宗旨来讲，它具有"援儒入佛"的特质。而这一特质对《喻林》也有启发。

《法苑珠林》这部类书除引用佛教经、论外，还引用了儒家典籍、杂著共一百四十余种，既传承了印度佛教的相关知识，又受到了中国传统知识体系的影响。具体体现在《法苑珠林》有很多篇目借鉴了儒家思想，如《君臣篇》择取佛教有关君王德行的内容，包括王者之德、王者之过、王者功业、王者的福报等，进一步会通并补充中土的君主政治；《纳谏篇》包含了佛教中有关于君主纳谏的内容；《忠孝篇》包含了佛教中有资于儒治社会伦理核心"忠孝"的内容，并将敬佛、敬僧与敬父母加以会通；《不孝篇》以佛教因果论的惩戒意义表明佛教对"孝"的规范力，又专设"妇逆部"以配合纲常社会中对女性的惩戒。除此之外，《法苑珠林》中还有直接会通儒家理论

的篇目。如：《报恩篇》把儒家对"恩"的讲求，会通于佛教所讲的报佛恩；《善友篇》引证佛教中对亲近"善知识"的提倡，会通于儒家"友"的理论；《恶友篇》引证佛教中关于远离"恶知识"的建议，会通于儒家"友"的理论；《择交篇》继《善友篇》《恶友篇》之后，再次择取佛教中的内容会通儒家对"择交"的讲求，同时扩大到亲近善行、远离恶行的方面。值得一提的是，"《法苑珠林》每篇末或部末有'感应缘'，广引故事为证，证必注出典。此书所引据典籍，除佛经外约有一百四十余种。其中王琰《冥祥记》一百四十次，干宝《搜神记》百余次，唐临《冥报记》七十次，之推《冤魂志》四十次，郎余令《冥报拾遗》十五次，刘义庆《幽明录》、刘敬叔《异苑》、祖冲之《述异记》各十余次等等"①。这些使《法苑珠林》呈现出"援儒入佛"和"以世俗事证方外理"的趋势。

徐元太编《喻林》收录佛教寓言故事、譬喻言辞是为了宣传儒家思想和为人处世的一些有益经验，是为维护封建统治阶级的秩序、价值服务的。我们知道，中国封建统治阶级的伦理道德和佛教教义都以"善"作为道德的最高标准。中国先秦早期，"善"的内容为礼、信、仁几项，后经孔丘、孟轲先后发展，基本上形成了仁、义、礼、智、信的系统。但是，总的说来，以儒家为代表的中国传统的"善"具有概念的模糊性和宽泛性，各种善行之间的区分不严格，且对不同的"善"概念包含哪些具体内容也从未加以明确。而"佛教的'善'非常具体、细致，具有可操作性，在实践中更能得到大家的认可"②。《四十二章经》首载"十善"：不杀、不盗、不淫、不两舌、不恶骂、不妄言、不绮语、不嫉、不恚、不痴。《佛说大阿弥陀经》中也有列举，实际上是十三种，增加了不饮酒、不靳吝、不调欺三项；而《佛说如来不思议秘密大乘经》中又有"于自富乐而生喜足"的说法。这么具体的规定，正好对儒家之"善"加以充实，进行补充。③ 正是由于佛、儒在

---

① 安正熏：《〈法苑珠林〉叙事结构研究》，复旦大学博士学位论文，2003 年。
② 黄豪：《明代佛教劝运动研究》，台湾花木兰文化出版社 2017 年版，第 26 页。
③ 佛教的"善"能在封建社会存活并大加宣扬，甚至在明清还出现了大规模的劝善运动。

"善"上的这种互补关系，所以，站在佛教立场上的释道世编纂《法苑珠林》可以"援儒入佛"，而站在儒家立场上的徐元太受到《法苑珠林》的启发，反过来便可以在编纂《喻林》时"援佛入儒"。这就是我们所说的，在编纂宗旨上《喻林》受《法苑珠林》的影响。

关于《喻林》受《法苑珠林》的影响，我们还要指出的是，《喻林》的子目定名也受《法苑珠林》相应类目名称的影响。

有受《法苑珠林》直接影响的。《法苑珠林》很多篇目的内容在《喻林》中都有所体现，如《劫量篇》《三界篇》《慈悲篇》《思慎篇》《谋谤篇》《善友篇》《恶友篇》等，特别是《法苑珠林》中很多与因果报应相关的篇目也在《喻林》的《德行门·成德》《德行门·德验》《人事门·感通》《人事门·类应》等子目内容中反映了出来。

除此之外，《喻林》和《法苑珠林》还有很多内容本质上是相同的。如：《喻林·人事门·韬光》与《法苑珠林·潜循篇》都是说贤者应韬光养晦；《喻林·君道门·精诚》与《法苑珠林·至诚篇》都勉人精诚求道；《喻林·人事门·崇俭》与《法苑珠林·俭约篇》都崇尚节俭；《喻林·人事门·持正》与《法苑珠林·和顺篇》都认为为人处事应刚柔并济；《法苑珠林·忠孝篇》与《喻林·德行门·孝弟》都说明为人应孝诚忠敬等。

又如《法苑珠林》卷第五十九《思慎篇》："又《旧杂譬喻经》云：昔有鳖，遭遇枯旱，湖泽干竭，不能自致有食之池，时有大鹤，来住其边，鳖从求哀，乞相济度，鹤啄衔之，飞过都邑，鳖不默声，问此何等，如是不止。鹤便应之，口开鳖堕，人得屠食。夫人愚顽，不谨口舌，其譬如是。"该故事《法苑珠林》放在《思慎篇》，而《喻林》的定义为"谨言"，与"思慎"意思差不多，《喻林》把该子目归于德行门之下，更突出了它的儒学色彩。

再如《法苑珠林》卷第五十九《思慎篇》："如《旧杂譬喻经》云：昔有一国，五谷熟成，人民安宁，无有疾病，昼夜伎乐，人无忧恼。王问群臣：'我闻天下有祸何？'答曰：'臣亦不见。'王便使一臣，至于邻国，求觅买之。天神则化作一人，于市中卖之。状类如猪，持铁锁系缚卖之。臣问：

'此名何等?'答曰:'祸母。'臣曰:'卖不?'答曰:'卖。'问:'索几钱?'答
曰:'千万。'问曰:'此食何等?'答曰:'食针一升。'臣便家家发求,觅针
如是。人民两两三三,相逢求针,使诸郡县,处处扰乱百姓,所在之处,
患毒无懬,臣白王曰:'虽得祸母,致使民乱,男女失业,欲杀弃之,未
审许不?'王言:'大善。'便于城外将杀,刺硬不入,斫则不伤,割而不死,
积薪烧之,身赤如火,便走出去,过里烧里,过市烧市,入城烧城,入国
烧国,扰乱人民,饥饿困苦,坐由厌乐买祸所致苦也。此喻女色欲火所
烧,男女贪毒,至死不知苦也。"该例《喻林》归为《人事门·养祸》,与上
例一样,《法苑珠林》的定义比较笼统,而《喻林》受《法苑珠林》的启发,
再结合故事的具体内容,则定义比较具体。

有时对于相同的材料,《法苑珠林》和《喻林》对它们的处理颇有不同,
但也能看出《喻林》是如何在《法苑珠林》的分类启发下而"后出转精"的。
通过研究,我们发现主要存在以下几种情况:

(一)从现象中提炼出本质

《法苑珠林》的篇目名称谈的是现象,而《喻林》是从现象中提炼出本
质。《法苑珠林》卷第一百十一《利害篇》:"又《百喻经》云:昔有一人,其
妇端正,唯有鼻丑,其夫出外,见他妇女,面貌端正,其鼻甚好,便截他
鼻,持来归家,急唤其妇:'汝速出来,与汝好鼻。'即割其鼻,以他鼻着,
既不相着,复失其鼻,唐使其妇,受大苦痛。世间愚人,亦复如是。闻他
宿旧沙门,有大名德,为人恭敬,得大利养,便自假称,妄言有德,既失
其利,复伤其行,如截他鼻,徒自伤损,世间愚人,亦复如是。"

该例《法苑珠林》放在《利害篇》里。此篇主要说明与善、恶行为相对应
的利与害。以"截人之鼻"的恶行给自己妻子所带来的惨剧,来劝诫人们要
弃恶从善。而《喻林》把该例放在《强为》这个子目之下,相较而言更为妥
当。因为《喻林》的"强为"指不遵循事物规律,刻意强求,更能体现该故事
的本质。

（二）从结果中找出原因

《法苑珠林》的篇目谈的是事情的结果，《喻林》则找出事情的原因所在。如《法苑珠林》卷第六十六《愚憨篇》："《百喻经》云：昔有长者，入海取沉水香，积有年载，方得一车，诣市卖之，以其贵故，卒无买者。多日不售，心生疲厌，见人卖炭，时得速售，便烧作炭，不得半车价直。世间愚人，亦复如是。无量方便，勤求佛果，以其难得，便生退心，不如发心求声闻果，速断生死，作阿罗汉。"该例《法苑珠林》放在《愚憨篇·杂痴部》。该篇主要解释佛教如何看待"愚惑"。《法苑珠林》把该例理解成"愚人"烧香贱卖不得其值的故事。而《喻林》把它归在"志惰"这个子目名称下，深入挖掘了这件事情形成的原因，十分切合例中所提到的"以其难得，便生退心"，而且把这一子目归在《学业门》之下，其目的是劝诫人们读书不能畏难。

又《法苑珠林》卷第六十八《破邪篇》："又《百喻经》云：昔有愚人，煮黑石蜜，有一富人来至其家，时此愚人，取石蜜浆为富人煮，即于火上，以扇扇之，望得便冷，傍人语言：'下不止火，扇扇不已，云何得冷？'尔时人众，悉皆嗤笑。其犹外道，不灭烦恼，炽然之火，少作苦行，卧棘刺上，洮糠饮汁，断谷自饿，五热炙身，而望清凉寂静之道，终无是处，徒为智者之所怪哂，受苦现在，殃流来劫。"《法苑珠林》的《破邪篇》表明佛教在印度时期对外道的态度，以外道为虚妄邪恶。该例用"愚人煮黑石蜜"的故事，来说明外道"终无是处"。而《喻林》则把该故事定义为"失道"，即不遵循客观规律，做事无纲无本。它跟中国寓言"扬汤止沸"相同样，都是指治标不治本，不能从根本上解决问题的道理。

（三）从问题中挖掘解决方法

《法苑珠林》指出问题所在，《喻林》提出解决问题的方法。如《法苑珠林》卷第六十六《愚憨篇》："《百喻经》云：譬如野干在于树下，风吹枝折，堕其脊上，即便闭目，不欲看树，舍弃而走，到于露地，乃至日暮，亦不肯来，遥见风吹大树枝柯，动摇上下，便言唤我，还来树下。愚痴弟子亦复如是，已得出家，得近师长，以小呵责，即便逃走，复于后时，遇恶知识，恼乱不已，方还所去，如是去来，是为愚惑。"该例《法苑珠林》放在《愚憨篇·杂痴部》，十分切合例中所讲的野干的故事。但《喻林》反向而思之，深入挖掘这个"愚痴"故事背后形成的原因，即是疑心太重，从而提出了该问题的解决办法，故把该例归入《人事门》的《戒疑》子目之下。这无疑是要告诫人们做人做事的过程中切不可疑心太重。

综上所述，我们通过分析证明了，《喻林》的编纂缘起是作者大量阅读佛典，受到《百喻经》等佛典的著作方式的启发，而萌生了编纂专辑譬喻之辞的类书的想法。《喻林》"援佛入儒"的编纂理念也同样受到《法苑珠林》"援儒入佛"的反向启发，且《喻林》每条譬喻后标明出处和具体卷数的做法很有可能是受到佛教类书《经律异相》的影响。① 《喻林》二级类目的确立和命名也受到了所收佛典特别是《法苑珠林》的启发。由此可见，佛教类书也可以以某种方式影响世俗类书。从历史发展的过程看，传世类书和佛教类书就是在互相影响的过程中不断完善发展的。

第三节 《喻林》"援佛入儒"策略研究

《喻林》中的譬喻有很多来自佛教文献，这些佛教譬喻句被归类到按照儒家观念设立的类目中，较之其原义，发生了不同程度、不同形态的变化。本人从多方面研究发现，《喻林》在对佛典譬喻进行归类时，充分考虑和接受了三教融合的观念和既成成果。对于在此之外的佛典譬喻的归类，则采取了"援佛就儒"的策略，即抹去或弱化其宗教特征，将其当作一般的世俗道理来理解、运用。而在"援佛就儒"过程中导致的意义改变，则赋予

---

① 《经律异相》在所引用的每条佛典内容之后都详细注明了出处。限于篇幅，就不在此书中详细辨析《经律异相》对《喻林》的影响了。

这些譬喻更广泛的世俗意义。《喻林》编者广收佛教譬喻,对于当时佛教的世俗化有一定的推动作用。本节基于作者的编纂理念,通过对《喻林》所引佛教文献文本的解读来揭示这些变化及其产生的原因,进而分析和理解《喻林》"援佛入儒"的策略。

一、"三教融合"理念的奉行

明朝虽然以理学作为统治国家的意识形态,但自明太祖开始,明初诸帝都是佛教的支持者,他们在理论和实践两个层面为佛教在明代社会留下了足够的空间。在理论层面,太祖朱元璋极力倡导"三教融合",他撰写了著名的《三教论》,称:

> 夫三教之说,自汉历宋,至今人皆称之。故儒以仲尼,佛祖释迦,道宗老聃……于斯三教,除仲尼之道祖尧舜,率三王,删诗制典,万世永赖,其佛仙之幽灵,暗助王纲,盖世无穷,惟常是吉。尝闻:天下无二道,圣人无两心。三教之立,虽持身荣俭之不同,其所济给之理一。然于斯世之愚人,于斯三教,有不可缺者。①

在实践层面,朱元璋对僧伽重新加以分类,下令把他们分为禅、教、讲三类,注重各类僧人的社会作用。他认为"释道之教各有二等徒,僧有禅有教,道有正一有全真。禅与全真,务以修身养性……教与正一,专以超脱,特为孝子慈亲之设,益人伦,厚风俗,其功大矣哉"。②

明太祖在开国之初推行的三教融合、共助王纲的理念和制度,成为整个明代宗教制度和政策的基础。故而明人杨起元(1547—1599)夸赞说:"高皇帝至圣哉!以孔孟之学治世而不废二氏也。二氏在往代则为异端,

---

① (明)朱元璋撰,胡士萼点校,刘学锴审订:《明太祖集》,黄山书社1991年版,第215页。

② 《道藏》第9册,上海书店1988年版,第1页。

在我明则为正道。”①在这样的制度环境下，士大夫也更主动地学习佛典，汲取对于修身、齐家、治国、平天下有用的营养。《喻林》将佛典譬喻纳入其主要依据儒家入世理论而立的门类和子目，也正是对“三教融合”理念的自觉奉行。

此外，江育豪先生在《徐元太〈喻林〉研究》中认为徐元太《喻林》促成了儒、释、道三教融合，他分析说：

> 徐元太秉持儒家思想，在《喻林》当中建立一套“天、地、人、事、物”的思维架构，而将自成一套体系的佛教思想消解，逐一重新纳入儒家思维架构中。换言之，在“造化、人事、君道、臣术、德行、学业、文章、政治、性理、物宜”这些儒家关心的课题中，可以从容不迫地找到对应的佛教文献，是将佛教“四大皆空”“超脱轮回”“苦寂灭道”等概念，置入儒家“敬天法祖”“忠君爱国”“内圣外王”的范畴，进而裨益个人修养、人际伦常与治世理想，将出世的思想，转为积极入世之用，是佛教中国化的一种展现。无论徐元太是无意或是刻意为之，皆促成儒、释、道融合的结果。②

下面我们就着重分析《喻林》是如何体现“三教融合”这一理念的：

（一）文本内容方面

《喻林》文本内容方面“三教融合”的思想主要体现在因果报应问题上。关于因果报应，《涅槃经》认为业有三报：一为现报，现作善恶之报，现受苦乐之报；二为生报，或前生作业今生报，或今生作业来生报；三为速报，眼前作业，目下受报。中国古代很早就有善恶报应观念，如《易经·

---

① （明）杨起元：《笔记》，《证学编》卷一，《四库全书存目丛书》子部第 90 册，齐鲁书社 1997 年影印本，第 281 页。
② 江育豪：《徐元太〈喻林〉研究》，花木兰文化出版社 2007 年版，第 107 页。

坤卦》之《文言》曰:"积善之家,必有余庆;积不善之家,必有余殃。"这是将报应安排在血缘、宗族之内,具有明显的中国特色。而佛教的报应原本是在个体的三世轮回这个更大的范围内进行的。后来余庆、余殃说作为一种补充,便融入三世轮回报应说之中,成了民间的普遍信仰。

《喻林》中涉及的佛典因果报应的譬喻在《德行门》中的《成德》《德验》,《人事门》中的《感通》《类应》等子目下均有不同程度的体现。

在《德行门》中,其所用的与佛教相关的譬喻有很多包含因果相继的思想。如《德行门·成德》:"相生以慈润,荃擢以乐广,念正则增枝,愿续则长叶,内缘成为华,外缘成为果,当知悲根等,如是次第成。"该句暗含了因果方面的思想,即:德是因,内缘是花,外缘是果。又如《德行门·德验》"莲花随所在处,香气酚馥""譬如有人服延龄药,长得充健,不老不瘦""譬如有人熟煎乳汁,其上便有薄膜停住"等,皆包含了因果关系。但这还只是事物成长的一般因果关系。当因果关系与道德责任联系起来时,就有了因果报应问题。"善有善报,恶有恶报"一直是古代中国人的诉求,思想家们也一直在设想这种报应实现的途径,告诫人们多行不善则会遭受恶报,也劝人不要行恶,以免祸延子孙。《墨子·明鬼下》举了很多典籍中的例子,证明"鬼"能赏善罚恶。一是被冤杀、枉杀的人以鬼的身份来报仇报怨,实现自然正义;二是被冤杀、枉杀的人以鬼的身份诉请上帝或别的神来惩罚加害者;三是天鬼和山川之鬼直接降灾于作恶的人。但《墨子》这个设计过于简单,经不起推敲。先是道家对之有反驳,而后东汉儒者王充对之作了全面的驳斥。王充在《论衡》的《死伪》篇中提出了一个问题:如果人死为鬼,动辄复仇,那么秩序何在?于是赏善罚恶的责任更多地由上天和诸神承担。而上天和诸神如何能监察每一个人呢?于是便有了感应说。先是董仲舒针对不道之君提出"天人感应"、天以灾异示警的办法,后来一般人有大德大冤也可感天动地。但这总难实现普遍报应、准确报应。佛教的因果报应则圆满地解决了所有的问题。佛教讲因果报应,它告诉人们,伤天害理者一定会遭报应。但这个报应,可以在此生,呈现为现世报,也可以是来世报,在轮回中报应。但中国民间更看重现世报。并且,这个报应虽然其中可能会出现鬼使神差,但由于报应表现为一种必然性,所以,其中的"神"与"鬼"都不重要了。以上这些,在《喻林》的作者看来正可以互补,于是把它们都糅合到了《感通》《类应》等子目中。

《人事门》中的《感通》和《类应》两个子目包含了很多与因果报应相关的佛教类譬喻。这说明了《喻林》有意将因果报应和儒道感应协调起来。如《人事门·感通》:"如婴儿病,与乳母药,儿患得愈。母虽非儿,药之力势能及其儿";"谷风之随啸虎,庆云之逐腾龙,感应相招,仰惟常理";"心识相传,美恶由起,报应之道,运环相袭"。《人事门·类应》:"行恶得恶,如种苦种";"如影,人去则去,人动则动,人住则住,善恶业影亦如是";"如母子身虽异而因缘相续,故如母服药,儿病则差"等。他们所引用的佛教类譬喻都与因果报应相关。《喻林》把因果报应问题跟儒道的感应相融合,与事物之间的相互影响、相互作用的角度相切合。

以上还是停留在理论的层面上,《喻林》还有进一步用因缘学说解释世俗事务,杂引儒佛的譬喻故事。比如《人事门》中的子目《因托》《食报》中也包含很多与因果报应相关的佛教类譬喻。如《人事门·因托》:"譬如莲花不生陆地,滋湿之处乃生是花","譬如大地以种散中,众缘和合则得生长,应知大地与种生长为所依止,为能建立"。《人事门·食报》:"击人得击,行怨得怨,骂人得骂,施怒得怒";"怀善者应之以祚,挟恶者报之以殃,未有种稻而得麦,施祸而获福者也";"夫有形则影现,有声则回应,未见形存而影亡,声续而响乖,善恶相报,理路然矣"等。

(二)类目命名方面

《喻林》在类目的命名方面,以儒家思想命名的门类里也体现了"三教合流"的思想。具体来讲,主要体现在儒教"理一分殊"与佛教"化无分别"的道理趋同。其中《德行门》中的《成德》《德验》,《君道门》《臣术门》中的《戒满》《戒盛》等,都体现了三家对人们思想道德方面的要求。如《喻林》之《德行门·德盛》(下文省略《喻林》)"譬如日月,虽照一切而不分别,我发光明能有所照,然有情类,自业势力,感得日月昼夜巡照。【波罗蜜多经卷五百六十九】",查《大正藏》原文为:"世尊云:何此诸菩萨作种种化无分别心?佛言:天王,譬如日月,虽照一切,而不分别。我发光明,能有所照,然有情类,自业势力,感得日月,昼夜巡照。此诸菩萨,亦复如是,虽现化身,而无分别。"①讲的是诸菩萨为普度众生,化身虽多,但实际上却没有分别。该例中把诸菩萨的德行比作无有分别、日夜巡照的日月,与儒家的"理一分殊"同理,故同归于"德行"。

又如《性理门·妙道》:"譬如金刚,一切诸物无能坏者,而能普坏一切诸物。无有障碍,然其体性,亦不损减。【大方广佛华严经卷七十八】",查《大正藏》原文为:"善男子,譬如金刚,一切诸物无能坏者,而能普坏一切诸物,无有障碍。然其体性,亦不损减,菩萨摩诃萨菩提之心,亦复如是。"②"妙道"意为"至道,精妙的道理"。《庄子·齐物论》:"夫子以为孟浪之言,而我以为妙道之行也。"由此可见,"妙道"为道家的重要思想,然徐元太引用佛典中金刚的能普坏万物而自身不坏的特点来说明绝妙之道的无所不能。

(三)采取的融合方式

1. 先儒道融合,而后融入佛教譬喻

从具体层面来看,《性理门》中的《无我》《至虚》《达观》等子目名称本与道家思想相关,但徐元太也引用了不少佛教方面的譬喻化入其中。这也是徐元太用"三教融合"的方式来解释儒家思想的典型。如《性理门·无我》"譬如虚空,火灾起时不能焚烧,水灾起时不为所漂。【大方等大集经卷十二】",查《大正藏》原文为:"善男子,喻如虚空,火灾起时不能焚烧,水灾起时不为所漂。菩萨不为诸烦恼火之所焚烧,不为诸禅解脱三昧所漂。"③"无我"是

---

① (唐)三藏法师玄奘译:《波罗蜜多经》卷五百六十九,《大正藏》第七册,第5998页。

② (东晋)佛驮跋陀罗译:《大方广佛华严经》卷七十八,《大正藏》第九册,第528页。

③ (北凉)昙无谶译:《大方等大集经》卷七八,《大正藏》第十三册,第188页。

佛教基本教义之一。小乘佛教一般是指人无我，大乘佛教认为一切皆空，法的自性也是空的，一切法的存在都是如幻如化，因此不仅主张人无我，而且主张法无我。因为一切事物和现象，按其本性来说都是空的。它们表现出来的，只不过是一些假象，即所谓"性空幻有"。所引佛典中指菩萨的修行不会受外界因素的影响，因为它本身也是虚幻的。这与道家的思想有点相似。道家的"无我"有两个意思，一是讲凡人顺应自然，接受自然加于自己的一切；二是讲人与我、物与我没有区别，没有界限。后者跟佛教中的"一切皆空"有异曲同工之妙。该例以此为融合的基础，呈现三教合流之势。

从抽象层面来看，佛教为外来宗教，最初的教义晦涩难懂，与注重社会现实、人自身发展的儒教完全相反，也与中国土生土长的道教相差很大。要实现儒、释、道三教的融合，势必有一个渐进的过程。而在这个过程中，道教很大程度上起了一个过渡的、桥梁的作用。因为道教既具备宗教的特点，比较抽象虚幻，且注重人类形而上思想的改造，还保有中国传统社会文化的烙印。所以，有道教这个纽带，实现儒佛之间的交融以致达到三教融合的结局，才是十分符合中国的国情的。

据本人研究，《喻林》每个子目中所引用的譬喻都是按照儒教、道教、佛教的顺序排列的。这表明，徐元太在内容的编排上，也似乎有意或无意地着重凸显了道教的桥梁作用。如《造化门》中的《形气》这个子目，收录了二十二条与儒家思想相关的内容，形象具体地阐述了何为"形气"。如《晋书·天文上》："天形穹隆如鸡子，幕其际周，接四海之表，浮于元气之上，譬如覆奁以抑水而不没者，气充其中故也。"该例用"鸡子""覆奁以抑水而不没"形象地告诉人们"形气"的特点。又如《王充论衡·祀义篇》："山犹人之有骨节也，水犹人之有血脉也。"该譬喻句形象地告诉我们何为"形"。再如《李善注文选·幽通赋》："元气周行，终始无已，如水之流，不得独处。"该譬喻句亦生动地告诉我们何为"气"。《形气》子目中还收录了一条与道教思想相关的内容，据本人研究，该条譬喻介于儒家思想的具体表述和佛教的抽象之间。该譬喻引自《黄帝素问内经·六微旨大论》，内容为："岐伯曰：'言天者求之本，言地者求之位，言人者求之气。'交帝曰：'何谓气交?'岐伯曰：'上下之位气交之，中人之居也。'故曰：天枢之上，天气主之，天枢之下，地气主之，气交之分，人气从之，万物由之此之谓也。"细读该例，我们发现，这个例子没有儒教例句那么生动形象，但也绝对称不上晦涩难懂。只要我们发挥抽象思维能力，就能读懂其中的意思。再来看看被徐元太放在最后的佛教类譬喻句，该句引自《法苑珠林》："易称天，盖取幽深之名。庄说苍天，近在远望之色。于是野人信明，谓旻青如碧；儒士据典，谓干黑如漆。青黑诚异，乖体是同，儒野虽殊，不知是一。"该例比较抽象，从字面意思很难想到是解释"形气"。我们对于该例只能从字面意思抽绎出来理解，得出该句要表达的是事物虽因为人的观察角度不同而呈现出不同的"形"，但本质上的"气"是一样的。

由此可以看出，中国社会背景下的三教合流，道教的桥梁作用功不可没，给古人习惯具象化的思维一个缓冲的地带，从而才能不费太大力气地接收佛教思想。先儒道融合，而后融入佛教譬喻的方式也是三教融合的主要方式之一。

2. 不借助道家道教直接融佛入儒

《喻林》一书中还有很多地方体现了"儒佛合一"的理念，即佛不借助道而直接与儒融合。因"儒佛合一"也是"三教融合"理念下的一个表现方式，故我们在此单独讨论。"儒佛合一"主要表现为门类、子目名称均与儒家思想有关，但却有来自佛教典籍的譬喻，这是《喻林》中所运用到的最主要的方式。在佛教类譬喻中，《人事门》所占的比例最多，且广泛分布于《趋利》《避害》《除害》《虑患》《品藻》《赏誉》《疾邪》《观人》《待人》《责人》《慎微》等子目中。以《人事门·避害》为例："譬如有人畏于债主，远适边国，不为债主及于他人之所陵夺，何以故？由路远险绝，债主家人不能达彼。【大宝积经卷二十】"查《大正藏》原文为：

彼佛刹中无有畏惧犹如宫城，彼敌王者即魔波旬，于菩萨行人勤为障碍。如彼灌顶大王，不被怨敌之所侵扰，如来亦复如是，不为天魔之所扰恼。舍利弗，譬如有人畏于债主，远适边国，不为债主及于他人之所陵夺，何以故？由路远险绝，债主家人不能达彼。彼诸菩萨生妙喜国者，波旬路绝，亦复如是。①

"避害"不仅存在于儒家思想中，佛教也有避害的故事。魔波旬为菩萨、行人的障碍，为了躲避魔波旬，诸菩萨生妙喜国以杜绝魔波旬的迫害。该例中的譬喻不仅解释了佛教中关于避害的内容，也对应了儒家避害的内涵，实为连接佛教思想与儒家思想的桥梁。

由于佛教同儒教一样重传授、师传，所以在《文章门》《学业门》中有很多地方儒、佛也可以相互比附。尤其是《学业门》中的《从师》《积累》《精专》《不息》《渐进》《神悟》等各门。佛家之渐悟、顿悟与儒家学业的渐进与开悟也可相比附。以《学业门·渐进》为例："譬如大树，由有根茎，便有枝叶；由有枝叶，便有花果；由有花果，复生大树。【波罗蜜多经卷五百九十】"查《大正藏》原文为："若无菩萨，则无诸佛出现世间。若无诸佛出现世间，则无菩萨及声闻众。要有菩萨修菩萨行，乃有诸佛出现世间。以有诸佛出现世间，便有菩萨及声闻众。譬如大树，由有根茎，便有枝叶；由有枝叶，便有花果；由有花果，复生大树。如是世间，由有菩萨，便有诸佛出现世间。"②佛典中指出只有菩萨出现才有诸佛出现，只有诸佛出现才能让佛法惠及菩萨和大众。这也表明了佛法的修行是一个渐进的过程。只有修行达到一个阶段，才能普度众生，这与儒家对于学业要求渐进的理念是一致的。

二、"迁佛就儒"诉求下的调适

从《喻林》的内容来看，该书所引用的譬喻不仅很多与儒、释、道三教相关，而且它们的运用都有规律可循。以《造化门》为例，其下类目的设立

---

① （唐）菩提流志译：《大宝积经》卷二十，《大正藏》第十一册，第179页。
② （唐）三藏法师玄奘译：《波罗蜜多经》卷五百九十，《大正藏》第七册，第6209页。

多是以道家思想为依据。道家"福祸相依"的道理是《倚伏》子目的含义；儒道都运用了五行相生相克的道理来解释"生克"的含义；都运用了大自然中的"风""水""雷电"和其他灾异与君王、政治的关系来定位《类召》目。而且三家譬喻的思维机制也有异曲同工之妙。如为解释"相禅"，儒家运用"日往月来""春荣秋落"的例子，道教则用"花"与"果"之间的关系，佛教则用"鸡"与"卵"之间的关系，来解释万事万物之间的演变关系。而《造化门》中的其他子目，诸如《至大》《至神》《至虚》《无私》《盛德》《不夺》《不竭》等，既反映了儒道所提倡的种种思想的合乎自然，阴阳之道的神通广大，又反映了佛法虚空的不可思议。

《喻林》在"迁佛就儒"的过程中，为了调和儒教和佛教之间的差别，在很多方面都做了一定的调适，现以智愚、节欲、戒欲、慎独等方面为例加以说明。所谓调适，就是指双方学说的折中。

（一）在去除情欲、嗔怒问题上的调适

《性理门》中的"去情""去欲"本是理学中的重要思想，但作者引用了数量众多的佛教类譬喻加以解释说明，充分体现了《喻林》"迁佛入儒"的策略。如《性理门·去情》"嗔是失诸善法之根本，堕诸恶道之因缘，法乐之怨家，善心之大贼，恶口之府藏，祸患之刀斧。【法苑珠林卷七十一】"，查《大正藏》原文为：

> 第二嗔恚盖者，嗔是失诸善法之根本，堕诸恶道之因缘，法乐之怨家，善心之大贼，恶口之府藏，祸患之刀斧。若修道时，思惟此人恼我，及恼我亲，赞叹我怨，图度过去未来亦复如是。是为九恼处，故生嗔。嗔念覆心，故名为盖。当急弃之，无令增长。①

"去情"是理学的重要思想。但理学的"情"和佛教所涉及的"情"是有

---

① （唐）道世撰：《法苑珠林》卷七十一，《大正藏》第五十三册，第923页。

本质区别的。“朱熹之‘情’虽然也指一般心理活动的喜怒哀乐等，但主要内涵还是恻隐、羞恶等道德情感。也就是说，他的性情主要是道德人性论的范畴。和佛教立足于排情、去情，以情为染，为人之烦恼、妄念的根源不同。”①所引佛典里提到的“情”主要涉及的是“嗔”。“嗔”为佛教语。佛教以贪、嗔、痴为三毒。与上例一样，佛典中极言嗔念的坏处，充分说明了“去情”的重要性。以上两例徐元太用的也是“迁佛就儒”的策略，基本上是抹掉佛家言语的特殊内涵，而将它融化于儒家讲的世俗道理中。

（二）在节欲、戒欲问题上的调适

儒家对于色欲的态度很客观。从《人事门·色欲》引用的很多相关的譬喻句可以看出来。如“何彼秾矣，华如桃李”，“我视女之颜色，美如茈茉之华然”。以上描写的都是女子的美貌，很显然，儒家认为女子的美貌是世间美好的事物。但对于不恰当的、过分地沉迷于美色的行为，儒家是反对的。如：“桑中刺奔也，卫之公室淫乱，男女相奔”；“蝃蝀，止奔也，卫文公能以道化其民。淫奔之耻，国人不齿也”。甚至呼吁“诸侯不下渔色，故君子远色，以为民纪”。也就是说，儒家所提倡的“节欲”“戒欲”针对的是过分沉溺于女色的行为。但佛教就显得偏激许多，它所打压的是一切女人。“家不和，妇人之由；毁宗败族，妇人之罪”，“女人之相，其言如蜜，而其心如毒”。甚至认为“桎梏枷锁，闭系囹圄，虽曰难解，是犹易开。女锁系人，染固根深，无智没之，难可得脱。众病之中，女病最重”。

《喻林》中的《去情》充分表明了佛家对于与“欲”密切相关的“情”的态度。如《性理门·去情》：“我观世间一切众生，于无数劫具造百千那庾多拘胝过失，常为十种大毒箭所中。何谓为十？一者爱毒箭，二者无明毒箭，三者欲毒箭，四者贪毒箭，五者过失毒箭，六者愚痴毒箭，七者慢毒箭，八者见毒箭，九者有毒箭，十者无有毒箭。【大宝积经卷三十五】”查《大正藏》原文，这段话之后还有：“我见众生为于十种毒箭所中，求阿耨

① 王心竹：《理学与佛学》，吉林长春出版社2011年版，第132页。

多罗三藐三菩提，永断如是诸毒箭故，以净信心舍释氏家，趣无上道。"①可见，这是把十大毒箭当作阻碍成佛的东西。我们知道，"去情"是理学中的重要思想，主要是指戒除内心的欲望。但佛典中还包括"无明""见""有""无有"等跟人类的思想意识相关的种类。由此可见，佛典中所列的"情"不全是徐元太所认为的"情"，它的范围要广得多。例中所涉及的"情"都是佛教所认为有"毒"的负面思想意识，那么佛教对它们的解读，我们就可以理解为"心魔"，即阻碍人们见性成佛的东西。

《喻林》中的《检情》也体现了儒家戒欲的思想。但对于所要戒除的欲望，儒家也是很客观的。它所说的"欲"主要是指"淫声""声色""恶念"等。如《人事门·检情》："烦手淫声，慆堙心耳，乃忘平和，君子弗听也"；"是故圣人之于声色，滋味也，利于性则取之，害于性则全之，此全性之道也"；"耳闻所恶，不若无闻，目见所恶，不若无见"等。儒家提倡"耳目鼻口，不得擅行，必有所制。譬之若官职，不得擅为，必有所制，此贵生之术也"。但佛家所说的欲望包含的内容就广泛得多，"烦恼""内外六情""爱欲"等都属于佛教欲望的范围。如《人事门·检情》："所有智慧，如空中日，诸烦恼海，如微烟障"；"内外六情之受邪行，犹海受流，饿夫受饭，盖无满足也"；"如摩楼树初生，为葛藤所缠，长便枯死，爱欲之意亦如是"。由以上分析我们可以看出，徐元太忽视儒家和佛家对色欲态度上的差异，忽视两者在确定欲望范围大小上的差别，使儒佛两家节欲、戒欲的思想统一了起来。

(三)在智愚问题上的调适

在"智愚"这个问题上，儒佛两家的定义和范围是完全不同的。如《人事门·智愚》："如火宅中有众宝聚，有人求宝，入此宅中，其人尔时，容有二事，一者，若无方便善巧，死于火宅；二者，若有方便善巧，持宝而出。【波罗蜜多经卷五百八十七】"查《大藏经》原文为："若诸菩萨速求无

---

① (唐)菩提流志译：《大宝积经》卷三十五，《大正藏》第十一册，第294页。

上正等菩提，应知此中容有二事。一者，若无方便善巧，便证实际堕二乘地；二者，若有方便善巧，疾证无上正等菩提。如火宅中有众宝聚，有人求宝，入此宅中，其人尔时，容有二事，一者，若无方便善巧，死于火宅；二者，若有方便善巧，持宝而出。如是菩萨速求无上正等菩提，应知此中容有二事：一者，若无方便善巧，便证实际堕二乘地，如死火宅；二者，若有方便善巧，疾证无上正等菩提，如持宝出。是故当知，宁为菩萨迟证无上正等菩提，不为速求堕二乘地。"①这个佛教故事意在阐述"方便善巧"的重要作用。"方便善巧"是典型的佛教用语，意为随顺机宜而施设的巧妙智用。再从上下文来看，讲的是菩萨要证得无上正等菩提也是要看机缘的。因此"方便善巧"包含在佛教所指的大智慧中。这个大智慧包含世俗所指的智慧，但又不仅限于此。

又如《人事门·智愚》："譬如有人以缯蔽目，至大宝洲，行住坐卧，不能得见，宝树、宝衣、宝香、宝果、众宝形色贵贱功能。复有一人，开目至彼，一切皆见，悉能了知。【大方广佛华严经卷二】"查《大正藏》原文为："彼诸声闻虽住林中，不能得见如来神力，亦复不见菩萨众会。譬如有人，以缯蔽目，至大宝洲，行住坐卧，不能得见，宝树、宝衣、宝香、宝果，众宝形色贵贱功能。复有一人，开目至彼，一切皆见，悉能了知。诸菩萨等，亦复如是。"②从所引内容来看，我们可以把它理解为智人和愚人的故事，即子目所定义的"智愚"。但从上下文意来看，则是指众菩萨的境界有差异，而不是智力有差异。该子目定义看似准确，实则不符合该句的真实含义。从以上我们可以看出，佛家的智慧和觉悟跟我们通常所讲的智慧不同，它所包含的范围很广，且呈现了自己鲜明的宗教特点。

徐元太为了调适儒佛之间在"智愚"问题上的差异，缩小了佛教"智慧"

---

① （唐）三藏法师玄奘译：《波罗蜜多经》卷五八七，《大正藏》第七册，第6172页。

② （东晋）佛驮跋陀罗译：《大方广佛华严经》卷二，《大正藏》第九册，第297页。

的含义范围，并让它与世俗智慧相接近。如《人事门》中的"戒泥""愚人""不悟""贵智""易知""难知""莫知"本反映的是世俗智慧，但他在这些子目下都引用了佛教类的譬喻，使儒家思想与佛家思想中的"智愚"协调起来。

三、"迁佛就儒"过程中的改变

《喻林》所引用的佛教文献都是徐元太按内容编排的需要而撷取的，大多数都能准确地反映出类目的含义，但也有小部分与类目联系不紧密。这些看似联系不紧密的地方，很大程度上是他在"迁佛就儒"的诉求下所做的改变。下面我们归纳并研究他在这个过程中所运用的几种主要的方法。

（一）舍弃佛典比喻之本体

每个比喻都有自己的本体，即被比喻的事物。《喻林》在撷取佛典比喻时往往将比喻的本体舍弃，导致所引的比喻句与原意有差别。如《人事门·无用》"譬然湿草，烟气上腾，渐以消散，至于灭尽。【大宝积经卷二十】"，查《大正藏》原文为："或有菩萨，住虚空中，自身渐灭，不遗少分。譬然湿草，烟气上腾，渐以消散，至于灭尽。舍利弗，是诸菩萨既灭度已，一切天人，备修供养。"[①] 从佛典原文来看，这里讲述的是佛教的涅槃思想。仔细分析"无用"这个子目下所收的所有例句，我们可以了解到"无用"是指"没有用处，没有必要"。徐元太把原比喻的本体，即菩萨涅槃的状态完全舍弃了，把这个比喻变成了极为普通的比喻。因此，该例中把描绘菩萨涅槃的状态理解为"无用"，显然是不妥当的。

又如《臣术门·戒随》："譬如白杨树，随风而动摇。【大智度论卷二十二】"，查《大正藏》原文为："实时诸沙弥，自变其身，皆成老年，须发白如雪，秀眉垂覆眼，皮皱如波浪，其脊曲如弓，两手负杖行，次第而受请，举身皆振掉，行止不自安，譬如白杨树，随风而动摇。檀越见此辈，

---

① （唐）菩提流志译：《大宝积经》卷二十，《大正藏》第十一册，第177页。

欢喜迎入坐,坐已须臾顷,还复年少形。"①考察"戒随"这个子目下的例句,我们可以了解到"随"指的是"随顺、随俗"。再由所引佛典原文来看,"白杨树随风而动摇"这个比喻描述的本体是人变老后的步态不稳的状态,与"随顺、随俗"没有关系。徐元太舍弃了这个比喻本体,而把它定义为"戒随",显然是不恰切的。

(二)改变取喻角度

每个比喻句都有自己的相似点,这个相似点就是取喻角度。本体相同、喻体相同的句子,如果取喻角度不同,理解起来也会有很大差异。《喻林》中出现了所截取例句的取喻角度与原句不同的情况,导致理解上出现偏差。

如《人事门·危困》:"譬如有人曾行劫盗,王所访括,其人惶恐,窃入市厘,于杂闹处,欲自藏隐。正值其中摇铃声鼓,宣王教令,欲相掩捉,彼人尔时更无余想,唯作是念:勿我今时为他识知,而见擒絷。【波罗蜜多经卷五百八十】"查《大正藏》原文为:"譬如有人曾行劫盗,王所访括,其人惶恐,窃入市厘,于杂闹处,欲自藏隐。正值其中摇铃声鼓,宣王教令,欲相掩捉,彼人尔时更无余想,唯作是念:勿我今时为他识知,而见擒絷,诸菩萨众亦复如是。欲证无上正等菩提,若常思惟,一切智智,诸余作意,无容间起,是诸菩萨于修行时,不为余心之所间杂。"②从所引内容字面意思来看,把它定义为"危困"是说得通的。但我们联系佛典上下文,发现这仅仅是在说明诸菩萨修行时遇到俗念干扰时的情况。由此可知,原比喻的取喻非徐元太所认为的"危困",而指的是"思想不专一"。徐元太把原比喻中与心神有关的比喻角度改成了与现实生活境况有关的角度,导致出现了意义上的偏差。

---

① 龙树菩萨造,(后秦)鸠摩罗什译:《大智度论》卷二十二,《大正藏》第二十五册,第436页。

② (唐)三藏法师玄奘译:《波罗蜜多经》卷五百八十,《大正藏》第七册,第6108页。

又如《人事门·尚速》"譬如猛火，随投草木，一切炽然，悉成于火。
【大宝积经卷八十四】"，查《大正藏》原文为："有诸众生，痴无智慧，不
知菩萨善巧方便，而作是念。何有智者，贪受诸欲，不异凡夫，便谓菩
萨，远离菩提。如是众生心不净故，起大瞋恚，不生敬信，由此业故，身
坏命终，堕大地狱。复以菩萨，密化因缘，罪报毕已，决定当得，入于平
等，电得，譬如猛火，随投草木，一切炽然，悉成于火，菩萨亦复如是。
智火炽然，所有众生，若贪瞋痴，若善不善，菩萨于彼，与之同行，一切
炽然，皆成智慧，是名菩萨不共之法。"① 该子目定义为"尚速"，由所引句
中"一切炽然"而来。佛典上下文是说众生凡夫无智慧，而生不净心，最后
堕大地狱，而菩萨有"智火"，"智火炽然"可以化除"因缘罪报"。因此这
里的"炽然"并不是指一般的速度快，而指的是菩萨能感化、救度众生之
速。很显然，徐元太的取喻角度是表面化的，与佛典深层的意义不符。

（三）断章取义

"断章取义"是指不顾全篇文章或谈话的内容，孤立地取其中的一段或
一句。如《造化门·生克》："复有风轮，名为遍霆，劫火烧时，普于世界，
降霆大雨。复有风轮，名为干竭，劫水漂时，能令彼水，悉皆枯涸。【大
宝积经卷八十五】"查《大正藏》原文为："复有风轮，名为遍霆，劫火烧
时，普于世界，降霆大雨。复有风轮，名为干竭，劫水漂时，能令彼水，
悉皆枯涸。如是风轮，我若具说，穷劫不尽，目连当知。于意云何？此之
幻师，能于如是诸风轮中暂安住不？ 答言：不也。佛言目连：如来能于如
是风轮，行住坐卧，得无摇动，又复能以如是风轮内芥子中，现诸风轮所
作之事，然于芥子无增无损，而诸风轮不相妨碍。目连当知，如来成就幻
术之法，无有限极。"② 从佛典上下文意来看，该句是通过描写"风轮"能平
复因"劫火""劫水"而产生的自然灾害，来说明如来幻术之法无有限极，由

---

① （唐）菩提流志译：《大宝积经》卷八十四，《大正藏》第十一册，第730页。
② （唐）菩提流志译：《大宝积经》卷八十五，《大正藏》第十一册，第736页。

此进一步体现出佛法无边,具有普度众生的作用。但徐元太只看到了文中"火"与"雨"、"风"与"水"互相降服的现象,就把该条材料归入"生克",实为因断章取义所导致。

又如《人事门·克勤》:"乞食道人,至一聚落,从一家至一家,乞食不得。见一饿狗饥卧,以杖打之,言:汝畜生无智,我种种因缘,家家求食尚不得,何况汝卧而望得。【大智度论卷八十五】"查《大正藏》原文为:"佛以不着有法答:所谓精进修福,尚不可得,何况不修福。如受乞食道人,至一聚落,从一家至一家,乞食不得。见一饿狗饥卧,以杖打之,言:'汝畜生无智,我种种因缘,家家求食,尚不能得,何况汝卧而望得。须菩提问世尊:有是供养诸佛等因缘,何故不得其果报?'佛答:'离方便故。方便者,所谓般若波罗蜜,虽见诸佛色身,不以智慧眼见法身,虽少种善根,而不具足,虽得善知识,不亲近谘受。'"①该条之所以归入"克勤",是因为所引内容中有"我种种因缘,家家求食尚不得,何况汝卧而望得"之语。从字面意思来看,好像宣扬的是"我"的勤劳,批判的是"狗"的懒惰,但联系佛典上下文,实际上这里讲的是佛教的因果报应思想。文中强调了"修福"的重要性,强调了世间的贫富贵贱都有其因缘,即有福德才有得,无福德则虽勤奋亦无可得。这里的"福德"就是指前修因缘,但徐元太只片面地选取该例的字面义加以理解,把该句放在"克勤"这个子目之下,实有断章取义之嫌。

(四)归类不当

《喻林》中有的例句与子目含义相去甚远,而徐元太却把这种例句和子目放在一起,这极易给人们造成理解上的困难。

如《人事门·贵忘》"又如丽日,虽照十方,而不念言:我能遍照。【波罗蜜多经卷五百六十七】",查《大正藏》原文为:"性本清净,恒自庄严,

---

① 龙树菩萨造,(后秦)鸠摩罗什译:《大智度论》卷八十五,《大正藏》第二十五册,第1505页。

何以故？本性离染，无生无灭，遍一切法，自性离故。譬如盛日，虽破众闇，而不念言：我能破彼。甚深般若波罗蜜多亦复如是，虽破无始，一切随眠，而不念言：我能破彼。又如烈日，虽开莲华，而不念言：我能开彼。甚深般若波罗蜜多亦复如是，虽开菩萨摩诃萨心，而不念言：我能开彼。又如丽日，虽照十方，而不念言：我能遍照。甚深般若波罗蜜多亦复如是，虽照无边，而无照相。如见东方赤明相现，则是不久日轮当出。"①所引内容意为"太阳能普照万物，却不四处夸耀自己的功劳"。由此我们可以联想到《论语·阳货》中孔子曰："天何言哉？四时行焉，百物生焉，天何言哉！"按道理来说，深受儒家思想影响的徐元太应把子目定为"不言"或"无言"更为恰切。徐元太就该句表面意思而把它放到"贵忘"这个子目之下，实在有归类不当之嫌。

又如《人事门·昏暗》"仆谓饵辛者，不知辛之为辛，而无羡于甜香；悦臭者，不觉臭之为臭，而弗耽椒兰。【弘明集·驳夷夏论】"查《大正藏》原文为："娄罗之辩，各出彼俗，自相领解，犹虫喧鸟聒，何足述效。仆谓饵辛者，不知辛之为辛，而无羡于甜香；悦臭者，不觉臭之为臭，而不耽椒兰。犹吾子沦好淫伪，宁有想于大法。夫圣教妙通，至道渊博，既不得谓之为有，亦不得谓之为无，无彼我之义，并异同之说矣。"②由所引内容中的"悦臭者，不觉臭之为臭，而弗耽椒兰"，我们可以联想到北齐颜之推的《颜氏家训·慕贤》："与善人居，如入芝兰之室，久而自芳也；与恶人居，如入鲍鱼之肆，久而自臭也。"按道理来说，徐元太应该把子目定为"习染"比较合适，而从佛典上下文来看，该比喻是用来说明佛教教理高深，不能用世俗的判断加以定义。在该例中，徐元太没有正确理解引文意义而把该譬喻归类为"昏暗"，实在不妥。

在这四个类型中，前两类可以看作有意扩大、推衍一个比喻的含义和所指，如果这种改变还可以接受的话，那么后面两类就属于《喻林》编者错

---

① （唐）三藏法师玄奘译：《波罗蜜多经》卷五百六十七，《大正藏》第七册，第5972页。

② （梁）释僧祐撰：《弘明集》卷七，《大正藏》第五十二册，第78页。

误理解佛典文本了。

经过以上分析，我们不难发现，《喻林》在对佛典譬喻进行归类时，充分考虑和接受了三教融合的既成成果。对于在此之外的佛典譬喻的归类，则采取了"迁佛就儒"的策略，即抹去或弱化其宗教特征，将其当作一般的世俗道理来理解运用，比如在"戒欲"问题上隐去佛教戒欲的宗教目的，在"智慧"概念上忽视佛教的大彻大悟的宗教含义。而在"迁佛就儒"过程中导致的意义改变，如改变佛典比喻的喻体和原初含义，应该是编撰者有意为之，目的是想赋予这些比喻更广泛的世俗意义。《喻林》编者广收佛教比喻，极大地激起了士大夫阅读佛典的兴趣和热情，而他站在儒家和入世的立场上对佛典比喻含义的消解，一方面推动了佛教的世俗化，另一方面也对明代的寓言和小品文学创作的复兴起到了促进作用。

第四章 《喻林》所引佛教譬喻研究

《喻林》是徐元太汇集唐以前经、史、子、集、杂中的很多书籍中的比喻句而成的一部类书。本章主要研究的是《喻林》之"喻"。为了能研究好这个问题，我们可以从以下几个方面思考：比喻的起源与成因是什么？古代"比"的概念是否与今天相同？《喻林》中的"喻"包含哪些方面？《喻林》的所引佛教譬喻有哪些特点？本章拟就以上问题加以研究，以期对《喻林》之"喻"有全面的认识。

第一节 比喻的起源、成因与分类

一、比喻的起源

很多学者认为辞格起源于加强社会交际和提升美感效果等因素的需要，这种说法固然有道理。但这两个因素或许并不是最初的原因，因为提高社会交际能力和提升美感效果是有目的性的需求，但比喻很有可能在人类无目的意识的状态下就出现了。因此，社会交际能力的提高和美感效果的提升很有可能是比喻出现以后产生的积极影响，而本非单向地被认为是比喻形成的原因本身。我们必须做到真正地追根溯源，从最本质的层面入手，才能找出比喻产生的根本原因。下文我们就从远古先人的自然崇拜、图腾崇拜以及传统的思维方式三个角度来研究比喻的起源这一问题。

（一）自然崇拜

自然崇拜作为原始宗教的具体形式之一，是指把自然物和自然现象，例如日月星辰、风雨雷电以及山川、动植物等进行神化并加以崇拜。《文心雕龙·祝盟篇》："天地定位，祀遍群神。六宗既禋，三望咸秩，甘雨和风，是生黍稷，兆民所仰，美报兴焉。"这里的"六宗"指日、月、星辰、水旱、四时、寒暑，"三望"指山、河、海。人类对自然的认识，有一个漫长的发展过程。远古社会，先民们对天地万物的认识是有限的。当人们对自然现象无法解释时，就通过想象，形成自然神，并加以崇拜祭祀。中国一直是农业大国，对山川草木都有敬畏之心，在把自然神化的过程中，对自然的主观意识就越来越强，这种主观意识主要表现为"虔诚的敬畏，充满期待的想象"。在这个想象的过程中，主观和客观相结合，现实和想象相交叉，显性与隐性相融合，也就无形地产生了比喻的修辞手法，这种现象在《诗经》中体现得尤为明显。如《诗经》中以麦、黍、稻、大麻等粮食作物起兴的内容大多与国家社稷有关，以各种花朵起兴的内容大多与爱情有关，以植物的果实起兴的内容大多象征家庭婚嫁。事实上，起兴在古代也是比喻的一种方式（此内容后文有研究，此处不赘述）。

（二）图腾崇拜

"图腾"一词，源自北美印第安人方言的音译。图腾崇拜是原始社会阶段最重要的宗教信仰形式之一。"在当时的人类组织形式即氏族部落中，图腾又是标记与象征。这既是因为受知识水平和想象力的局限，同时也是出于对包括动物、植物在内世间万物的敬畏与尊崇。当时图腾选择，必为某种动物、植物及自然物的具象，或上述具象的简单组合体。"①《左传·昭公十七年》记载："昔者黄帝氏以云纪，故为云师而云名；炎帝氏以火纪，故为火师而火名；共工氏以水纪，故为水师而水名；大皞氏以龙纪，

---

① 邸永君：《十二生肖与图腾崇拜》，《中国宗教》2014 年第 11 期。

故为龙师而龙名。"从流传下来的文学作品中的比喻句中，我们依然可以感受到图腾崇拜对比喻这一辞格所产生的深远影响。如《诗经》中就有大量的以鸟起兴的诗句。闻一多先生认为"《诗经》中的鸟类起兴，当初知是一种'自视为鸟'的图腾意识在原始人言语中的反应，开始并没有修辞意味。随着社会和人类自身的发展，它在经历了一个'图腾意味愈淡'，'修辞意味愈浓'的漫长过程后，伴随审美意识从原始意识的框架中脱胎出来，才在人的语言审美活动中找到自己的位置，演变成一种'假鸟为喻'的修辞术的"。[1] 可见，人类在"无意识"的情况下慢慢从图腾崇拜过渡到了比喻辞格的产生、运用阶段。

(三)中国传统的思维方式

关于中国传统的思维方式，有很多学者在相关的论文和著作中都有所阐明。归纳起来，出现的高频词主要有以下几个：直观性、模糊性、经验理性、形象性、整体性等。仔细分析这些词汇，我们可以发现，它们都与比喻的形成密切相关。《易经·系辞下》曾记载了中华民族文化初生之时直观性思维特征："古者包牺氏之王天下也，仰则观象于天，俯则观法于地，观鸟兽之文与地之宜，近取诸身，远取诸物，于是始作八卦，以通神明之德，以类万物之情。"由此可以看出，直观性思维就是要把那些"无形"的东西变为可知可见的"有形"的东西，或者把世界上还没有存在过的东西想象并创造出来，这个过程也是比喻辞格产生的基础。

我们知道，比喻由本体和喻体构成，本体和喻体本是两个不同类型的事物，如把"花儿"比作"少女"，按正常的思维方式，这两个事物原本是不可能联系在一起的，但这两个事物最后能联系在一起，起重要作用的是模糊性思维、形象性思维和整体性思维。说模糊性思维重要，是因为只有认识到事物与事物之间边界的模糊性，才不会产生"非黑即白、非彼即此"的

---

① 刘成刚：《辞格起源初探——以比喻、比拟为例》，《当代修辞学》1989 年第 6 期。

思维模式，才会形成世间万物都是相互联系的观点；说整体性思维重要，是因为正是这种思维的存在，看似不可能联系起来的两种事物才不会被截然分开，才有产生联系的可能；说形象性思维重要，是因为只有形象性思维存在，人类才会突破固有思维模式，也只有打破固有的"不可能"的思维模式，才能创造出超出常态的比喻辞格。

二、比喻的成因

"起源"和"成因"是两个不同的概念。"起源"可以从主观来讲，也可以从客观来讲，具有一定的主观性。但"成因"是对一事物进行追根溯源式的研究，力求找出事物背后形成的真正原因，具有一定的客观性，因而结论也更具有科学性。上文谈到比喻的起源问题是为下文探讨比喻的成因打基础，如果再进一步深层次地分析上文所提到的自然崇拜、图腾崇拜以及传统的思维方式，我们会发现，其实比喻的形成与联系的客观性、思维的抽象性以及思维的类推性密不可分。据本人研究，这三点才是比喻形成的最根本的原因，下面我们分别从这三方面来加以分析：

(一)联系的客观性

世间的万事万物都处于一个拥有各种联系的整体中，虽然很多事物看起来是毫不相干的，但是联系是绝对的，"不相干"则是相对的。就拿上文的本体"花儿"与喻体"少女"来举例，"花儿"是植物类，"少女"是人类，本不是一个类属。但往深处思考，我们就会发现，它们都属于地球上的生物。所谓的没有联系，只是因为看待问题的角度没有找好罢了。正是因为联系是相对的，那么，所有看似不相联系的事物就有了联系起来的可能性。

我们知道，比喻由本体和喻体构成。比喻作为一种修辞手法，存在的前提是"比"，而"比"最初很大程度上指的是比较，而非比喻。虽然比较的本质实际上是一种类推思维，但是这种类推思维在使用的过程中逐渐产生了一种语言上的意境美，便逐渐产生了比喻这种修辞手法。两事物相比，相互联系是基础。不论这种联系是有还是无，是现实中的还是意识中的，这种相互联系都无时不在。如果我们对很多比喻句进行揣摩，就会发现，比喻的本体和喻体的差别往往非常大，有的甚至是"风马牛不相及"的事物。尽管差别很大，但不妨碍它们形成修辞效果极好的比喻句。如"露似珍珠月似弓"，"露珠"和"珍珠"、"月"和"弓"本是两种不同的事物，但中国人的思维模式里就有一种"天人合一"的整体性思维，为性质不同的事物提供了在一起比较的可能。

　　一般来讲，如果一个比喻句中不同类别的本体和喻体越多，这种比喻就越新奇。如有喻体不止一个的比喻句："桂林的山真奇啊，一座座拔地而起，各不相连，像老人，像巨象，像骆驼，奇峰罗列，形态万千。"①这个比喻句是"一比三"的结构，这样的比喻，往往是作者描摹使人应接不暇的群体物像时常用的比喻手法。这种比喻，能够形象地描写出所描绘物件的千姿百态，令人耳目一新。又如多层多项的比喻段："你说专爱看我的文学书，那也许是我时常论时事的缘故，不过只看一个人的著作，结果是不太好的：你就得不到多方面的优点。必须如蜜蜂一样，采过许多花，这才能酿出蜜来，倘若叮在一处，所得就非常有限，非常枯燥了。"②像这样的比喻段，把读者比作蜜蜂、把著作比作花、把许多优点比作蜜、把"只看一个人的著作"比作"叮在一处"。被比和比喻事物，一层跟一层，一层套一层，形成了多层多项的比喻网络，把枯燥、单调的事件说得生动形象，从而增加了文章的质感。由此可见，联系的客观性是比喻修辞形成的前提条件，多样化和多层次的跳跃式联系能给比喻带来意想不到的修辞效果。

（二）思维的抽象性

　　上文提到，比喻与联系的客观性有关，也是比喻形成的前提条件。比

---

①　摘自陈淼：《桂林山水》，见人教版《语文·四年级·下册》。

②　摘自鲁迅：《给颜黎明的一封信》。

喻的本体和喻体有很多不是相同种类的事物，虽然联系是客观存在的，但真正使一个比喻句成立并为大家所接受，还与形成比喻的抽象思维机制有关。正是这个思维机制的存在，才把本体和喻体"具有美感"地联系起来。那么这种思维机制是怎样起作用的呢？

还是以上文的比喻句"露似真珠月似弓"为例，"露水"和"珍珠"、"月亮"和"弓箭"本是不同类型的事物，但是我们发挥联想和想象的能力，就会想到"露水"和"珍珠"有外形和色泽上的相似性，"月亮"和"弓箭"也具有外形上的相似性。这种寻找相似性的思维过程就是比喻形成的过程，这个过程并不是具体的，是抽象的且与一系列心理过程相关。在这个过程中，首先应是运用自身的直观性回想本体和喻体在现实生活中的样子，把现实中的"露水"和"珍珠"、"月亮"和"弓箭"拿出来比较，客观的比较显然没有什么美感，且两种不同类别的事物也没有可比性。具体的、客观的相似点没有办法找到，那么只有在主观的层面找了。接下来的这一步就要发挥想象和联想的思维机制，并运用自身的经验，想象珍珠和露珠之间的外形和色泽给人的相似的感觉，运用形象性的思维想象月亮挂在天边和弓箭挂在墙上的样子。在反复想象和联想的同时，由于一切都只是大致上的感觉，便又运用了模糊性的思维机制加以确定，并形成本体和喻体的相似点，最终促成比喻修辞的形成。在这个过程中运用的联想、想象的思维机制也好，形象性思维、模糊性思维也好，都可以归结为抽象性的思维。正是因为思维具有抽象性的特点，我们才可以从完全不同种类的事物中寻找到抽象层面的相似点。由此可见，思维的抽象性是比喻修辞形成的保证，本体和喻体的差距越大，抽象思维的空间就越大，相似点也越新奇，比喻修辞的意境也越深远。

（三）思维的类推性

《易经·系辞下》云："古者包牺氏之王天下也，仰则观象于天，俯则观法于地，观鸟兽之文与地之宜，近取诸身，远取诸物，于是始作八卦，以通神明之德，以类万物之情。"由此可见，八卦制作的基础是"观物取象"

"近取诸身""远取诸物"，而其方法则是类推。"类推并非《周易》独有的逻辑思维形式，而是先秦逻辑思维方式的主题。"①《墨经》提出或、假、效、辟、侔、援、推、止等八种推理方法，以"辟"式而论，主旨即为类推。《墨子·小取》篇说："辟(譬)也者，举他物而明之也。"正是这样，承继墨子逻辑思想的《墨辩》确立了"异类不比"这一类推原则，使类推逻辑建立在科学的基础上，成为逻辑史上的宝贵财富。荀子丰富发展了《墨辩》的逻辑学说，建立了正名逻辑系统，就推理来说，类推也是其主要形式。

再往深处思考，其实类推也是人类的思维方式之一。人们生存的过程，也是一个不断认识自己、认识世界的过程。人类的认知过程很有可能是由个体到整体、再由整体到范围更大的整体的过程。在这个过程中，人类不断地发现规律性的东西，然后在此基础上类推出其他规律，以不断地认识这个世界。在类推的过程中，连接事物与事物的关键就是它们之间的相似点。相似点最初可能是客观的，比如由一棵小树认识到了一朵花，因为它们都是从土地里生长出来的，慢慢地就把类似从土地里长出来的东西叫植物。这个阶段中抽象思维的运行多半是客观层面上的比较。慢慢地，随着人类思维能力的不断发展，物与物之间的相似点就变成了抽象性的、主观性的，比如看见太阳明晃晃的很灿烂，和向日葵一样有朝气，就在脑袋里出现了这么一个句子："天上明晃晃的太阳好像路边摇曳的向日葵。"至此，带有修辞性的比喻句就正式出现了。

三、比喻的分类

中国最早对比喻提出分类的是刘勰。刘勰在《文心雕龙·比兴》里把比喻分为比义和比类两种。前者是指以具体的事物来比抽象的义理，后者则是指以具体事物来比具体事物的形貌。到了宋代，陈骙在《文则》中，以语言形式为特点，把比喻分为直喻、隐喻、类喻、诘喻、对喻、博喻、简喻、详喻、引喻、虚喻十类。"他的分类较详细全面，但在分类上没有遵

---

① 朱志凯：《周易的类推思维方法》，《河北学刊》1992 年第 5 期。

守同一律，因而类与类之间有重合现象，而且有的还不是比喻。"①清代吴佩芬的《经言明喻编》从喻体所指物件的角度把比喻从内容上分为物喻、人喻、事喻三类。

对于比喻的分类，在中国修辞学史上有重大影响并有突破性进展的是陈望道先生。陈先生在《修辞学发凡》中把比喻分为明喻、暗喻和借喻三大类。"这种分类被修辞学界认为是一个重大发现，因为它抓住了比喻的本质属性特点，比以前的任何分法都标准、明确、科学；但在个别用例的归类上也还有不妥之处。"②

陈介白的《新著修辞学》，用心理学原理分析修辞现象，认为比喻的运用、表达效果与人的心理活动分不开。因此，他从心理学的角度，结合具体不同的比喻方式，将比喻分为明喻、隐喻、申喻、交喻、质喻、字喻、声喻、词喻、讽喻、对喻、联喻、提喻、复喻、引喻十四类。

王易的《修辞学》认为修辞学属于美学的范畴，并将修辞现象分为"内容—想彩"和"外形—语彩"两部分，其中想彩又分消极和积极两部分，而譬喻法属于想彩中的想念增加部分。在该书中，他将譬喻法分为直喻、隐喻、提喻、讽喻、引喻、声喻、字喻、词喻等类。

袁晖在《比喻》中根据语言表达方式的不同，将比喻分为词句类比喻和篇章类比喻两大类。其中词句类比喻包括明喻、暗喻、较喻、引喻、借喻五小类，篇章类比喻包括事喻和物喻两小类。这种分类系统、详细，阐述也较深入。

张明冈在《比喻常识》里把比喻分为基本型和特殊型两类。前者包括明喻、暗喻和借喻及变化型（引喻、补喻、提喻和倒喻），后者包括反喻、曲喻、正面设喻、反面设喻、讽喻、寓言、喻证、较喻、类喻、博喻、对喻、叉喻、不喻、连喻。这种分类具有系统性和概括性。

唐松波等主编的《汉语修辞大辞典》先将比喻分为明喻、暗喻、借喻三

---

① 聂炎：《比喻新论》，宁夏人民教育出版社2019年版，第133页。
② 聂炎：《比喻新论》，宁夏人民教育出版社2019年版，第134页。

种基本类型，又概括了二十一种"由此派生出来的其他形式"，即潜喻、博喻、约喻、缩喻、扩喻、属喻、引喻、曲喻、联喻、回喻、择喻、反喻、逆喻、对喻、疑喻、物喻、事喻、互喻、合喻、顶喻、较喻。这种分类虽然细致，但终不免有概念重复之嫌，而且对于比喻类型的划分并不在一个标准上，这就出现了"越分越麻烦"的状况。

王希杰在《修辞学通论》里主张把比喻分为明喻和隐喻两大类。他指出，明喻由于从句子的外在形式来看很容易判断，因此范围很好划定。但隐喻的范围相对来说就广得多，它不仅是形式上的标示性低，而且句子的深层含义往往与美学、诗学、心理学、神话学、民俗学等学科相关，因此隐喻的边界难以确定。

成伟钧等主编的《修辞通鉴》对比喻作了多角度的分类。首先，以比喻明事理的方式、性质和作用为依据，分为描写性、议论性、抒情性比喻三种。然后，以喻体和本体与人或物的关系为依据，分为以人喻物、以物喻人、以物喻物三类，又在"以物喻物"上分为喻景、喻声、喻色、喻形、喻事、喻情、喻理等小类。其次，以比喻的三个组成部分为依据，把比喻分为明喻、暗喻和借喻三种基本类型。在明喻里，又以喻词的特点为依据，分为以"似"为喻词类、以"像"为喻词类、以"如"为喻词类、以"若"为喻词类、以"仿佛"为喻词类、以"宛如""好像"为喻词类、以"犹如""正如"为喻词类七类比喻；在暗喻里，又以常见的结构形式为依据，分为判断式、注释式、回位式、修辞式四种；在借喻里，又按其喻体分为借人、借动物、借植物、借事理为喻四小类。最后，描写了比喻的变体，即由比喻的三种基本格式扩展、变演而成的多种多样的格式共二十个，即引喻、曲喻、倒喻、对喻、回喻、互喻、反喻、逆喻、较喻、补喻、提喻、进喻、缩喻、扩喻、不喻、连喻、派生喻、兼喻、类喻、博喻。这三个角度的分类标准明确，为我们展示了一个庞大的比喻系统。

刘大为在《比喻、近喻与自喻——辞格的认知性研究》中认为："一些辞格的使用不仅引起了语言意义上的变化，更重要的是，这些语义的变化改变了我们对事物的认知关系，而它们的修辞价值正是在这些认知关系改变的基础上形成的。"①因比喻、比拟、借代、夸张等辞格的经验基础都来自认知关系的改变，该书中把这些辞格都称为认知性辞格，且把它们分为比喻（这里并不指我们通常所说的修辞格）、近喻和自喻三种。提出了语义存在必有特征、可能特征以及不可能特征三种特性，并认为从认知学角度研究辞格的关键是要接纳语义的不可能特征。刘大为先生把认知的途径分为逻辑的和原发的两种，提出了从认知学的角度来研究辞格，最主要的是把握原发的途径的重要观点。他把原发过程中对事物的认知模式分为有介体和无介体两种，其中有介体的方式包括相似关系和接近关系，而无介体的方式包括自变关系。刘先生认为，与相似关系相对应的是比喻，包括明喻、暗喻、借喻、比拟、一部分粘连和一部分象征；与接近关系相对应的是近喻，包括明喻、暗喻、移就、借代、近喻性的象征；与自变关系相对应的是夸张和通感。该书从认知语言学的角度，全面分析这些修辞格的深层次的语义结构，为比喻的研究开辟了一块新的天地。

聂炎的《比喻新论》在研究比喻的分类时，认为"比喻是一种修辞方式，因此可以从这种辞格的表层结构的角度分类；比喻是一种审美思维方式，因此可从通过《喻林》感知本体的不同情况分类；比喻是一种语言表达形式，因此可从负载比喻的语言单位的角度进行分类"②。他认为确定比喻的表层结构应以联结方式为依据。根据联结方式的不同，可以将比喻分为明喻和暗喻。在明喻中，根据所用喻词的不同，又分为"本体+像+喻体"类和"本体+是+喻体"类两种类型。在暗喻中，根据非词语的连接方式的不同，又可以分为"附加型""同位/主谓型""并列型""解注型""呼告/主谓型"和替代型。依据喻体对本体的认知作用，将比喻分为具体比喻和抽象比喻两大类，下分以实喻实、以实喻虚、以虚喻实、以虚喻虚四小类。从比喻语言单位的角度，他认为可以从微观比喻、宏观比喻和常规比喻三个角度来看。从微观角度，可以把比喻分为单词型比喻和习用语型；从宏观角度，

———————

① 刘大为：《比喻、近喻与自喻——辞格的认知性研究》，学林出版社2016年版，第4页。

② 聂炎：《比喻新论》，宁夏人民教育出版社2019年版，第133页。

可以分为句群型宏观比喻和篇章型宏观比喻；从常规角度，可以分为自由短语型常规比喻和句子型常规比喻。

总之，对比喻的分类研究出现了诸多新的视角，分类也呈越来越细致化的趋势。很多时候，我们对每种分类方法不能轻易定其好坏、优劣。我们只能在合适的研究领域借鉴他们的分类思想，以更好地为我所用。总的来说，今人从宏观上把比喻的框架定为明喻、暗喻和借喻三大类，与古代比喻的构成情况基本上是吻合的。但古代譬喻的范围比今天广，古代的"喻"除了这三大类以外，往往还包括其他与今天不同的部分，也呈现了自身的特点，这在后文将有研究。

第二节 《喻林》中的"喻"

现代修辞学一般都认为比喻是用具体的乙事物来使人更具体、形象地感知抽象的甲事物。根据比喻词和本体是否出现，一般把比喻分为明喻、暗喻和借喻三大类。除此之外，不同的学者也根据不同的标准把比喻划分为不同的小类(第二节已有提及)。本部分就以《喻林》所收录的譬喻句为主体，分别从宏观(是否具备比喻词)和微观(具体的呈现方式)的角度来研究该书所收譬喻与现代修辞学比喻的相同和不同之处。

一、与现代修辞学比喻相同的部分

纵观《喻林》全书的框架，笔者认为，由于《喻林》类目下所收的譬喻句都是对相应门类和子目的解释说明，那么门类、子目所蕴含的意义都可以看作比喻的本体，而每一个子目下所收的譬喻句就是针对相应门类或子目的喻体。很显然，本体和喻体的关系是"发散式"的一对多的关系。从这个宏观的角度来讲，《喻林》不存在没有本体的借喻句，只存在具有比喻词的明喻句和省略比喻词的暗喻句。需要指出的是，《喻林》中有很多譬喻句虽然有比喻词，但从句意来看并不是明喻句，这种情况将在"与现代修辞学比喻不同的部分"加以研究。

据本人研究，《喻林》中的明喻绝大多数出现在宗教类特别是佛教类的譬喻句中，其实这并不难理解。佛教并不是中国本土的宗教，为了传教，佛教典籍需要运用形象、生动的语言。因此，《喻林》就收录了很多这类明喻句。如《造化门·有无》："譬如影光，虽可显说而无实法可令执取，虽无可执取，而有所显照。"该譬喻句出自《波罗蜜多经》，用影子虽然实际存在但并不能执取的道理来说明"有无"的辩证性存在。又如《人事门·审宜》："譬如师子百兽之王，为小虫吼，为众所笑，若在虎狼猛兽之中，奋迅大吼，智人所可。"该譬喻句来自《大智度论》，用狮子在不同处境的不同表现来说明"审宜"即审时度势的重要性。《喻林》中佛教类的明喻句很多，在有些子目中，佛教类明喻句的数量甚至超过了一半（详见后文佛教譬喻句数字统计表）。

此外，《喻林》中也包含了很多省略了比喻词的暗喻句。由于暗喻句多简单凝练，故内容多比较抽象，呈现出哲理性强的特点。如《造化门·消息》："日月运行，一寒一暑，荣炎赫赫，不可得保。"该例出自《焦氏易林·中孚之晋》，用日月运行、寒暑交替的自然现象来比喻荣宠的不长久。又如《人事门·尚义》："济于舟者，和于水矣；义于人者，祥于神矣。"该例出自《管子·白心》，用"舟""济"（渡口）与"水"之间的相合关系比喻"义""人"与"神"之间的相融关系。据本人研究，《喻林》中的暗喻多采用古代汉语判断句形式和对比、对偶句形式，这些句子多为平行句式。上文中出自《管子·白心》的例句就具备这个特点。很显然，这与先秦的诸子文法有关。据本人统计，《喻林》前六十卷中所收的出自《荀子》的暗喻句有九十余条，出自《老子》的暗喻句有三十余条，出自《韩非子》的暗喻句有一百余条，出自《论语》的暗喻句有三十余条。从这组数据我们也可以看出，徐元太十分重视诸子类中的比喻句，并且深谙该类比喻句的特点。

二、与现代修辞学比喻不同的部分

由上文分析可知，宏观角度下《喻林》所收录的明喻、暗喻与现代修辞学上的比喻概念是一致的。但用现代修辞学的标准来看，与比喻没有关系的句子在《喻林》中也有很多，且多为上文宏观角度下的暗喻句。是徐元太不明譬喻的含义，还是他故意为之？这就需要我们从微观的角度，即譬喻呈现方式这个角度来加以研究。从这个角度，我们会发现，《喻林》中看似不是譬喻的譬喻句具有多种呈现方式，而这些不同的呈现方式恰好能彰显古人与今人看待比喻的不同之处。既然这些句子都被徐元太当作譬喻句收录在了《喻林》之中，那么它们也能充分代表徐元太对比喻的个人看法。

郑远汉先生在其《辞格辨异》中提道："在古代的文谈、诗论中，一般都没有这样严格的分别，'比''喻''拟'，还有'譬''况'等，是作为同义词，可以互换的。《文心雕龙·比兴》：'夫比之为意，取类不常。或喻于声，或方于貌，或拟于心，或譬于事。'这里的'比、喻、方、拟、譬'是一个意思。"①由此可见，古代的"喻"比现代的"喻"范围要广得多。由于《喻林》所收集的都是隋以前文献中的譬喻句，那么，《喻林》的内容很大程度上也能反映古代譬喻所涵盖的范围。据本人研究，《喻林》中譬喻句的呈现方式大体可以分为类推、比较、解释说明、起兴、象征等，从某种程度上来讲，这也可以等同《喻林》中的"喻"所包含的种类。

（一）类推和比较

前文已有分析，类推思维是比喻形成的根源，在先秦诸子典籍中运用非常普遍。如《老子·道经》第三十一章："三十辐共一毂，当其无，有车之用；埏埴以为器，当其无，有器之用；凿户牖以为室，当其无，有室之用。故有之以为利，无之以为用。"又《墨子·尚贤上》："今王公大人，有一衣裳不能制也，必藉良工；有一牛羊不能杀也，必藉良宰。故当若之二物者，王公大人未知以尚贤使能为政也。逮至其国家之乱，社稷之危，则不知使能以治之，亲戚则使之，无故富贵、面目佼好则使之。夫无故富贵、面目佼好则使之，岂必智且有慧哉！"这两例皆为归纳式推理。《喻林》中也有很多包含类推思想的譬喻句。如《造化门·有无》"水激则旱兮，矢

---

① 郑远汉：《辞格辨异》，湖北人民出版社1982年版，第43页。

激则远，万物回薄兮，振荡相转"，该句出自《史记·贾生传》，用"水""矢"因"激"这一动作而产生的反应类推到世间万物，得出了万事万物无不是相互联系的道理。又如《造化门·不变》"天不能以早为晚，地不能以高为下，人不能以男为女"，该句出自《鹖冠子·兵政》，以天、地为铺垫，类推并说明"人不能以男为女"的道理。

提到类推，我们就不能不提到连珠。在中国传统逻辑中，连珠具有一种作为"化石"的重要意义①，因为它是古人最早将推类思想形式化的一种标记。如班固《拟连珠》"臣闻良匠度其材而成大厦，明主器其士而建功业"，将"英明的君主"与"良好的工匠"在成其业的行为上作类比。又如陆机《演连珠》："臣闻：音以比耳为美，色以悦目为欢。是以众听所倾，非假北里之操；万夫婉娈，非俟西子之颜。故圣人随世以擢佐，明主因时而命官。"此类连珠乃陆机首创，常以"臣闻"起头，"是以"为转合，最后以"故"来引申结尾。

《喻林》中也包含了很多连珠，据本人统计，该书中所包含的连珠有两百余条。如《人事门·感通》："触非其类，虽疾弗应感，以其方虽微则顺，是以商飙漂山不兴盈尺之云，谷气乘条必降弥天之润。故闇于治者，唱繁而和寡，审乎物者，力约而功峻。【文选·陆机·演连珠】"该连珠将自然中的现象引申到政治层面，言简意赅，哲理性强。据本人研究，《文选·陆机·演连珠》中的五十首，《喻林》收录了三十六首。其余十余首大多分不出明显的两类事情，它们或者是说个结论然后举例论证；或者是陈述两件事，然后归纳出一个道理；或者是说个大道理，再推出个小道理，可归纳为逻辑里的演绎式推理。从《喻林》中大量收录包含类推思想的譬喻句特别是连珠句来看，徐元太认为类推且能代表类推的连珠也是比喻。

《喻林》中还有很多譬喻句包含了比较思维。如《人事门·尚义》："'力不若牛，走不若马，而牛马为用，何也?'曰：'人能群，彼不能群也。

---

① 李世跃：《从连珠体的构成看中国传统思维方式》，《江淮论坛》1991 年第 2 期。

人何以能群?'曰:'分,分何以能行?'曰:'以义故,义以分则和。和则一,一则多力。多力则强,强则胜物。'"该譬喻句出自《荀子·王制篇》,该例用不同动物之间力的大小对比来阐明"义"的重要性。又如《人事门·尚勇》:"有狗彘之勇者,有贾盗之勇者,有小人之勇者,有士君子之勇者。争饮食,无廉耻,不知是非,不辟死伤,不畏众强,悍悍然唯利饮食之见,是狗彘之勇也;为事利争,货财无辞让,果敢而振猛贪,而利悍悍然,唯利之见,是贾盗之勇也;轻死暴是小人之勇也;义之所在,不倾于权,不顾其利,举国而与之不为,改视重死持义而不挠,是士君子之勇也。"该譬喻句出自《荀子·荣辱篇》,全文把"狗彘之勇""贾盗之勇""士君子之勇"三者作比较,表明了作者提倡的是"君子之勇"。

(二)解释说明

《喻林》中有很多譬喻句是对抽象的门类和子目含义的解释说明。为了把抽象的道理解释得更准确,有的譬喻句中还运用了我们今天经常用的其他修辞手法。如《造化门·天道》:"四时者,天之吏也;日月者,天之使也;星辰者,天之期也;虹霓彗星者,天之忌也。"该句大量运用排比解释何为"天道"。又如《造化门·生克》:"链土生木,链木生火,链火生云,链云生水,链水反土,链甘生酸,链酸生辛,链辛生苦,链苦生咸,链咸反甘,变宫生徵,变徵生商,变商生羽,变羽生角,变角生宫。"该句运用重复、回环来解释何为"生克"。再如《人事门·交接》:"黄鹄一远别,千里顾徘徊,胡马失其群,思心常依依,何况双飞龙,羽翼临当乖。"该句用反衬的手法来说明"交接"的含义。

还有很多的解释说明虽然没有包含我们今天所说的修辞手法,但运用了很多其他的方式。有运用下定义的方式的,如《造化门·流行》:"三统者,天地人之始,道之大纲也;五行者,品物之宗也。道以三兴,德以五成,故三皇五帝,三王五伯,至道不远。三五复反,譬右循连,镮顺鼎耳,穷则反本,终则复始也。【风俗通·五伯】"该例用下定义的方式告诉我们何为"三统"、何为"五行",然后在此基础上告诉我们"兴道"和"成德"对于君主形成"至道"的重大意义。

有的譬喻运用引言式对子目含义加以解释，这种解释方式主要是直接引用别人的话。如《造化门·流行》："鬻熊曰：'运转亡已，天地密移，畴觉之哉。'【列子·天瑞】"又如《造化门一·生克》："周髀云：'日犹火，月犹水，火则外光，水则含景。'故月光生于日，所照魄生于日，所蔽当日则光盈，就日则明尽。【玉海天文·天文图】"

还有的运用对话体解释。这种方式与寓言是不相同的，寓言中或许也有对话，但是相较之下故事性、叙述性更强。这种解释方式主要是通过两个人之间的对话来解释说明一定的道理。如《造化门·有无》："光曜问乎无有，曰：'夫子有乎？其无有乎？'光曜不得问，而熟视其状貌窅然空然，终日视之而不见，听之而不闻，抟之而不得也。光曜曰：'至矣，其孰能至此乎？予能有无矣。而未能无无也。'【庄子·知北游】"该例用对话的方式解释了何为"有无"。

从内容上来看，《喻林》中还包含很多与古代宇宙论、本体论相关的解释说明。中国古代宇宙论以气论、太极阴阳论最为有名。"气"的概念源于《周易》，《易经·乾卦·第一》曰："潜龙勿用，阳气潜藏。"又《易传·系辞上》曰："易有太极，是生两仪，两仪生四象，四象生八卦，是故法象莫大乎天地，变通莫大乎四时。"这里"太极"指天地未分之前的元气。"气"又分为阴阳二气，阴阳二气相互作用，相摩相荡，氤氲交感，则产生宇宙万物，并推动其发展和变化。

在中国古代哲学中，本体论叫作"本根论"，它指探究天地万物产生、存在、发展变化的根本原因和根本依据的学说。中国古代哲学家一般都把天地万物的本根归结为无形无象的、与天地万物根本不同的东西，这种东西大体可以分为三类：一是没有固定形体的物质，如"气"；二是抽象的概念或原则，如"理"；三是主观精神，如"心"。这三种观点分别归属于朴素唯物主义、客观唯心主义和主观唯心主义。

古代的宇宙论、本体论都是比较抽象的概念，与我们所熟知的现实的世界有距离。《喻林》中涉及这方面的内容一般都在《造化门》中，如：

夫天者，统元气焉，非止荡荡苍苍之谓也；地者，统元形焉，非止山川丘陵之谓也；人者，统元识焉，非止圆首方足之谓也。【文中子·立命】　（《造化门一·形气》）

该例中提到了古人认为天统元气、地统元形、人统元识的观念。又如：

宋均曰："浑浑混混，鸡卵未分也。"【文选·江赋】　（《造化门一·形气》）

该例引用别人的话，解说了元始的宇宙的混沌状态，给我们呈现了古人对于宇宙的观念。再如：

日薄星回，穹天所以纪物；山盈川冲，后土所以播气。【文选·陆士衡演连珠】　（《造化门一·形气》）

该例也向我们传递了"气"的概念。徐元太不仅收录了儒家思想关于宇宙论、本体论的内容，也收录了佛教中很多与之相关的内容。因为佛教为外来宗教，在解释佛教宇宙观的时候，也与中土的宇宙观有较大差别。如《造化门·消息》"大海江河，犹有枯竭。万仞大鱼，曝脊在外。【出曜经一·无常品】"，该例想象奇特，包含着佛教所特有的宏大的世界观。又如《造化门·相禅》"循环三界内，犹如汲井轮。【佛说身观经卷九】"，该例涉及了佛教传统的三界观念，并把"三世轮回"比作汲井轮，浅显易懂。

现在看来，古人这些关于宇宙论、本体论的论述，大多不具备比喻的形式特征。但是，古人关于宇宙和世界的起源和运行机制的想象，实际上还是基于从自己本身或自己身边事出发的类比、类推，即孔子所说的"能近取譬"。换句话说，古人是通过隐喻的思维方式来认识宇宙、世界的。这可能就是《喻林》收这类譬喻进书的主要原因。

(三)起兴和象征

"起兴"的"起"是指句子的开头;关于"兴",朱熹在《诗集传》中有比较权威准确的解释。他认为,兴者,先言他物以引起所咏之词也。由此可知,这种手法一般是因物联想,触景生情,借题发挥。《诗经》中就包含了很多"比兴",《喻林》几乎每一个子目下都或多或少地都收录了《诗经》中的内容。据本人统计,《喻林》前四十卷中,包含《诗经》方面的内容有三百五十余例,以《人事门》中的《婚媾》《好德》《畏谗》三个子目中数量最多。

《喻林》中与《诗经》有关的内容,有的是引用《诗经》中的原文,有的是引用与《诗经》有关的笺、注。《诗经》中的原文如我们所熟知的《人事门·婚媾》:"关关雎音疽鸠,在河之洲,窈音杳窕徒了反淑女,君子好逑音求。【诗·国风·关雎】"与《诗经》有关的笺、注实际上体现了古人把"兴"等同于比喻的观点。如《人事门·藏修》:"隰中之桑枝条,阿阿然,长美其叶,又茂盛可以庇荫人,喻时贤人君子不用,而野处有覆养之德也。【郑氏笺诗·隰桑】"该例是解释《诗经》中名为"隰桑"的诗,诗中用"隰桑有阿,其叶有难""隰桑有阿,其叶有沃"来起兴,但郑氏用了"喻"这个字眼来解释该诗,很明显,他认为《诗经》中的"兴"就是"比喻"。又如,对于《葛生》这首诗,在《喻林》中收录了两种不同形式的解释。《人事门·婚媾》"葛生于此,延蔓而蒙于楚,木蔹亦生于此,延蔓而蒙于野中,以兴妇人生于父母,当外成于夫家。【毛诗正义·葛生】",该例用了一个"兴"字来解释这首诗的含义。而《人事门·因托》"葛生延而蒙楚蔹生蔓于野,喻妇人外成于他家。【毛诗·葛生注】",该例用了一个"喻"字来解释,这也是古代"兴"和"喻"是同一种修辞格的明证。

据本人研究,《诗经》中的草木多被赋予比兴义。根据植物的类别大体可以分为蔓生、蒿类、水生类、善木、恶木、恶菜等。这些植物在人格意象上的定格多为信物、父母、友人、美人、君子、小人等。此外,《诗经》中还经常用大自然中其他物象起兴,这些物象所产生的比兴句在《喻林》中也常有出现。如《人事门·避害》："北风其凉，雨雪其雰。惠而好我，携手同行。莫赤匪狐，莫黑匪乌。惠而好我，携手同车。"该譬喻句出自《诗·国风·北风》，用"北风""雨雪""狐""乌"来起兴，以说明"携手同行""携手同车"的主旨。又如《人事门·好德》："风雨凄凄，鸡鸣喈喈，既见君子，云胡不夷；风雨潇潇，鸡鸣胶胶，既见君子，云胡不瘳；风雨如晦，鸡鸣不已，既见君子，云胡不喜。"该譬喻句出自《诗·国风·风雨》，用"风雨""鸡鸣"起兴，表达了女主人公对自己即将见到心上人的欣喜与期盼。徐元太把这种类型的句子收录其中，说明他认为起兴也属于比喻。

象征是指借用某种具体的形象的事物暗示特定的人物或事理，以表达真挚感情和深刻寓意的方法。《喻林》中包含了大量的阴阳五行类象征。"阴阳"是中国古代文明中对蕴藏在自然规律背后的、推动自然规律发展变化的根本因素的描述，是各种事物孕育、发展、成熟、衰退直至消亡的原动力。按照易学思维理解，其所描述的是宇宙间的最基本要素及其作用，是伏羲《易》的基础概念之一。"五行"是中国自古以来道学的一种系统观，广泛地用于中医学、堪舆、命理、相术和占卜等方面。"五行"的意义包涵借着阴阳演变过程的五种基本动态，即我们所熟知的金、木、水、火、土。其中水代表润下，火代表炎上，金代表收敛，木代表伸展，土代表中和。阴阳类和五行类的象征，则是指用阴阳、五行的内容来说明事理的方式。这种类型的象征，在经、史、子、集四类譬喻中均有体现。如：

> 五行之物，可变改者，唯土也。埏以为马，变以为人，是谓未入陶灶，更火者也。如使成器，入灶更火，牢坚不可复变。【王充论衡·无形篇】 （《造化门二·不变》）

该例以五行之物中的"土"既能千变万化、也能牢固不变的特点，来说明"土"的特质，以及它在一定条件下所具备的"不变"的特点。又如：

土居中央，为之天润土者，天之股肱也。其德茂美，不可名以一时之事，故五行而四时者，土兼之也。【春秋繁露·五行之义】（《造化门二·盛德》）

该例以五行之中"土"之德茂为例，来说明修德的重要性。阴阳五行类的象征也存在于《喻林》"杂"部的宗教譬喻中。如：

天有五气，万物化成。木精则仁，火精则礼，金精则义，水精则智，土精则恩，五气尽纯，圣德备也。木浊则弱，火浊则淫，金浊则暴，水浊则贪，土浊则顽，五气尽浊，民之下也。中土多圣人，和气所交也，绝域多怪物，异气所产也。【法苑珠林卷三十三】 （《造化门二·流行》）

该例用佛典中五行相互交通变化的现象来说明"流行"这一抽象的概念。又如：

天地非有为焉，正其道而物自然。阴阳四时，非生万物也，雨露时降，非养草木也。神明接，阴阳和，万物生矣。【道德经·四子集解】 （《造化门二·自然》）

该例用道教中有关阴阳五行的内容来说明"阴阳"和"自然"之间的密切关系，同时也表达了"道法自然"的重要性。

（四）寓言和讽喻

关于寓言和比喻之间的关系，很早就有学者加以讨论。虽然现代修辞学有很多学者认为寓言不属于比喻，而认为寓言是一种叙述文体，作为一种文学体裁样式，它在一部作品中蕴含着双重意义，一种是主要的或者表层的含义，另一种是第二位的或者是深层的含义。所以，寓言是一个具有双重以上含义的故事。① 但从《喻林》所收录的寓言来看，徐元太把寓言纳入了比喻这个部分。

寓言故事在中国文学作品中很早就开始出现，《庄子》《韩非子》《吕氏春秋》可以说是先秦寓言的集大成者。据本人统计，《喻林》前六十卷中收录来自《吕氏春秋》的譬喻有一百一十多例，其中所收录的寓言故事大多采自民间传闻，如《人事门·乱真》："梁北有黎丘，部有奇鬼焉，喜效人之子侄昆弟之状。邑丈人有之市而醉归者，黎丘之鬼效其子之状，扶而道苦之。丈人归酒醒，而诮其子曰：'吾为汝父也，岂谓不慈哉？我醉，汝道苦我，何故？其子泣而触地曰：孽矣，无此事也！昔也往责于东邑，人可问也。'其父信之，曰：'嘻！是必夫奇鬼也，我固尝闻之矣。明日，端复饮于市，欲遇而刺杀之。明旦之市，而醉其真子，恐其父之不能反也，遂逝迎之丈人，望其真子，拔剑而刺之。丈人智，惑于似其子者，而杀其真子，夫惑于似士者，而失于真士，此黎丘丈人之智也。【吕氏春秋·疑似】"该故事揭示了很多事物在相似的表面下截然不同的现象，并且讲述了看问题不能只看表面的道理。

此外《喻林》中也包含很多佛教方面的寓言故事，这些寓言故事多能形象地解释抽象的概念。如《人事门·见忌》："夫妇二人，向蒲桃酒瓮内欲取酒，夫妇两人，乍见人影，二人相妒，谓瓮内藏人，二人相打，生死不休。时有道人，为打破瓮，酒尽了无，二人意解，知影怀愧。【法苑珠林卷五十三】"该例用故事形象地解释了"见忌"的含义。又如《人事门·戒泥》："昔有一人，聘取二妇，若近其一，为一所瞋，不能裁断。便在二妇中间，正身仰卧，值天大雨，屋舍淋漏，水土俱下，堕其眼中，以先有要，不敢起避，遂令二目俱失其明。【百喻经卷下】"该例也用形象的故事解释了"戒泥"的含义。

此外，《喻林》中还包含大量的讽喻。"讽喻"，《现代汉语词典》（第六版）认为是一种修辞方式，用说故事等方式说明事物的道理。《修辞学发

---

① 朱国华：《何为讽喻》，《中国图书评论》2014 年第 9 期。

凡》在"积极修辞二"中认为讽喻是造出一个故事来寄托讽刺教导意思的一种措辞法。① 这两种解释告诉我们，"讽喻"是一种用故事的形式说明道理的修辞手法。对于讽喻、比喻二者之间的关系，学者们向来争论颇多。有学者认为讽喻相当于比喻中的暗喻，也有学者认为比喻和讽喻是两种各自独立的辞格，讽喻中又包括情节不独立、须加"说明句子"的故事，也包括情节独立、不需要加"说明句子"的寓言。从修辞学的角度来看，很明显，讽喻具备比喻的一切修辞功能，但从形式、内容上来看，它要比普通的比喻复杂。它虽然与寓言相似，但在寓言故事性的基础上更具思想性。

一般认为，寓言结束后若还有评论性的语言，即由寓言"升级"成我们所说的讽喻。如《人事门·戒泥》："楚人有涉江者，其剑自舟中坠于水，遽契其舟曰：'是吾剑之所从坠，舟止从其所契者，入水求之舟已行矣，而剑不行，求剑若此，不亦惑乎？'以此故法为其国与此同，时已徙矣，而法不徙，以此为治，岂不难哉？有过于江上者，见人方引婴儿而欲投之江中，婴儿啼，人问其故，曰：'此其父善游。'其父虽善游，其子岂遽善游哉？此任物，亦必悖矣。【吕氏春秋·察今】"该例前半部分为我们都很熟悉的"刻舟求剑"的寓言，但后半部分由此引出为政方面的种种问题，这样就突破了单纯寓言的故事叙述性，而上升到一定的思想性了。

据本人统计，《喻林》中佛教类讽喻数量最多，主要原因在于佛教的传播需要。因佛教属于外来宗教，教义比较抽象，而要扩大影响，唯有通俗、形象、有趣的方式，才能在民众中广为流布，因此讽喻故事就逐渐成为佛典传播的重要方式。据本人统计，佛经中包含讽喻最多的有《百喻经》《大庄严论经》《涅槃经》《杂譬喻经》等，而《喻林》中大多数讽喻亦出自以上诸佛典。除佛经之外，《喻林》中的讽喻还有出自如《荀子》《刘子》《金楼子》等子部类的典籍，也有出自如《艺文类聚》《文苑英华》《太平御览》等集部类的典籍。但《喻林》中诸子类、集部类著作中的讽喻总的来说数量很少。我们先来看看《喻林》中出自子部典籍的寓言故事。如：

---

① 陈望道：《修辞学发凡》，上海教育出版社 1979 年版，第 119 页。

宋人有好行仁义者，三世不懈，家无故黑牛生白犊，以问孔子，孔子曰："此吉祥也，以荐上帝。"居一年，其父无故而盲，其牛又复生白犊。其父又复令其子问孔子，其子曰："前问之而失明，又何问乎？"父曰："圣人之言，先迕后合，其事未究，姑复问之。"其子又复问孔子，孔子曰："吉祥也，复教以祭，其子归致命。"其父曰："行孔子之言也。"居一年，其子又无故而盲。其后楚攻宋，围其城，民易子而食之，析骸而炊之，丁壮者皆乘城而战死者大半，此人以父子有疾皆免，及围解而疾俱复。【刘子·说符】 （《造化门一·倚伏》）

该例讲述了一系列由坏事反变好事的事例，告诉了人们"祸兮福之所倚，福兮祸之所伏"的道理，紧扣住"倚伏"这个子目的含义。又如：

孟尝君寄客于齐，王三年不见用，客反见孟尝君曰："不知臣罪耶？君之过也？"孟尝君曰："缕因针而入，不因针而急。夫子之才，必薄矣。"客曰："不然。臣见鹪鹩巢于苇之苕，鸿毛着之已建之安，工女不能为，可谓完坚矣。大风至则苕折卵破者，其所托者使然也。"【艺文类聚·鸟部·鹪鹩】 （《人事门二十四·因托》）

该例讲述了鹪鹩筑巢于苇之苕，大风吹至而苕折卵破的故事，表明了一件事情的发生是内外因共同起作用的结果。在内因没有问题的前提下，外因(这里指事物存在所依托的外在部分)也同样重要。

相对来讲，《喻林》中的佛教类寓言故事更多，如：

昔雪山中，有鸟名为共命。一身二头，一头常食美果，欲使身得安隐，一头便生嫉妒之心，而作是言，彼常云何食好美果，我不曾得，即取毒果，食之使二头俱死。【杂宝藏经卷三】 （《人事门五十八·两失》）

该故事用佛经中"共命"鸟的故事,讽刺了那些因心存嫉妒,最终失去更多的人。又如:

> 昔有人乘船度海,失一银盂,堕于水中,即便思念,我今画水作记,舍之而去,后当取之。行经二月,到师子诸国,见一河水,便入其中,觅本失盂。诸人问言:"欲何所作?"答言:"我先失盂,今欲觅取。"问言:"于何处失?"答曰:"初入海失。"又复问言:"失经几时?"言:"失来二月。"问言:"失来二月,云何此觅?"答言:"我失盂时,画水作记,本所画,水与此无异,是故觅之。"亦如外道,不修正,行相似善,中横计苦,因以求解脱。犹如愚人,失盂于彼而于此觅。
> 【百喻经卷上】 (《人事门五十八·愚人》)

该故事用佛教中"刻舟取盂"的故事来说明了"愚人"的愚蠢,与中国古代"刻舟求剑"的故事类似。该例最后评论性的语言道出了这个故事的真实用意,即用这个故事来说明外道只得形似而不得要领的修道方法,就像例中的"愚人"一样。

(五)比拟和打比方

前文提到,刘勰《文心雕龙·比兴》中认为比、方、喻、拟、譬,都是一个意思。此外《诗人玉屑卷九》杨万里论比拟一节中,也认为"比"应作"比拟"义:

> 白乐天《女道士》诗云"姑山半峰雪,瑶水一枝莲",此以花比美妇人也;东坡《海棠》诗云"朱唇得酒晕生脸,翠袖卷纱红映肉",此以美妇比花也。[1]

---

[1] 陈望道:《修辞学发凡》,上海教育出版社 1976 年版,第 117 页。

前者为拟物，后者为拟人，但杨万里都称之为"比"。可见古人的"比"包括了比喻和比拟。①

现代也有很多学者认为比喻和比拟是两种相同的辞格。如郑业健在《修辞学》中提出："盖必在观念上有联络处，想象上有变通处，始可以互相比拟。故比拟亦可谓为比喻之一种。但比喻为就其相似处着笔，比拟乃就其可变处着笔。"②王希杰在《修辞学通论》中也认为："比拟，向来是一个独立的辞格。但如果从本质上看，比拟其实就是比喻。"③由此可知，王先生因二格都以事物的相似性作为立格的基础，将比喻与比拟看作本质上一致的辞格。

本人也认为比拟与比喻是两种相似的辞格，它们虽然一个采用"喻"的方式，另一个采用"拟"的方式，但它们的本质是相同的，都是把一个事物当作另外一个事物来描述、说明。比拟一般分为拟人和拟物两种。据本人统计，《喻林》中以带有拟人性质的譬喻句居多。如《造化门一·天道》"如磁石力令铁转移，虽无有心似有心者。【大乘密严经卷下】"，该例把磁石当作有心的人来写，说明磁石具备令铁转移的能力，就像有心的人具备超强的心力一样。又如《性理门四·去情》"譬如草木无有瞠心。【大智度论卷八十八】"，该例把"草木"当作人来写。再如《性理门四·去情》"又如火烧物不择好恶薪。【大庄严经论卷八】"，与上例相似，该例把"火"也当作人来写。

据本人研究，具有比拟特征的譬喻句在《性理门》《物宜门》等门类出现的频率最高，因为这两个门类主要讲人、物的本性，难免用物来解释人性，或用拟人化的物来说明人性。如：

> 林之性静，所以动者，风摇之也；水之性清，所以浊者，土浑之也；人之性真，所以邪者，欲眩之也。【刘子·防欲】　　（《性理门

---

① 郭焰坤：《喻类辞格流变史》，中国社会科学出版社 2016 年版，第 3 页。
② 濮侃：《辞格比较》，安徽教育出版社 1983 年版，第 50 页。
③ 王希杰：《修辞学通论》，南京大学出版社 1996 年版，第 429 页。

五·去欲》)

该例用备具灵性的"性静之林""性清之水"来说明"性真之人",使解说备具说服力和形象性。

再来看《喻林》中打比方和譬喻的关系。从广义上来说,打比方与比喻同义,但本质上和比喻不同。打比方是利用两种不同事物之间的相似之处作比较,以突出事物的形状特点,是一种增强说明效果的形象性和生动性的说明方法。但比喻是一种修辞方法,是用与本体特征相似的喻体来说明本体。据本人研究,《喻林》佛教类譬喻句中有很多看似是明喻句,但实际上是打比方。在两者外在形式容易混淆的情况下,我们只能根据句子的具体内容来判断。一般来讲,打比方所用到的都是具体的事实或事物。如《造化门二·自然》:"譬如日出于阎浮提,先照一切须弥山等诸大山王,次照黑山,次照高原,然后普照一切大地。日不作念:'我先照此,后照于彼,但以山地有高下,故照有先后。'【大方广佛华严经卷五十】"该例就是用太阳顺其自然照耀世间万物来解释《自然》这个抽象的子目。又如《人事门四·避害》:"譬如有人畏于债主远适边国,不为债主及于他人之所陵夺,何以故?由路远险绝债,主家人不能达彼。【大宝积经卷二十】"该例用债主"逃债适边国"的故事来解释"避害"的含义。以上两例很明显就是打比方的方式,但是徐元太把它们当作譬喻句收录在了《喻林》中。

总之,《喻林》中"喻"的范围比现代修辞学意义上的比喻广。《喻林》所收录的如此数量庞大、种类繁杂的譬喻对后人的启发意义是深远的,这种影响不仅体现在日趋全面、细致的比喻理论的形成上,也体现在日趋具有创新思维的譬喻中。

三、《喻林》中的佛教类譬喻

据本人统计,《喻林》中所引佛教经典有两百余种,数量如此庞大的佛教类譬喻极大地丰富了《喻林》的人文内涵。上文多次提道,由于佛教传教的需要,佛教类譬喻一般都有叙述生动、寓意深刻的特点,这极大地提高了类书《喻林》的可读性。本节主要研究佛教譬喻的分布概况和特点。

从《喻林》的整体内容来看，基本上每个子目下都包含佛教类譬喻。为了能更好地研究佛教类譬喻的概况，本人特制作了《喻林》前四十卷佛教类譬喻句分布情况一览表加以分析。

《喻林》前四十卷佛教类譬喻句分布情况一览表

卷号	A. 含有比喻词的佛教类譬喻句数量	B. 佛教类譬喻句数量	C. 卷中譬喻句总数	A∶B（%）	A∶C（%）	B∶C（%）
卷一	18	24	249	75%	7.2%	9.6%
卷二	11	20	217	55%	5%	9.2%
卷三	9	14	187	64.2%	4.8%	7.4%
卷四	4	14	205	28.6%	1.9%	6.8%
卷五	16	22	184	72.7%	8.7%	12%
卷六	15	17	211	88.2%	7.1%	8%
卷七	12	16	220	75%	5.4%	7.3%
卷八	19	29	193	65.5%	9.8%	15%
卷九	34	45	165	75.6%	20.6%	27.2%
卷十	23	46	185	50%	12.4%	24.9%
卷十一	43	52	170	82.7%	25.3%	30.6%
卷十二	24	32	181	75%	13.3%	17.7%
卷十三	9	25	174	36%	5.2%	14.4%
卷十四	9	16	124	56.2%	7.3%	12.9%
卷十五	13	23	156	56.5%	8.3%	14.7%
卷十六	19	32	167	59.4%	11.4%	19.2%
卷十七	37	53	178	69.8%	20.8%	29.8%
卷十八	8	9	183	88.9%	4.4%	4.9%
卷十九	10	14	183	71.4%	5.5%	7.7%

续表

卷号	A. 含有比喻词的佛教类譬喻句数量	B. 佛教类譬喻句数量	C. 卷中譬喻句总数	A∶B(%)	A∶C(%)	B∶C(%)
卷二十	19	27	222	70.4%	8.6%	12.2%
卷二十一	20	59	183	33.9%	10.9%	32.2%
卷二十二	54	69	182	78.3%	29.7%	37.9%
卷二十三	84	92	236	91.3%	35.6%	39%
卷二十四	45	69	203	65.2%	22.2%	34%
卷二十五	4	9	132	44.4%	3%	6.8%
卷二十六	36	40	160	90%	22.5%	25%
卷二十七	34	55	157	61.8%	21.7%	35%
卷二十八	12	17	240	70.6%	5%	7.1%
卷二十九	8	17	186	47.1%	4.3%	9.1%
卷三十	20	34	205	58.8%	9.8%	16.6%
卷三十一	4	17	208	23.5%	1.9%	8.2%
卷三十二	22	41	228	53.7%	9.6%	18%
卷三十三	19	27	204	70.4%	9.3%	13.2%
卷三十四	10	16	200	62.5%	5%	8%
卷三十五	29	35	226	83%	12.8%	15.5%
卷三十六	15	18	205	83.3%	7.3%	8.8%
卷三十七	12	14	179	85.7%	6.7%	7.8%
卷三十八	20	25	167	8%	12%	15%
卷三十九	19	28	245	67.9%	8%	11.4%
卷四十	27	42	222	64.3%	12.2%	18.9%

　　上表大体可以反映《喻林》中佛教类譬喻句的分布情况。我们必须注意的是，佛教类譬喻句中含有比喻词的譬喻句不一定就是我们今天所说的譬喻句，上文也提到了，这种情况很有可能是打比方。从整体来看，佛教类

譬喻句在《喻林》前四十卷中譬喻的比重较大，含有比喻词的佛教类譬喻句在总的佛教类譬喻句中占的比重也较多。"佛典中的比喻学说，与一般比喻学说相比有它的共性，也有它的特殊性，它的特殊性在于用佛教术语解释语言现象，且比喻中的喻体和本体都是用来解释佛教道理的。"①早在刘宋永初二年（421）译出的《大般涅槃经》中就对比喻有相当详细的研究，该书中把佛教类比喻分为了顺喻、逆喻、现喻、非喻、先喻、后喻、先后喻、遍喻八类。

据本人研究，《喻林》中没有后喻和先后喻的形式，但其他的比喻种类在《喻林》中均有或多或少的体现。如按由小至大之次序来譬喻的顺喻，在《造化门二·自然》和《人事门六·疾邪》中有体现；按由大至小之次序来譬喻的逆喻，在《人事门十七·先后》中有体现；用眼前之事来譬喻的现喻，在《人事门三·类应》和《人事门四·除害》中有体现；用并非现实的事情来譬喻的非喻，在《造化门一·生克》和《造化门一·消息》中有体现；从头至尾均用譬喻来说明道理的遍喻，在《人事门二十二·分量》中有体现。

由于以上比喻形式无法涵盖《喻林》中的佛教类譬喻，因此再根据《喻林》收录佛教类譬喻的具体情况来将其分类更重要。本章第三节已经详细提到了佛教类譬喻包含寓言和打比方两种方式，此不赘述，除这两种方式之外，《喻林》佛教类譬喻还包括以下方面的内容：

（一）明喻

由前文的譬喻句分布情况一览表可知，《喻林》佛教类譬喻以含有比喻词的比喻句居多，其中比喻词一般是"如""譬如""亦如"等。值得一提的是，有比喻词的不一定是明喻句，也有可能是打比方。具体如何区分，需要我们根据实际的意义来判断。据本人研究，根据明喻句中比喻句的数量，一般可以分为只包含一个喻体的单喻和包含两个或两个以上喻体的博喻两种。

---

① 冯广艺：《汉语比喻研究史》，湖北教育出版社2004年版，第4页。

单喻的数量比较多，如《人事门三·趋利》"犹如猫子在鼠穴边，欲捕鼠故。【中阿含经卷三十】"，该例用猫捕鼠的例子形象地表达了"趋利"的性质。

博喻的数量虽然没有单喻那么多，但是也比较常见。如《人事门三·类应》："如母子身虽异，而因缘相续故，如母服药儿病则差。【大智度论卷三十一】"该例用"母子因缘相续""母子血脉相连"两件事来说明"类应"的含义。又如《造化门一·至虚》："譬如众流皆归于海；如粟散小王，皆属转轮圣王；如众小明皆属于日。【大智度论卷三十七】"该例用三个比喻句来解释"至虚"的含义，实为博喻的典型。

明喻中还包含一种分解式比喻，跟博喻结构看似相同，但本质不同。具体体现在，这类比喻所包含的两个（或两个以上）比喻句分别描述本体不同方面的特征。如《人事门三十四·尚柔》："譬如僮仆，行住坐卧，皆当任主，不应自在而有所作，欲从其舍往市廛等。先谘问主，然后出；所须饮食，许乃受用；诸有所为，皆随主欲。【波罗蜜多经五百九十】"该例用喻体（僮仆）"行""住""坐""卧"的不同特点来说明本体"尚柔"的含义。

（二）暗喻

《喻林》佛教类比喻句中的暗喻很少。和明喻一样，《喻林》中的佛教类暗喻也包含单喻、博喻、分解式比喻等种类。其中单喻数量较少，如《造化门二·不竭》"世界无穷如车轮，无初无后。【大智度论卷二】"，该例把世界比喻成车轮，用车轮的不断转动来解释"不竭"的含义。

暗喻中也包含两句或两句以上比喻句的博喻。如《造化门二·无私》："慈云降润，不别萧兰；慧日流辉，宁分岸谷。【法苑珠林卷五十五】"该例用慈云的不别萧、兰，慧日的不分岸、谷来解释《无私》这个抽象子目的含义。又如《人事门二·报施》："事日为明故；事父为恩故；事君以力故。【法句经·多闻品】"该例用三个比喻句，分别从"事日""事父""事君"三个角度来解释何为"报施"。

暗喻中同样包含分解式比喻。如《人事门八·审具》："有人虽疾而智力不强，如马虽疾而力弱；有人虽有强智力而不利，譬如钝斧，虽有大力不能破物。【大智度论卷八十三】"该例分"虽疾而智力不强""虽有强智力而不利"两类人，来说明"审具"这一概念中所包含的既对立又统一的两个方面。又如《人事门五·品藻》："破戒之人与善人异，如驴在牛群；破戒之人在精进众，譬如僬儿在健人中。【大智度论卷十三】"该例和上例一样，也是对同一概念进行两个不同方面的考量。

(三)讽喻

前文就已经提道，博大精深的佛教教义要得以传播，必须适应广大的文化水平相对较低的普通民众的接受能力。在这种背景下，大量的印度佛经中的讽喻小故事传入中国。据本人观察，佛经中的讽喻故事一般为独立的语篇形式。这些讽喻故事在《百喻经》《大庄严论经》《涅槃经》《杂譬喻经》中广泛存在，且尤以《百喻经》流传最广，《喻林》中的佛教类讽喻故事也大多引自以上佛典。按喻体性质分，我们可以把它们分为世情故事类讽喻和拟人故事类讽喻两种。

先来看世情故事类讽喻，世情故事讲述的一般是人们日常生活中所发生的事情。如《人事门四十八·失道》："昔有愚人，煮黑石蜜。有一富人，来至其家。时此愚人取石蜜浆，为富人煮，即于火上以扇扇之，望得使冷傍。人语言：'下不止火，扇扇不已，云何得冷尔?'时人众悉皆嗤笑。【法苑珠林卷五十五】"该例用愚人煮黑石蜜的例子告诉我们，做事要讲究方法才能成功。

再来看拟人故事类讽喻，这类讽喻都是以动物拟人化的故事作喻体来说明道理。如《人事门五十四·失真》："有一山羌，偷王库物，而远逃走。尔时国王遣人四出推寻，捕得山羌，答言：'我衣乃是祖父之物。'王遣着衣，实非山羌本所有，故不知着之。应在手者，着于脚上，应在腰者，反着头上，借以为譬。王者如佛，宝藏如法，愚痴羌者，犹如外道窃听，佛法着己法中，以为自有，然不解。故布置佛法，迷乱上下，不知法相如彼。山羌得王宝衣，不识次第，颠倒而着。【百喻经卷上】"该例用山羌偷王宝物的故事来讽喻外道不懂佛法，反而用此迷乱大众的可笑之径。

(四)解释说明

前文提到，打比方的目的是为了解释说明，但是这里单列出来的解释说明与打比方不同。打比方是用具体的事情，运用的是以"实"释"虚"的方法。而我们这里提到的解释说明是用抽象的概念来解释门类和子目的含义，运用的是以"虚"释"虚"的方法。如《人事门十三·情殊》："如亲爱骂之，虽骂不恨。非亲，恶言闻则生恚。【大智度论卷五】"该例用人与人之间相处的与人性有关的规律来解释"情殊"这个抽象的概念。又如《人事门一·言行》："夫谬之于空谈，不如证之于事实，闻之于仿像，不如决之于耳目。故信不如学，言不如行。【法苑珠林卷四十六】"该例用"说教式"的抽象概念来解释"言行"这个抽象的概念。

第三节 佛教譬喻对中国譬喻的影响

佛教自两汉之际传入中国，历经汉魏两晋、南北朝、隋唐、宋元明清，佛教文化特别是佛教譬喻对中国文化产生了深远的影响。为了使深奥的佛教义理让人接受，佛教一直有"说喻"的传统。从原始佛教的阿含部佛经到大乘佛教诸经，都包含了很多譬喻的内容。这些经典从东汉末年开始，陆续翻译到汉地，其中包含的譬喻手法被中国士大夫所喜爱，对中国文学特别是譬喻文学的诸多方面都产生了重要影响。①《喻林》中包含了

---

① 梁丽玲在《〈杂宝藏经〉及其故事研究》中从纯文学和故事学的角度分析了《杂宝藏经》与中国文学与佛教艺术的关系；孙昌武在《佛教与中国文学》中探讨了禅宗的世界观和思想方法是如何影响中国诗论的；李春梅在《〈旧杂譬喻经〉故事研究》中，以文本研究为起点、故事研究为重点论及《旧杂譬喻经》对六朝小说的影响；赵纪彬在《〈百喻经〉故事研究》中阐释了《百喻经》与中印民间文学的天然联系；元文广在《汉译佛典譬喻故事研究》中认为中国很多寓言故事与印度文学中的故事存在相似性，从出现的时间来看，大多出现在佛教传入中国以后，且佛教譬喻故事对中国人兽对话型故事有深远影响。

2900 多条佛教譬喻句，充分展示了佛教譬喻的魅力和特点。

据现有成果来看，佛教中的"譬喻"融合了多种含义。若不对这些含义加以区分并明确研究范围，而仅泛论佛教譬喻对中国譬喻的影响，则不利于推进相关问题的深入研究。本部分欲在对佛教譬喻的复合含义进行辨析和重新分类的基础上，重点探讨佛教修辞类譬喻对中国譬喻产生的影响。

一、佛教譬喻的多重含义和分类标准

从现有的研究成果来看，人们对佛教譬喻含义的确定与理解存在较大的差异。究其原因，主要是由于汉译佛典中的"譬喻"一词本来就整合了梵文经典中的多重含义。事实上，梵文"aupamya""drstānta"和"avdāna"都被翻译为古汉语中的"譬喻"一词，且这三个词语的语义都有各自的侧重点："在佛经翻译当中，aupamya 出自《法华经》，意思接近于以此喻彼的修辞学意义上的譬喻含义；drstānta 是因明喻支中的譬喻，具有例证、证明的意思，其作用是为所说的道理提供例证；佛经中作为譬喻广泛使用的是十二分教①中的阿波陀那 avdāna，指列举一个事例说明一个道理之意。"②可见，汉译佛经中的"譬喻"一词具有修辞、例证、文体、文学类型等多重含义。佛教譬喻在含义上的复杂性导致了学者们理解上的差异性，加之相关研究的出发点和侧重点不同，进一步加大了人们对佛教譬喻理解和运用方面的差异，也导致了有关佛教譬喻分类多样化的情况出现。要探讨这一问题，一个重要的切入点是从修辞学的角度对佛教譬喻的含义进行重新厘定，并以此为基础对佛教譬喻进行重新分类。从现在的研究成果来看，人们大多是根据佛典譬喻的功能出发来对佛典譬喻进行分类，如修辞功能、例证、示范、警戒等，而从修辞学的角度对佛典譬喻进行分类的不多。

从上文提到的梵文 aupamya、drstānta 和 avdāna 三种各有侧重的意义来看，佛教譬喻大体可分为修辞类和叙事类（包含上文提到的因明喻中的譬

---

① 十二分教为：契经、祗夜、记别、讽颂、自说、因缘、譬喻、本事、本生、方广、未曾有法、论议。

② 刘正平：《佛教譬喻理论研究》，《宗教学研究》2010 年第 1 期。

喻和十二分教中的阿波陀那)两种。因为 drstānta 和 avdāna 都具有通过事例进行例证、证明的功能，而这些功能都是通过叙述事实或故事形成的。也有学者认为佛教譬喻大体可以分为修辞学上的譬喻和文学类型或文体学上的譬喻，并认为这两种的目的均在于方便说法。① 而台湾学者丁敏在其《佛教譬喻文学研究》中分得更细，她认为除了修辞性譬喻外，佛教譬喻还可以分为故事性譬喻和阿波陀那譬喻两种。此外，她认为其中的故事性譬喻多为民间传奇、寓言故事，而阿波陀那譬喻多为佛教内与佛本生、因缘相关的故事。②

　　由上文对佛教譬喻的分类可以看出，修辞性譬喻已是佛教譬喻的一部分。鉴于丁敏的分类与译成"譬喻"的三类不同的梵文相对应，也与佛教譬喻本身的内涵十分契合，本书对佛教譬喻分类标准问题的探讨将以丁敏的分类为参照物。从她的分类角度来看，除了修辞性譬喻，剩下的部分是"故事性譬喻"和"阿波陀那譬喻"两种。本部分研究的核心问题是如何确定这两种譬喻中修辞性譬喻的范围。

　　由上文可知，这两种譬喻都是以故事或事实来说理的，极易混淆。虽然这两类譬喻内容上都是以故事为主体，但它们有本质上的不同。这种本质上的不同主要体现在是否具备比况功能这个方面，即是否具备比喻的修辞学方面的性质。众所周知，比喻修辞成立的基础是本体和喻体之间具备相似点。可见，"相似点"的存在是比喻修辞是否成立的核心，上文所提到的"比况"与"相似"实际上大同小异。

　　丁敏认为："例证 drstānta 系论述某一说教后，作为'实例''例证'的陈述语。此种方式被运用在佛典中，作为在说教之后叙述一个故事作为实例例证，以印证此教理而加强说服性。"③印顺法师认为："因明三支中的'喻'支，所说的喻或譬喻，梵语为 drstānta……是一般的比况的意思。在说法时，对某一义理，为了容易了解，取事比况来说明，也就是'智者因

---

① 王彦明：《牧斋与佛教》，福建师范大学博士学位论文，2013 年。
② 丁敏：《佛教譬喻文学研究》，东初出版社 1996 年版，第 4 页。
③ 丁敏：《佛教譬喻文学研究》，东初出版社 1996 年版，第 9 页。

喻得解'。"①可见，佛教故事性的譬喻（即 dṛṣṭānta）是有比况作用的，且故事性譬喻具有例证作用。如《涅槃经》卷二十一《光明遍照高贵德王菩萨品》中叙述的"毒蛇在箧"的故事。该故事缘起于一个王养了四条毒蛇在箧中，交由一人喂养，并下令若使蛇生嗔恚即斩杀喂养人。喂养人心生恐惧逃走，王派遣五人追杀。其中一人诈称是他以前的朋友，召他回来，被他识破。喂养人继续奔逃，至一村落，可是村落空旷，既无人也无物。在如此无助的情况下，又听见有声音告诫他说夜晚有六个贼人要来，如遇上了，性命将不保。喂养人恐怖加剧，继续奔逃。最后到了前遇湍急的河流、后有追兵的紧急关头。他情急下取草木做筏，心想与其被五人六贼危害不如投水而死，结果意外地安然到达彼岸。该例把人生的烦恼和痛苦比喻为毒蛇在箧的情态，用故事来证明信佛即可得解脱。具体来讲，"箧"为人身，"毒蛇"为地水风火四大。五持刀者喻五蕴，六贼喻六入，结草为筏登彼岸喻人之解脱。又如：

佛告比丘："王言：汝欲知象所类不？白言：'欲知'尔时勒使将象来，令众盲子扪之。中有盲子，扪象得鼻；中有盲子，扪象得牙；中有盲子，扪象得耳；中有盲子，扪象得头；中有盲子，扪象得背；中有盲子，扪象得腹；中有盲子，扪象得后脚；中有盲子，扪象得膝；中有盲子，扪象得前脚；中有盲子，扪象得尾。时，王不现面问众盲子言：'象何等类？'得象鼻者言：'象如曲车辕。'得象牙者言：'象如杵。'得象耳者言：'象如箕。'得象头者言：'象如鼎。'得象背者言：'象如积。'得象腹者言：'象如壁。'得象后脚者言：'象如树。'得象膝者言：'象如柱。'得象前脚者言：'象如臼。'得象尾者言：'象如蛇。'各各共争不相信，自呼为是，言象如是；一人言不如是。王欢喜笑。"佛言："如是，其有异道人，不知苦谛所从起，亦不知苦习谛、

---

①　释印顺：《说一切有部为主的论书与论师之研究》（下），中华书局 2011 年版，第 306 页。

苦尽谛、苦灭道谛，各各谛不相信、骂詈，自呼为是。若有沙门道人，知苦习尽灭道谛所从起，便共和合同。譬如乳，一合无乱，但说佛教，行安隐。"佛言："比丘！当谛行是苦谛，习、尽、道谛。"(《大楼炭经》卷三《龙鸟品第六》)

该例中把盲人喻为异道人，把象身体的各部分喻为各种"谛"，盲人各执一说喻他们不明真谛。该例用"盲人摸象"的故事说明了只有具备整体、宏观的思维，才能明了佛教真谛的道理。

由以上可以看出，故事性譬喻的最大特点是具有例证作用。而用故事来说明抽象的道理的例证过程，就是比况功能形成的过程。这种起例证作用的故事，与我们现在所说的讽喻类似。

关于阿波陀那譬喻，丁敏认为："在佛法流传过程中形成的阿波陀那经典，在内容本质上没有譬喻之义，然因其具有'与世间相似柔软浅语'这样的特性，因此也常与本生、因缘等共同拿来作为阐发教理的譬喻或例证。"[1]印顺法师则认为在北方佛教，也就是譬喻师非常活跃的区域中，阿波陀那与譬况说法的譬喻倾向于一致。[2] 这就产生了阿波陀那譬喻到底是否具备譬喻修辞所说的比况功能这一问题。检索和精读现有的阿波陀那发现，其内容主要与佛家弟子、居士等圣贤之行谊风范有关。因此，阿波陀那为佛家真实的故事，这实际上是用实事说明佛理。这种方法更注重的是说理的效果，而并非注重是否运用了比况这一说理的方法。由此可见，阿波陀那在内容上是没有比况功能的，但因在使用上与比况功能类似，即被运用成为譬喻例证的内容。丁敏认为："阿波陀那在本质上不具备譬喻之性，是被运用成为譬喻例证的内容，可称为'用法的譬喻'。"[3]而本节所研究的佛教譬喻类修辞，重点在因譬喻的内容所引发的比况功能，而非单纯

---

① 丁敏：《佛教譬喻文学研究》，东初出版社1996年版，第10页。
② 释印顺：《说一切有部为主的论书与论师之研究》(下)，中华书局2011年版，第312页。
③ 丁敏：《佛教譬喻文学研究》，东初出版社1996年版，第11页。

看结果本身。下面举例言之：

> 我念往昔，于阎浮提作大国王，名曰仙预，爱念敬重大乘经典，其心纯善，无有粗恶、嫉妒、悭悋，口常宣说爱语善语，身常摄护贫穷孤独，布施精进，无有休废。时世无佛、声闻、缘觉，我于尔时，爱乐大乘方等经典，十二年中事婆罗门，供给所须。过十二年施安已讫，即作是言："师等今应发阿耨多罗三藐三菩提心。"婆罗门言："大王，菩提之性是无所有，大乘经典亦复如是。"大王云："何乃欲令人同于虚空？""善男子，我于尔时心重大乘，闻婆罗门诽谤方等，闻已实时断其命根。善男子，以是因缘，从是已来不堕地狱。善男子，拥护摄持大乘经典，乃有如是无量势力。"（《涅槃经》卷十一《圣行品》）

例中说道：佛陀前身是一位叫"仙预"的国王，喜爱大乘经典。因婆罗门诽谤经典，乃断其命。"断命"之举实在很难与慈悲济世为怀的佛陀形象相联系。若究其原因，应与佛陀灭度后正法衰减的僧团危机有关。为了挽救正法，树立大乘经典的权威性，佛陀的断命之举便有警戒效果。该故事内容没有比况作用，重在运用故事说教，以达到警戒的目的。

还有一些阿波陀那故事具有示范的作用。如《涅槃经》卷三《金刚身品》：

> 佛涅槃后遗法住世无量亿岁，余四十年佛法未灭。尔时有一持戒比丘，名曰觉德，多有徒众眷属围绕，能师子吼，颁宣广说九部经典，制诸比丘不得畜养奴婢、牛羊非法之物，尔时多有破戒比丘，闻作是说，皆生恶心，执持刀杖，逼是法师。是时国王名曰有德，闻是事已，为护法故，即便往至说法者所，与是破戒诸恶比丘极共战斗，令说法者得免危害。王时被枪，举身周遍。尔时觉德寻赞王言："善哉善哉。王今真是护正法者，当来之世，此身当为无量法器。"王于是时得闻法已，心大欢喜，寻即命终，生阿閦佛国，而为彼佛作第一弟子。其王将从人民眷属，有战斗者，有随喜者，一切不退菩提之心，

命终悉生阿閦佛国。觉德比丘却后寿终，亦得往生阿閦佛国，而为彼
佛作声闻众中第二弟子。若有正法欲灭尽时，应当如是受持拥护。迦
叶，尔时王者，则我身是。说法，比丘迦叶佛是。迦叶，护正法者得
如是等无量果报，以是因缘，我于今日，得种种相，以自庄严，成就
法身不可坏身。

例中"有德"国王，为了保护持戒比丘，与破戒者战斗，举身创伤，闻
法后命终，往生阿閦佛国，成就法身，他的行为对佛教信众具有示范作
用。这种示范作用，往往只能起到说教的作用。

由此可以看出，因为所讲的故事大多是与佛本生、因缘相关的故事，
而这些故事在佛教徒看来也是实际存在的，所以阿波陀那譬喻仅仅只是通
过具体而真实的事例来进行说教，本质上没有比况功能，因而不具备修辞
的性质。

由上文分析可知，本书所提到的"佛教修辞类譬喻"的范围主要包括佛
教譬喻中原本就包含的修辞譬喻，以及我们现在所说的具有比况性的故事
性譬喻。上文也提到，汉译佛经中的"譬喻"一词具有修辞、例证、文体、
文学类型等多重含义。除了修辞含义很明显属于研究范围之外，其他的凡
与譬喻修辞相关的都是属于我们的研究范围。实际上，例证、文体、文学
类型中的譬喻除了譬喻修辞外，多半也是故事性的譬喻，即我们现在说的
寓言式讽喻。明确了佛教譬喻的研究范围，下文将对这两类修辞类譬喻进
行分类，以便我们能更好地研究其对中国譬喻产生的影响。

二、对佛教修辞类譬喻的再分类

上文提到，佛教中的两类与修辞学相关的譬喻与现代修辞学相关。
《涅槃经》卷二七《师子吼·菩萨品》中也提到了与现代修辞学相关的佛教譬
喻的八种修辞形式："一者顺喻，二者逆喻，三者现喻，四者非喻，五者
先喻，六者后喻，七者先后喻，八者遍喻。"①可以看出，《涅槃经》的分类

---

① （刘宋）慧严等改治：《大般涅槃经》，《大藏经》第十二册，第781页。

很细致。为比喻的具体内容所拘而作出如此琐细的分类，看似非常完备，实际上对我们的研究非常不方便。因此，本书拟采取"以简驭繁"的策略，对佛教中包含的修辞类譬喻进行再分类。

首先，可以根据喻体数量的多少，把佛教中包含的修辞类譬喻分为单喻和博喻两大类。

单喻，即以一事或一物作喻体来比况本体。如以青莲形容佛眼之慈悲清净："目净修广如青莲"。

除了单喻外，佛典中也包含博喻。博喻即以多事或多物作喻体来比况本体。如《大智度论》："如是等值佛无量益利，岂不一心常欲见佛。譬如婴儿不应离母，又如行道不离粮食，如大热时不离凉风冷水，如大寒时不欲离火，如度深水不应离船，譬如病人不离良医。"该例用六个不同的喻体来说明人们"一心常欲见佛"的想法这个本体。

除此之外，我们还可以根据本体和喻体之间产生比况的立足点，把佛教譬喻划分为特性比喻和关系比喻两种。① 简单来说，特性比喻的立足点在于本体的性质和喻体的性质，而关系比喻的立足点在于本体内部事物之间的关系与喻体内部事物之间的关系。

具体来讲，关于特性比喻，黄卫星《事件性比喻的逻辑结构新探》定义为："（特性比喻是）本体子句和喻体子句都是性质判断，且本体项和喻体项都是思维的物件。"②如："我们在竹柏迭影的中庭月光下散步，犹如鱼儿在藻荇空明的积水中闲游。"该比喻句的本体和喻体虽然内容稍复杂，但只要抽绎出主干，便可化繁为简，即"我在竹影下散步"与"鱼在藻水中游"这两件事情的性质相似，我们就很容易判断该句为特性比喻。

---

① 黄卫星在《事件性比喻的逻辑结构新探》中把比喻分为事物性简单比喻和事件性复合比喻两种。他认为事件性复合比喻由事件性简单比喻组合而成。其中把事物性简单比喻分为事物性简单特性比喻和事物性简单关系比喻两大类；把事件性复合比喻分为事件性复合特性比喻和事件性复合关系比喻两大类。本处把以上四小类提炼为特性比喻和关系比喻两类。

② 黄卫星：《事件性比喻的逻辑结构新探》，《当代修辞学》2011 年第 1 期。

关系比喻①具体来说，就是用喻体中 a 和 b 的关系来比况本体中 A 和 B 的关系，但重点不是说 A 像 a，B 像 b，而是说 A、B 间的关系就如同 a、b 间的关系。如《论语·颜渊》："子欲善而民善矣。君子之德，风；小人之德，草。草上之风，必偃。"该例中用"风"和"草"的关系比喻君子和小人之间的关系。

关系比喻在佛典譬喻中很常见。佛典中的关系比喻与因明三支（宗因喻）中譬喻支的"喻"有关，② 系论述某一说教后，作为"实例""例证"的陈述语。此种方式被运用在佛典中，作为在说教之后叙述一个故事为实例的例证，以印证此教理而加强其说服性。如《中阿含·蜱肆王经》中，大迦叶为蜱肆王广举各种例证来教化他以证死后业报之可信。而在《大品般若经》卷四《句义品第十二》有仿照因明五分法的形式。首先提出主张（宗）、理由（因），形成结论（结），用实例说明（喻），表达适用（合）。如《大庄严经论》中九十则故事，每则皆是先说佛理，再以"我昔曾闻"开头叙述一故事以为教理的例证。此种方式在譬喻经典中如《贤愚经》《杂宝藏经》《众经撰杂譬喻经》等皆经常出现，被广泛地运用在讲经的活动中，采取民间的故事、神话，或自创的宗教故事为例证来附会佛理。如佛告诫比丘正身自重，拒绝世间声色的方法："汝当持满油钵，于世间美色者所及大众中过，使一能杀人者，拔刀随汝，若失一滴油者，辄当斩汝命。"（《杂阿含经》）例中佛打了一个比方，告诉修行者拒绝世俗诱惑的方法。在这个故事中，把修行者与诱惑、恐惧之间的关系比喻成持满油钵的人与路边美色、杀人者之间的关系。又如：

---

① 关系比喻，利瓦伊琦最先称之为复合比喻。黄卫星称之为复合比喻中的关系比喻；袁晖将这种比喻称为比喻的方式；张明冈认为它是比喻的特殊类型；王希杰认为它是比喻组合中的包孕比喻；盛若菁认为关系比喻是比喻在不同语义范畴间启动扩散的认知过程。

② 这里提到的因明三支中的"喻"，就是上文提到的具有比况性质的故事性譬喻 dṛṣṭānta。

　　大海阎浮洲中有五大河，一曰恒河，二曰摇尤那，三曰舍牢浮，四曰阿夷罗婆提，五曰摩企。悉入大海，既入中已，各舍本名，皆曰大海。（《中阿含经》）

　　该譬喻旨在说明不论来自什么阶层，只要出家皆舍本种、本名而同曰沙门，皆姓释氏。该例又以河名与海名的关系，比喻人在俗世阶层的身份与人们皈依佛教后的身份的关系。虽然喻体中只提到五条河，实际上所有归入大海的河流都不再保留自己原来的名字。由此可见，该故事的寓意是由整个故事产生的，而非单独的人物或事物一对一的喻义的叠加。

　　总之，我们不仅可以根据本体与喻体的关系，把佛教中与修辞相关的譬喻分为单喻和博喻，也可以根据本体和喻体之间产生比况的立足点把佛教譬喻划分为特性比喻和关系比喻，以更方便我们下文研究佛教修辞性譬喻对中国譬喻产生的影响。

三、佛教修辞类譬喻对中国譬喻深层次的影响

　　佛教譬喻对中国譬喻的影响主要分为内容上的继承和深层次的影响两个方面。一般情况下，大家都会注重中国譬喻对佛教譬喻的内容上的继承，而忽视其内在影响。但中国譬喻和佛教譬喻内容相似却寓意不同的情况经常发生。因此，很多情况下，中国譬喻继承佛教譬喻的内容是表象，而佛教譬喻对其深层次的影响才最值得研究。针对具体的影响情况，本部分将从三个角度分析研究佛教修辞类譬喻对中国譬喻的影响。

（一）对喻体的选择和创造产生影响

　　中国譬喻是根据类推、类比形成的。其形成原因多与中国人传统的思维方式有关。这种思维方式多体现在直观性、经验性和想象性等方面，因此喻体多选择身边的事物。但佛典修辞类譬喻的喻体范围更广，大有无所不包之势。它的喻体选择虽然有很多来自我们身边很熟悉的事物，但更多地来源于人们想象中的事物，如："譬如日出于阎浮提，先照一切须弥山

等诸大山王，次照黑山，次照高原，然后普照一切大地。日不作念，我先照此，后照于彼，但以山地有高下，故照有先后。"该例中的"阎浮提""须弥山""黑山"等都是佛教里虚幻的景物，也是人们想象出来的事物。

此外，佛教还可以根据事理创设喻体。佛经故事不仅对文人故事产生影响，还对中国民间故事产生了深远影响。① 在佛教传播的过程中，为了给世人以警醒，佛典中出现了很多编造的愚人故事，又为了达到震慑人心的效果，所编造的故事大多源于现实生活，但又远远高于现实生活，于是产生了一种"荒诞性"的艺术效果。如佛教提倡学习佛法应该循序渐进，应由小乘佛教逐渐过渡到大乘佛教。佛教为了说明这个道理，创设了一个荒诞的故事，见于《百喻经·卷上》：

> 往昔之世，有富愚人，痴无所知，到余富家，见三重楼，高广严丽，轩敞疏朗，心生渴仰，即作是念："我有财钱，不减于彼，云何顷来而不造作如是之楼？"即唤木匠而问言，曰："解作彼家端严舍不？"木匠答言："是我所作。即便语言，今可为我造楼如彼。"是时，木匠即便经地垒墼作楼。愚人复言："我不欲下二重之屋，先可为我作最上屋。"木匠答言："无有是事，何有不作最下重屋而得造彼第二之屋，不造第二云何得造第三重屋？愚人固言我今不用下二重屋，必可为我作最上者。"

该例讲了愚人想直接盖第三层楼而不盖底下两层楼的可笑故事。很明显，这个由佛教虚构出来的故事，是根据要说明的道理而虚构出来的。从该例可以看出，根据本体来创设、虚构喻体，是佛教修辞类譬喻的一大特点。佛教修辞类譬喻的这个特点对中国譬喻也有很深的影响，如柳宗元有名的寓言《蝜蝂传》：

---

① 元文广：《汉译佛典譬喻故事研究》，西北大学博士学位论文，2019 年。

蝜蝂者，善负小虫也。行遇物，辄持取，卬其首负之。背愈重，虽困剧不止也。其背甚涩，物积因不散，卒踬仆不能起。人或怜之，为去其负。苟能行，又持取如故。又好上高，极其力不已，至坠地死。今世之嗜取者，遇货不避，以厚其室，不知为己累也，唯恐其不积。及其怠而踬也，黜弃之，迁徙之，亦以病矣。苟能起，又不艾。日思高其位，大其禄，而贪取滋甚，以近于危坠，观前之死亡，不知戒。虽其形魁然大者也，其名人也，而智则小虫也。亦足哀夫！

这则寓言用了荒诞的描写手法，对一个善于负重而又好爬高的小虫，加以十分生动而又深刻的描写，把小虫比喻成贪官污吏，把小虫身上的负重物比作与名、利相关的世俗化的东西，把它们之间畸形的关系比喻成贪官扭曲的心态，辛辣地讽刺了那些达官贵人唯利是图、贪婪成性的丑恶本质。又如《艾子杂说》①中的一个故事：

赵以马服君之威名，擢其子括为将，以拒秦，而适当武安君白起，一战军破，掠赵括，坑其众四十万，邯郸几败。艾子闻之曰："昔人将猎而不识鹘，买一凫而去，原上兔起，掷之使击，兔不能飞，投于地，又再掷，又投于地，至三四，凫忽蹒跚而人语曰：'我鸭也，杀而食之，乃其分，奈何加我以抵掷之苦乎？'其人曰：'我谓尔为鹘，可以猎兔耳，乃鸭耶？'凫举掌而示，笑以言曰：'看我这脚手，可以搦得他兔否？'"

该例用"误以鹘为凫"的故事来说明用赵括为将而败于秦的历史事实。这个故事很明显也是虚构的，把凫(即野鸭)比喻成赵括，把凫不能猎兔比喻为赵括不能破秦军，十分生动形象。

---

① 旧传为苏东坡所作。据考证，《永乐大典》卷一万二千零四十四引《北窗丛录》引吴思道云：是襄阳魏道辅所作。

(二)对喻体的表述产生影响

佛教修辞类譬喻的另一个特点是叙述时往往注重细节，时加铺叙，如：

> 昔有人乘船度海，失一银盂，堕于水中，即便思念：我今画水作记，舍之而去，后当取之。行经二月，到师子诸国，见一河水，便入其中觅本失盂。诸人问言："欲何所作？"答言："我先失盂，今欲觅取。"问言："于何处失？"答曰："初入海失。"又复问言："失经几时？"言："失来二月。"问言："失来二月，云何此觅？"答言："我失盂时，画水作记，本所画水，与此无异，是故觅之。亦如外道不修正，行相似善，中横计苦，因以求解脱。犹如愚人，失盂于彼而于此觅。"(《百喻经》)

该例讲述了愚人渡海失盂但异处而寻的故事，与《吕氏春秋·察今篇》中的"刻舟求剑"的故事很相似。该故事文本为："楚人有涉江者，其剑自舟中坠于水，遽契其舟曰：'是吾剑之所从坠。'舟止，从其所契者入水求之。"

与中国寓言故事的记叙简练相比，佛教具有修辞性的故事性譬喻就显得丰满很多、枝蔓很多，而这一特点也对后来的中国譬喻喻体的表述产生了巨大的影响，并使之朝喻体铺叙、丰满的方向发展。

众所周知，先秦文学中的关系比喻在政论文中出现得比较多，且主要用于说理，没有太多的文学色彩，显得中规中矩。但佛教修辞类譬喻由于世界观宏大，运用的想象奇特，所以喻体的选择面广，荒诞性强。受佛典修辞类譬喻荒诞性的影响，中国譬喻也呈现荒诞性越来越强的趋势。如唐宪宗时李功佐的《南柯太守传》，故事情节并不曲折，但文章却极尽铺张，绘声绘色，洋洋洒洒近四千字。

(三)对固化的取喻角度产生影响

事物本身的感情色彩受语境的影响，而使用同一事物作为喻象的时候，根据不同的语境需要，或取其褒义，或拈其贬义，这样喻体在感情色彩上就会呈现出不同的意义。喻体的褒贬不同也会对本体产生不同的影响。钱锺书先生认为："同此事物，授为比喻，或以褒，或以贬，或示喜，或示恶，语气迥异，修词之学，亟宜拈示。"①用斯多葛派哲人的话来说，就是"万物各有二柄"，这里的"柄"就是指比喻中褒贬有别的用法。由此可见，比喻中的喻体具有"多柄"的特点。佛教修辞类譬喻喻体或褒或贬的用法，正是利用了喻体的多柄性。佛法反对固守执念，故喻体的多柄性在其看来乃理所当然，而中国文化最重圣贤与传统，其喻体往往单柄。因此，佛教不执一念的多柄用喻对中国譬喻中已经固化的喻体的取喻角度也会产生影响。

首先，以与"月"相关的喻象为例。查罗辉等编著的《中华诗韵大辞典》，与"月"相关的词语多为中性词或褒义词。"(但)常见于佛典中的'水中月'之喻，所表现的是'可望不可即'的枉自企求的心境。"②很明显，佛典中的这个含义多为贬义。如《喻林》卷九《人事门七》："如小儿求水中月，镜中像，如是等愿，皆不可得，可得愿者，钻木求火，穿地得水。【大智度论卷三十】"该例中的"水中月"与"镜中像"类似，都是不可得的虚幻之物，是贬义。又如《喻林》卷九《人事门七》："如幻、如阳焰、如梦、如水月、如响、如空花、如像、如光影、如变化事、如寻香城，虽皆无实，而现似有离。【波罗蜜多经卷一】"该例用十个博喻来比拟诸法，"水中月"即是其中之一，用例中"水中月"这个比喻来说明尘世的虚妄无常，也是贬义。在今天的现代汉语中，我们已习惯于将虚幻之物、不可能实现的幻想称为"水中月""镜中花"。由此可知，佛典中与"月"有关的贬义词性

① 钱锺书：《管锥编》，生活·读书·新知三联书店2001年版，第74页。
② 周向荣：《管锥编(一)与佛典》，华中科技大学硕士学位论文，2008年。

对中国譬喻中"月"的固化取喻角度产生了影响。

我们再来看比喻的"边"。"比喻有两柄而复具多边，盖事物一而已，然非止一性亦能，遂不限于一功一效。取譬者用心或别，着眼因殊，指同而旨则异，故一事物之象可以孑立应多，守常处变。"①这告诉我们，事物的性质并不是单一的，从不同的角度来看，会发现不同的特点、性能、功效，因而就产生了事物不同的"边"。佛教譬喻中也有"多边"的说法。如《喻林》卷二十六《人事门二十四》："譬如水性自冷，假火故热，止火停久，水则还冷。【大智度论卷三十一】"该例取"水性自冷"这个角度，来说明"性空者，法性常空"的道理。这些佛典修辞类譬喻中不同于中国譬喻的概念，扩大了中国譬喻的词汇，也预示着中国譬喻取喻角度的选择增多，这也是佛教修辞类譬喻影响中国譬喻固化的取喻角度的表现。

(四)对比喻方式产生影响

据本人研究，中国譬喻最初都是以身边具体的事物加以类比、比较，然后再发展出具有修辞性的譬喻。佛教修辞类譬喻的世界观比较宏大，颇有"无所不比""无所不包"的趋势，这种特性对中国譬喻的影响，不仅体现在喻体取材上，也体现在对我们已有譬喻方式的强化上。具体来说，主要体现在对博喻和关系比喻的丰富和强化两个方面。

1. 博喻的运用得到强化和丰富

佛典中运用了很多气势恢宏、喻义深刻的博喻来形象地阐释佛理。佛教从东汉末年传入我国以来，就对我国本土比喻修辞中的博喻产生了极大的影响，也使博喻在不同的发展阶段呈现出不同的特点。而这些阶段所呈现出来的受佛典譬喻影响的不同特点，也是博喻不断丰富和强化的表现。②

---

① 钱锺书：《管锥编》，生活·读书·新知三联书店2001年版，第76页。
② 这种情况到唐代还存在，如韩愈的《韦侍讲盛山十二序》："夫儒者之于患难，苟非其自取之，其拒而不受怀也，若筑河堤以障屋溜；其容而消之也，若水之于海，冰之于夏日；其玩而忘之以文辞也，若奏金石以破蟋蟀之鸣，虫飞之声。"

受佛教修辞类譬喻中博喻形象生动的影响，魏晋南北朝时期的"赋"对同一描写物件的不同方面进行刻画，其中运用了大量的比喻，跟博喻十分相似。比较著名的有三国时期曹植的《洛神赋》：

> 其形也，翩若惊鸿，婉若游龙。荣耀秋菊，华茂春松。仿佛兮若轻云之蔽月，飘摇兮若流风之回雪。远而望之，皎若太阳升朝霞；追而察之，灼若芙蓉出绿波。秾纤得中，修短合度。肩若削成，腰如束素。

该例用多个比喻，从各个不同的角度描绘洛神之美。

发展到唐代，对同一本体或同一本体的一个方面，常使用两个以上的比喻来描写。如唐代皮日休的《桃花赋》："夜景皎洁，哄然秀发，又若嫦娥，欲奔明月。蝶散蜂寂，当闺脉脉，又若妲己，未闻裂帛。……满地春色，阶前砌侧，又若戚姬，死于鞠域。"该例用排比式博喻，以古代的十三个美女为喻体，刻画桃花的鲜美和凋零之态。从语言形式上看，这类排比式博喻语言铺张、辞藻华丽、结构工整，具有均衡的美感。

到了宋代，出现了所针对的本体更为集中的博喻。如宋代苏轼的《百步洪》："有如兔走鹰隼落，骏马下注千丈坡，断弦离柱箭脱手，飞电过隙珠翻荷。"该例连用七喻，生动地将百步洪的凶险从不同角度道出，诸种形象错综有致，将博喻手法发挥到了极致。又如曾巩《道山亭记》："其溪行，则水皆自高泻下，石错出其间，如林立，如士骑满野，千里下上，不见首尾。"

除此之外，这一时期的博喻还出现了因本体与喻体的距离增大而形成的美感跳跃的情况。如唐代韩愈的《送无本师归范阳》："蛟龙弄角牙，造次欲手揽。众鬼囚大幽，下觑袭玄窗。天阳熙四海，注视首不领。鲸鹏相摩窣，两举快一瞰。"该例连用蛟龙、众鬼、天阳、鲸鹏四个意象为喻体形容贾岛的诗风。本体、喻体语义距离大，出奇制胜，审美性强。

总之，唐宋时期的博喻呈现立体化的发展，博喻的特色进一步加强。

2. 关系比喻得到进一步的发展

佛教修辞类譬喻中有很多关系比喻。如我们前面已举的"五河归海"的例子，又如《大宝积经》卷八十五："目连当知，我今能于一毛端中，变现庄严恒沙世界，犹未尽于如来神力。……复有风轮名为遍霍，劫火烧时，普于世界降霍大雨。复有风轮名为干竭，劫水漂时，能令彼水悉皆枯涸。"例中用"风轮遍霍"与"劫火"、"风轮干竭"与"劫水"之间的关系来说明如来神力中体现出来的"生克"的关系，即"能于一毛端中变现恒沙世界"。再如《辩正论》："性障犹在，未入初禅，岂得谬称无生定耶。如灰覆火，岂得称无，若闇寻声，当知必有。"例中的本体"性障犹在，未入初禅"是佛性不明显的状态，是用"灰"与"火"的这种不明朗的关系来说明本体。由此可知，佛教中的关系比喻一般用于表达事物之间关系的概念。

《文心雕龙》中也有很多关系比喻。如《物色篇》："故巧言切状，如印之印泥，不加雕削，而曲写毫芥。"该例本体是讲"巧言"与"物状"之间的关系，即巧言能很好地形容物体的形状，喻体是讲"印泥"与"字廓"（印章上字体的轮廓）之间的关系，即印泥可以很好地融进字的轮廓。又如《知音篇》："故心之照理，譬目之照形，目了则形无不分，心敏则理无不达。"该例是把本体中"心"和"理"之间的关系与喻体中"目"和"形"之间的关系作比。据研究，《文心雕龙》中的关系比喻，大多受儒家类比传统和佛教修辞类譬喻的双重影响。其中，设喻范围的广阔性、按本体意愿设计喻体内容所体现出来的虚构性，明显受到了佛教修辞类譬喻的影响。

除了上文提到的《论语·颜渊》中的例子，还有《荀子·王制》中的"君者，舟也；庶人者，水也。水则载舟，水则覆舟"。由此可以看出，最初的关系比喻的喻体是具体的，如"风""草""舟""船"等。但发展到后来，因佛典里面的关系比喻表达的意义以抽象居多，很大程度上，中国譬喻也受其影响，关系比喻也呈现出由具体到抽象的发展态势。如元代武汉臣《散家财天赐老生儿》的楔子：

（正末云）我则专等婆婆报个喜信。婆婆，小梅这妮子有个比喻，你可知道幺？（卜儿云）你说，你说，有个甚的比喻？（正末云）婆婆，小梅这妮子，他似那借瓮儿酿酒。（卜儿云）如何是借瓮儿酿酒？（正末云）别人家的瓮儿，借将的来家做酒，只等酒熟了时，可把那瓮儿送还与他本主去。婆婆，这妮子如今不腹怀有孕也？明日小梅或儿或女得一个，则是你的。那其间将这妮子要呵，不要呵，或是典，或是卖，也只由的你。

该例是元杂剧中的"借瓮酿酒"，例中把小梅的肚子比喻成瓮，把小梅生孩子的过程比喻成借瓮酿酒的过程，整个故事就是一个抽象性很强的关系比喻。

综上所述，佛教修辞类譬喻对中国譬喻影响深远，除了上文所列诸多方面之外，还有很多影响体现在具体的文学体裁方面，如小说、寓言等。中国譬喻正是不断汲取佛教譬喻特别是修辞类譬喻的影响，才不断发展以至日臻完备，其譬喻取象范围才更加广阔，其譬喻手法才更加丰富多彩。

第四节　佛教譬喻对中土文学的影响

本部分主要谈佛教修辞类譬喻对中土文学的影响，第三节已对佛教修辞类譬喻的范围作过明确的界定，此处不再赘述。以往的研究经常提到中土文学从佛教譬喻中继承故事，实际上这只是影响的一部分。佛教譬喻对中土文学更深的影响还体现在对具体文学形式的叙述方式以及文学理论方面。

一、对寓言叙述方式的影响

寓言文学的滥觞或萌芽，最早似出现于《左氏春秋·宣公十一年》（前597）。楚庄王伐陈，灭陈以为楚县，众人皆贺，独申叔时谏阻说："夏征舒弑其君，其罪大矣，讨而戮之，君之义也。抑人亦有言曰：'牵牛以蹊人之田，而夺之牛。牵牛以蹊者，信有罪矣，而夺之牛，罚已重矣。诸侯之从也，曰讨有罪也。今县陈，贪其富也。以讨召诸侯，而以贪归之，无乃不可乎?'"楚王听了申叔时的话，便停止了灭陈为县的打算，乃复封陈。在这里，"抑人有言"，似乎是引述了一则民间故事，用以作譬，印证自己的看法。这已经近似寓言了。其实，先秦寓言大多质朴简单，性格形象不鲜明，没有过多的铺叙和描绘，原因在于国人的民族性格比较平实，少玄想。

但是到了唐代之后情况有所变化，我们以柳宗元的寓言《黔之驴》为例加以说明。据本人研究，此寓言与佛教譬喻有关。张友鸾选注的《古译佛经寓言选》有一则名为《佛说群牛譬经》的寓言故事：

> 群牛志性调良，所至到处，择软草食，饮清凉水。时有一驴便作是念："此诸群牛，志性调良，所至到处，择软草食，饮清凉水。我今亦可彼，择软草食，饮清凉水。"时彼驴入群牛中，前脚跑土，触娆彼群牛。亦效群牛鸣吼，然不能改其声："我亦是牛，我亦是牛!"然彼群牛以角抵杀，而舍之去。此亦如是。①

柳宗元也仿之而写了一个驴与虎的故事，名为《黔之驴》：

> 黔无驴，有好事者船载以入。至则无可用，放之山下。虎见之，庞然大物也，以为神。蔽林间窥之，稍出近之，慭慭然，莫相知。他日，驴一鸣，虎大骇，远遁;以为且噬己也，甚恐。然往来视之，觉无异能者，益习其声，又近出前后，终不敢搏。稍近益狎，荡倚冲冒，驴不胜怒，蹄之。虎因喜，计之曰："技止此耳!"因跳踉大㘎，断其喉，尽其肉，乃去。噫!形之庞也类有德，声之宏也类有能。向不出其技，虎虽猛，疑畏，卒不能取。今若是焉，悲夫!

---

① 张友鸾选注:《古译佛经寓言选》，商务印书馆2015年版，第12页。

据季羡林研究，柳宗元这个寓言来源于佛教故事。另外，在叙述方式上也很明显受到了佛教譬喻的影响。具体来讲，该寓言叙事生动形象，细致入微，驴、虎之情形惟妙惟肖，甚至将虎的心理活动也写出来了，这明显是铺叙手法。以此来讽刺某些无才无德、外强中干的人物，就更有力量。而且像柳宗元寓言这样在故事后对说明的道理加以揭示的体例，也是自佛典传入中土后慢慢吸收演变的。因为佛典譬喻后多有偈语（一种具有评论性质的语体），受佛典体例的影响，以后的中土寓言在故事叙述完之后往往有很多也有评论性的语言。

又如《百喻经》之《医治脊偻喻》："譬如有人，卒患脊偻，请医疗之。医以酥涂，上下着板，用力痛压。不觉双目一时并出。世间愚人，亦复如是。为修福故治生估贩，作诸非法其事，虽成利不补害，将来之世入于地狱喻双目出。"该故事主要讲述了庸医治脊偻病的故事。该故事反复见于后来的中土文献，到明清越发详细，如明代江盈科之《雪涛小说·催科》：

> 昔有医人，自媒能治背驼，曰："如弓者，如虾者，如曲环者，延吾治，可朝治而夕如矢。"一人信焉，而使治驼。乃索板二片以一置地下，卧驼者其上，又以一压焉，而脚蹦焉。驼者随直，亦复随死。其子欲鸣诸官，医人曰："我业治驼，但管人直，那管死？"

清代石成金所撰集的《笑得好初集·医驼背》亦载有与之相似的故事：

> 有一医人，自夸能治驼背。"虽湾如弓，曲如虾，即或头环至腰，但请我一治，即刻笔直。"有背驼人信其言，请其治之。乃索大二片，以一板放地，驼人仰睡板上，又将一板压上，两头用粗绳着系收捆，其驼人痛极喊声求止，医总不听，反加足力重蹦，驼背随直，亦即随死。众揪医打。医曰："我只知治驼背，我那里管人的死活呢。"

可见该故事流传之广泛，并且在流传的过程中，故事情节日趋丰赡、人物形象日渐丰满。

佛教譬喻对中土寓言的影响，还表现在借用并改造佛典寓言的喻体，以表达新的观点方面。这种情况在《喻林》中出现得比较多。前文提道，《喻林》是第一部专门收集佛典譬喻的专书，该书中有关佛教内容的譬喻句有 2964 条，引自约 200 种佛教典籍。其中有一些佛教类譬喻为了适应《喻林》"弘儒"的编纂目的，改变了取喻角度。下面我们以《喻林》中出现的所截取例句的取喻角度与原句不同的情况为例，再加以说明。如《波罗蜜多经卷五百八十》："譬如有人曾行劫盗，王所访括，其人惶恐，窃入市厘，于杂闹处欲自藏隐。正值其中摇铃声鼓，宣王教令，欲相掩捉，彼人尔时更无余想，唯作是念：勿我今时为他识知而见擒絷，诸菩萨众亦复如是。欲证无上正等菩提，若常思惟一切智智，诸余作意无容间起，是诸菩萨于修行时，不为余心之所间杂。"①该例中徐元太把原比喻中与心神有关的比喻角度改成了与现实生活境况有关的角度，导致出现了意义上的偏差。

又如《大智度论卷八十五》："须菩提问：'以毕竟空中无有福以非福，何以但以福德故得？'佛答：'以世谛中有福故得，须菩提为众生着无所有故问。'佛以不着有法答：'所谓精进修福尚不可得，何况不修福。'如受乞食道人，至一聚落从一家至一家乞食不得。见一饿狗饥卧，以杖打之言：'汝畜生无智，我种种因缘家家求食尚不能得，何况汝卧而望得。'须菩提问世尊：'有是供养诸佛等因缘，何故不得其果报？'佛答：'离方便故。方便者所谓般若波罗蜜，虽见诸佛色身不以智慧眼见法身，虽少种善根而不具足，虽得善知识不亲近谘受。'"该例实际上讲的是佛教的因果报应思想。文中不仅强调了"修福"的重要性，也提到了世间的贫富贵贱都有其因缘果报，即有福德才有得，无福德则虽勤奋亦无可得，这里的"福德"就是指前修因缘。而《喻林》由所引内容中"我种种因缘，家家求食尚不得，何况汝卧而望得"而把它放到《克勤》子目下，用以说明做人要勤勉的道理。这实

① （唐）三藏法师玄奘译：《波罗蜜多经》卷五百八十，《大藏经》第七册，第 6108 页。

际上是徐元太用儒家思想来消解佛家思想的典型。徐元太把原比喻中与因缘果报有关的比喻角度转变成了由故事表面意义而提炼出来的宣扬勤劳的比喻角度，导致了理解上的偏差。

举一个文学的例子，如《旧杂譬喻经》中的一个故事："昔有鳖遭遇枯旱，湖泽干竭，不能自到有食之地。时有大鹤，集住其边，鳖从求哀，乞相济度，鹤遂衔之，飞过都邑上，鳖不嘿声，问：'此何等，如是不止？'鹤便应之，口开鳖乃堕地，人得屠裂食之。夫人愚顽无虑，不谨口舌，其譬如是也。"该故事生动形象地告诉我们要做到佛教所提倡的"不妄语"。

而中土受其影响，出现了一个情节类似的《乌鸦和狐狸》的寓言故事，主要讲述的是：乌鸦捡到了一块肉，站在高高的树枝上准备吃掉，恰好被路过的狐狸看到了。狐狸也想吃那块肉，于是拼命夸赞乌鸦。乌鸦忍不住得意地开口唱歌，狐狸就如愿以偿地得到了那块肉。这个故事告诉我们不要被甜言蜜语所迷惑。

虽然这两个故事情节相似，但它们的寓意完全不同，应当看作是"借用并改造佛典譬喻的喻体，以表达新的观点"的例证。

二、对小说叙事方式的影响

对小说叙事方式的影响主要体现在虚构故事情节上。中国是史官文化，从先秦以来都是如此。实际上它对"不实之事"是很难接受的。原因在于中国人的民族性格比较平实，少玄想，尤其生活在黄河流域的中原人（北方人）更是喜平淡，务实际，诎幻想。正如章太炎所云："国民常性，所察在政事日用，所务在工商耕稼，志尽于有生，语绝于无验。"其次，孔丘"不语怪力乱神"，北方诸子争鸣，也很少有人言及神话。作为当时显学的儒家，更如鲁迅先生所言"以修身齐家治国平天下等实用为教，不欲言鬼神，太古荒唐之说，俱为儒者所不道"。这自然会把以木、石、水土诸怪为角色的寓言，当作"不雅驯"的"荒唐之说"而加以排斥。

佛教譬喻的虚构性对明清小说的影响尤其明显。以《西游记》为例。首先，玄奘取经是历史事实。将历史事件、历史人物神化，在先秦已经出现，但是其故事的叙述还是很简单，并且其情节中也往往存有史实的影子，比如黄帝的故事就是如此。但《西游记》故事的虚构性则非常明显，并且随着历史的发展越来越明显。先是沙门慧立为作《大慈恩寺三藏法师传》，记玄奘去天竺诸国取经旅途中的诸般经历，颇多神异色彩，为这一故事在日后被逐渐幻化提供了基础。而后约成于唐末五代的《大唐三藏取经诗话》便开始将诸般神奇引入，特别是道教的神仙西王母，也被纳入故事中。到了元人杨景贤的《西游记》杂剧，取经故事的内容已相当完备，大批的道教神仙都已进入其中。吴承恩就是在话本、俗讲、杂剧的已有基础上进一步贯通和虚构，把孙悟空当成了小说的第一主角，并以西游故事来隐喻人们要办成大事必经种种磨难的道理。因此，无论从内容还是形式上看，《西游记》的大胆虚构都与佛教譬喻的影响和中土民众对佛教譬喻虚构性的接受有关。

三、对文学理论的影响

前文提到，中国文化是史官文化，它对"不实之事"是很难接受的。实际上到后来人们在宣传所谓真理和伦理信条时，是允许虚构故事的，这一点受佛教譬喻的影响尤甚。如因果报应故事，从魏晋一直说到清代，在叙事时空上，因缘故事是以因果报应、转世轮回等为主要内容，其时空观超越了现实世界，十分广阔。到清代纪昀的《阅微草堂笔记》还在提倡和实践。

影响所及，不限于因果报应故事。在文艺理论中也开始为虚构张目。首先是从对夸饰的容忍开始的。中土文学以儒家思想为核心，而儒家提倡的是"经世致用"，从整体上忌讳夸饰。《论语·学而》中的"巧言令色，鲜矣仁"表明了孔子反对夸大其词的文学体裁。不光是春秋时期的孔子，晋宋时期有一位学者也对"不务实"的文体十分反感。庞士彪《魏晋南北朝文体学》讲道："李充着有《起居诫》，今存佚文中有一条论到体裁：'军书羽檄，非儒者之事，但家奉道法，言不及杀，语不虚诞。而檄不切属，则敌心陵；言不夸壮，则军容弱。请姑舍之，以待能者。'"可见，李充是非常不喜欢檄文这种"夸壮"的文体的。但是，到刘勰的《文心雕龙》就不同了。《檄移篇》在篇末对檄文有回护之词，并认为"三驱驰网，九伐先话。鬒鉴吉凶，著龟成败。催压鲸鲵，抵落蜂虿"。此外，刘勰还认为夸饰是一种重要的文体要求，《文心雕龙》中还专设《夸饰》篇，为之张目。但刘勰并不认为夸饰是毫无节制的，他在《夸饰篇》的篇末客观地写道："然饰穷其要，则心声锋起，夸过其理，则名实两乖。若能酌《诗》《书》之旷旨，翦扬马之甚泰，使夸而有节，饰而不诬，亦可谓之懿也。"从刘勰的生平和他的著述情况来看，我们可以猜测，他的这一转变是受了佛教的影响。刘勰二十五岁前后入藏书丰富的定林寺，在这期间，他做了不少与佛教有关的工作，最重要的是协助僧祐整理佛典，编制目录。他是知道佛教在弘法传教上有效地使用了夸饰和虚构的手法的。

　　理论上的张目，为文学作品中的夸饰和虚构搬开了障碍。到了唐代的文言小说，就开始运用虚构手法了，如《柳毅传》，用人神交往的故事比喻人世间的道理，相当于一个寓言故事，它明显就用了铺叙和虚构的手法。宋代文人在写作"论"体用喻时，也受到佛教譬喻夸饰和虚构手法的影响，如苏轼写《刑赏忠厚之至》时在基本历史事实的基础上想当然地编造了"皋陶曰杀之者三，尧曰宥之者三"的故事，就是其例子。苏轼的文章也对南宋和后世特别是明清的科举作文有很深远的影响。

第五章 《喻林》所引佛教文献的问题

第一节 《喻林》万历一百二十卷本与其他
版本的比较及校勘

本部分以《喻林》万历一百二十卷本(上海辞书出版社 1991 年影印本)为底本,找出其与四库全书本(简称四库本)的不同之处,并通过考证来判断二者的正误,再用八十卷本(武汉大学图书馆藏,明万历十七年何氏刻本)加以佐证。本部分除对少数很明显的错误直接订正之外,对其他部分都做了细致的考证,且考据部分所采用的传世本基本上是中华书局(简称中华本)或上海古籍出版社(简称上古本)出版的书籍。引出的句子都出自底本。句后的页数为该句在底本中的页码。

卷一

1. 夫大主小,多生少,天之道也。【淮南子·泰族训】(第4页)

按:"主",八十卷本、四库本皆作"生",是也。查《淮南子》作"生"。"主"是"生"字形讹。

2. 时暗室人见火欢喜,心得安隐。【僧伽咤经卷三】(第11页)

按:"隐",八十卷本作"隐",四库本作"稳"。查《大正藏》所收《僧伽咤经》作"乐",未详孰是。

3. 又如空中种种色相,现增现减,而此虚空,无增无减。【佛说佛地经羊五】(第13页)

按：出处"佛说佛地经羊五"，八十卷本同。四库全书本"羊"作"卷"。查《大正藏》中《佛说佛地经》只有一卷，未详孰是。

卷二

1. 日往月来，唯天所以运序。【隋书·高祖下·帝纪】（第23页）

按：出处中"隋书·高祖下·帝纪"，八十卷本同。四库本"高祖下·帝纪"作"高帝纪下"，是也。查《隋书》，该句在《隋书·帝纪第二·高祖下》。

2. 且夫疾病有治而未廖，廖而未平，平而未复，教化之道。【前汉纪·高后】（第25页）

按："廖"，八十卷本、四库全书本皆作"瘳"，是也。

3. 夫天地闭，大禊生，云雷屯，群凶作。【晋书·乞伏国人列传】（第25页）

按：出处"晋书·乞伏国人列传"，八十卷本、四库全书本皆作"晋书·乞伏国仁列传"，是也。查《晋书》，出处应为《晋书·乞伏国仁列传》。

4. 五音非宫不调，五味非甘不和。【隋书·音乐下·志】（第25页）

按：出处"隋书·音乐下·志"，八十卷本同。四库本"下志"作"志下"，是也。查《隋书》，该句在《隋书·音乐志下》。

5. 荆山内方，大别，岷山，衡山，九江，敷浅源，南方之宿也。【玉海·天文·天文图】（第27页）

按："源"，四库本作"原"，是也。查《玉海》作"原"。

6. 水主生而金主杀，火主暑而水主寒，使人必以其序，官人必以其能，天之数也。【春秋繁露·五行之义】（第21页）

按：第一个"水"，八十卷本同，四库本作"木"，是也。查《春秋繁露》作"木"。

7. 孝经援神契曰：五岳之精雄圣，四渎之精仁明。【李善注文选·蔡伯阶太丘碑文】（第22页）

按：出处"李善注文选·蔡伯阶太丘碑文"，八十卷本同。四库本"阶"

作"喈",是也。查《文选》,出处应为《李善注文选·蔡伯喈陈太丘碑文》。"伯喈"是蔡邕的字。

卷三

1. 知言而不能行谓之疾,此疾虽有天医,莫能治也。【意林仲长昌言】(第31页)

按:出处"意林仲长昌言",八十卷本、四库本皆作"意林仲长统昌言",是也。

2. 执忠庸之听而猜钟子之聪,皆谓古人为妄记也。【广文选·嵇叔夜声无哀乐】(第36页)

按:"忠庸",八十卷本同。四库本作"庸众"。查《全晋文》作"中庸",是也。

3. 鳞翼成而愈伏,术业优而不试。【晋书·耒皙传】(第41页)

按:出处"晋书·耒皙传",八十卷本、四库本"耒"皆作"束",是也。查《晋书》,出处应为《晋书·束皙传》。

4. 兄语弟言:后僡有不吉虫来,但以盎覆之,不当指也。【三慧经籍八】(第34页)

按:"僡""剧",八十卷本分别作"僡""剧",四库本分别作"倘""极",未详孰是。

5. 多筭饮少筭,君子之所争。【何晏解鲁论·八俏】(第32页)

按:出处"何晏解鲁论·八俏",八十卷本、四库本"俏"皆作"佾",是也。

卷四

1. 木瓜,美齐栢公也……而作是诗也。【毛诗·木瓜】(第47页)

按:"栢",八十卷本作"栢",四库本作"桓",是也。查《毛诗》作"桓"。

162

2. 虑先犬马，厚恩不答，而敝帷毁盖，未蒙蝼蚁。【文选·任昉为作求立太宰碑表】(第49页)

按：出处"文选·任昉为作求立太宰碑表"，八十卷本"碑"作"禅"，四库本"立"作"作"，后者是也。查《文选》作《文选·任昉为范始兴作太宰碑表》。

3. 诋毁坏颂颈之契，渐渍释胶漆之坚。【抱朴子外篇·交际】(第46页)

按："颂"，八十卷本作"颂"。四库本作"列"，是也。查《抱朴子》作"列"。

4. 和通麓埙，比德车辅。【文选·王灿·赠士孙诗】(第46页)

按：出处"文选·王灿·赠士孙诗"，八十卷本同。四库本"灿"作"粲"，是也。查《文选》，出处为《文选·王粲·赠士孙诗》。

卷五

1. 阴丘之上，有美苕之草，处势自然，以兴宣王之朝，有谗言之人，亦处势自然。【毛诗正义·防有鹊巢】(第55页)

按："王"，八十卷本同。四库本作"公"，是也。查《毛诗注疏》作"公"。

2. 请以市论：市，朝则满，夕则虚，非朝爱市而夕憎之也，求存故往，亡故去。【战国策·齐闵王】(第60页)

按："论"，八十卷本、四库本皆作"谕"，是也。查《战国策》作"谕"。

3. 四时行焉，百物生焉。钱不如大，达穷开塞，震贫济乏。【艺文类聚·产业部·钱论】(第63页)

按："大"，八十卷本、四库本皆作"天"，是也。查《艺文类聚》作"天"。

4. 其取非义之财，不避怨根。【抱朴子内篇·微旨】(第58页)

按："根"，八十卷本同。四库本作"恨"，是也。查《抱朴子》作"恨"。

5. 梓化为松柏、柞棫，觉惊，以告文王。【尔雅翼·杵】(第59页)

按：出处"尔雅翼·杵"，八十卷本、四库本"杵"皆作"柞"，是也。查《尔雅翼》，该句出自《释木四·柞》。

6. 知识慈心语，很戾不受谏，守顽招此祸。【法苑珠林卷四十五】（第60页）

按："很"，八十卷本同。四库本作"狠"，未详孰是。查《大藏经》所收《法苑珠林》，作"狠"。

卷六

夫以一酌之水，或为不测之渊，如不时灭，恐同原草。【魏书·郭作传】（第73页）

按：出处"魏书·郭作传"，八十卷本、四库本"作"皆作"柞"，是也。查《魏书》，出处应为《魏书·郭祚传》。

卷七

1. 黄穆，字伯开，傅学，为山阳守，有德政。【太平御览·时序部夏中】（第80页）

按："傅"，八十卷本同。四库本作"博"，是也。查《太平御览》作"博"。

2. 下令目叔向，朗朗如百间屋。【世说新语·赏誉】（第82页）

按："下"，八十卷本、四库本皆作"卞"，是也。查《世说新语》作"卞"。

3. 刘孝标目刘讦，超然越俗，如半天未霞。【何氏语林·赏誉】（第83页）

按："未"，八十卷本同。四库本作"朱"，未详孰是。

4. 谚曰：谁为为之？孰今听之？【前汉书·司马迁传】（第85页）

按："今"，八十卷本同。四库本作"令"，是也。查《汉书》作"令"。

卷八

我亦当鸣,不殊于卿。【长者音悦经尺二】(第95页)

按:"不",八十卷本、四库本皆作"令",是也。查《大藏经》所收《长者音悦经》作"令"。

卷九

此中一节,若王若军,皆非实有,都无自性。【波罗蜜多经五百八十七】(第107页)

按:"节",八十卷本同。四库本作"切",是也。查《大藏经》所收《波罗蜜多经》作"切"。

卷十

1. 以中信而济难,若乘虚舟以涉川也。【周易正义·中字】(第111页)

按:出处"周易正义·中字",八十卷本同。四库本"字"作"孚",是也。查《宋本周易注疏》,出处应为《周易正义·中孚》。

2. 君何得闻人之谗,而辄信之乎?【毛诗正义·采苓】(第117页)

按:"谗",八十卷本同。四库本作"谇",是也。查《毛诗正义》作"谇"。

卷十一

1. 士国用人节,泽国用龙节。【周礼·地官·掌节】(第123页)

按:"士",八十卷本同。四库本作"土",是也。查《附音释周礼注疏》作"土"。

2. 不洁其心,人不肯愧,以面露外。【刘子·心隐】(第131页)

按:"其",八十卷本为"其",四库本作"在",后者是也。查明正统道藏本作"在"。

卷十二

1. 城邑聚落，山林树大，泉池河水，于彼众中。【海空智藏经·问病品】（第 135 页）

按："大"，八十卷本、四库本皆作"木"，未详孰是。

2. 谓或幻作男、女、大、小，谓或幻作象、马、牛羊、驼驴、鸡等种种禽兽。【波罗蜜多经四百七十二】（第 136 页）

按："谓或幻作"，八十卷本、四库本作"或复幻作"，是也。查《大藏经》所收《波罗蜜多经》，作"或复幻作"。

卷十三

昔有一人，娉取二妇，……遂令二目俱失其明。【百喻经卷下】（第 151 页）

按："娉"，八十卷本同。四库本作"聘"，是也。查《大藏经》所收《百喻经》，作"聘"。

卷十五

冶容媚谐，铅华素质，伐命者也。【抱朴子内篇·畅玄】（第 169 页）
按："谐"，四库本作"姿"，是也。查《抱朴子》作"姿"。

卷十六

1. 宁昂昂若千里之驹乎？……将与鸡鹜争食乎？【文选·屈原·上居】（第 181 页）

按：出处"文选·屈原·上居"，八十卷本、四库本"上"皆作"卜"，是也。查《文选》，出处应为《屈原·卜居》。

2. 千有余岁，得志行乎中国，若合符节。【孟子·离娄上】（第 183 页）

按：出处"孟子·离娄上"，八十卷本同。四库本"上"作"下"，是也。查《新编诸子集成》所收《孟子》，出处应为《离娄章句下》。

3. 羽毛鳞介之怨，声异而俱哀。【文苑英华·庾信杂铭铭】（第185页）

按：出处"文苑英华·庾信杂铭铭"，八十卷本同。四库本"杂铭"作"思旧"，是也。查《文苑英华》，出处应为《文苑英华·庾信思旧铭》。

4. 及其饱也，腹肠为之溃破。【事文类聚·蚊·金积子】（第188页）

按：出处"事文类聚·蚊·金积子"，八十卷本"积"作"横"。四库本作"楼"，是也。查《事文类聚》，出处应为《事文类聚·蚊·金楼子》。

卷十七

1. 远哉天之道也……迎浮云莫知其极。【黄帝素问内经·六微旨人论】（第199页）

按：出处"黄帝素问内经·六微旨人论"，八十卷本、四库本"人"皆作"大"，是也。查《黄帝素问内经》，出处应为《黄帝素问内经·六微旨大论》。

2. 无众星之明，假日月之光。【魏志·王聚传注】（第200页）

按：出处"魏志·王聚传注"，八十卷本、四库本"聚"皆作"粲"，是也。查《三国志》，出处应为《王粲传注》。

3. 犹如罗縠观空，表里悉现。【出曜经·八行品】（第197页）

按："縠"，八十卷本同。四库本作"縠"，是也。查《大藏经》所收《出曜经》作"縠"。

4. 以为后之有知音者也。【淮南子·修俗训】（第197页）

按：出处"淮南子·修俗训"，八十卷本、四库本"俗"皆作"裕"，皆误。查《淮南子》，出处应为《淮南子·修务训》。

5. 故众事顿息，有异母人，见是相已，即知此女不久产生。【波罗蜜多经卷三】（第196页）

按："母"，八十卷本同。四库本作"他"，是也。查《大藏经》所收《波罗蜜多经》作"他"。

卷十八

1. 《菁菁者莪》废，则无礼仪矣。【毛诗·小雅·六月】（第 207 页）

按：出处"毛诗·小雅·六月"，四库本作"毛诗·小雅·六月序"，是也。查《毛诗》，出处应为《小雅·六月序》。

2. 奈既滋兰之九畹兮，又树蕙之百亩。【文选·屈原离骚经】（第 211 页）

按："奈"，八十卷本作"余"，四库本作"余"。八十卷本、四库本是也。查《文选》作"余"。

卷十九

1. 盖谓秦桧颛政士师，非主上之士师也。【困学纪奏闻卷十七·评文】（第 21 页）

按：出处"困学纪奏闻卷十七评文"，八十卷本同。四库本作"困学纪闻卷十七评文"，是也。查《困学纪闻》，出处应为《困学纪闻》卷十七《评文》。

2. 惠子始与庄子相见，而间乎庄子。【困学纪闻卷十·诸子】（第 217 页）

按："间"，八十卷本、四库本皆作"问"，是也。查《困学纪闻》作"问"。

3. 然文辞之有谐隐……旉盂之石交乎？【文心雕龙谐】（第 222 页）

按：出处"文心雕龙谐"，八十卷本同。四库本作"文心雕龙谐隐"，是也。查《文心雕龙》，出处应为《文心雕龙·谐隐》。

4. 金百链而不销，故万邦作詠。【李善注文选·陆士衡答贾长渊诗】（第 218 页）

按："詠"，八十卷本同。四库本作"咏"，是也。查《文选》作"咏"。

卷二十

以言贤人，弃在山泽，亦失其志也。【上逸注楚辞九叹】（第 235 页）

按：出处"上逸注楚辞九叹"，四库本作"王逸注楚辞九叹"，是也。

卷二十一

譬如虚空，不能主树，有地水，因缘而能生。【无明罗刹经】（第 240 页）

按："主"，八十卷本同，四库本作"生"，未详孰是。

卷二十二

1. 独不见夫翠虬蜂螭之将登虖天，必耸身于苍梧之渊。【前汉书·扬雄传下】（第 247 页）

按："蜂"，八十卷本同，四库本作"降"，皆误。查《汉书》作"绛"。

2. 帝曰：痹，其侍有死者，或疼久者，或易已者，其故何也？【黄帝素问内经·痹论】（第 251 页）

按："侍"，八十卷本、四库本皆作"时"，是也。查《黄帝素问内经》作"时"。

3. 人不耐损益苞瓜之汁，天安耐增减人之年，人年不可增减，高宗之徒，谁益之者？【王充论·无形篇】（第 254 页）

按：出处"王充论·无形篇"，八十卷本同。四库本作"王充论衡·无形篇"，是也。查《论衡》，出处应为《王充论衡·无形篇》。

4. 鸟有毛羽，能飞不能升矣。【王充论衡·道虚篇】（第 254 页）

按："矣"，八十卷本同。四库本作"天"，是也。查《论衡》作"天"。

5. 理之所间，力所常达，数之所塞，威有必穷。【文选·陆机演连珠】（第 254 页）

按："间"，八十卷本、四库本皆作"开"，是也。查《文选》作"开"。

6. 毛毽轻搏，户扇平直，是故不受。【中阿含经卷二十】（第 254 页）

按："直"，八十卷本、四库本作"立"，是也。查《大藏经》所收《中阿含经》作"立"。

7. 善用针者，亦不能取四厥。【黄帝素问灵枢经·同节真邪】（第255页）

按：出处"黄帝素问灵枢经同节真邪"，八十卷本、四库本"同"作"刺"，是也。查《黄帝素问内经》，出处应为《黄帝素问灵枢经·刺节真邪》。

卷二十三

1. 则蹇驴蒙龙俊之价。【抱朴子外篇·刺骄】（第259页）

按："俊"，八十卷本同。四库本作"骏"，是也。查《抱朴子》作"骏"。

2. 虽拔秦山，填沧海可也。【艺文类聚·武部·战伐论】（第267页）

按："秦"，八十卷本同。四库本作"泰"，是也。查《艺文类聚》作"泰"。

3. 荣枯由其唇吻，废兴侯其指麾。【隋书·梁砒传】（第266页）

按：出处"隋书·梁砒传"，八十卷本、四库本"砒"皆作"毗"，是也。查《隋书》，出处应为《隋书·梁毗传》

卷二十四

1. 夏虫不可以语于水者，笃于时也。【庄子·秋水】（第271页）

按："水"，八十卷本同。四库本作"冰"，是也。查《新编诸子集成》所收《庄子》作"冰"。

2. 短绠不可以级深井之泉。【荀子·荣辱】（第271页）

按："级"，八十卷本同。四库本作"汲"，是也。查《新编诸子集成》所收《荀子》作"汲"。

3. 夫令雄雀施气于雁鹄，终不成子者，何也？【王充论衡·奇怪篇】（第274页）

按："雄"，八十卷本同。四库本作"鸠"，是也。查《论衡》作"鸠"。

4. 辙鲋之仰河决，未足云也。【文苑英华·徐凌赠答上书】(第276页)

按：出处"文苑英华·徐凌赠答上书"，八十卷本同。四库本"凌"作"陵"，是也。查《文苑英华》，出处应作《文苑英华·徐陵赠答上书》。

5. 一日熏衣，瞻卜华婆师华。【大方广佛华严经卷五十九】(第278页)

按："瞻"，八十卷本同。四库本作"薝"，是也。查《大藏经》所收《大方广佛华严经》作"薝"。

卷二十五

悯吾累之众芬兮，飏烨烨之芳苓。【前汉书·扬雄传上】(第281页)

按："烨烨"，八十卷本同。四库本作"煜煜"，是也。查《二十五史》所收《汉书》作"煜煜"。

卷二十六

1. 延蔓于木之枚本而茂盛，喻子孙依缘先人之功而起。【郑氏笺诗·旱麓】(第292页)

按："枚"，八十卷本同，四库本作"校"。查《毛诗注疏》作"枝"，是也。"枚""校"皆"枝"字形讹。

2. 浮萍无根本，非水将何依。【广文选·傅休奕明月篇】(第300页)

按：出处"广文选·傅休奕明月篇"，八十卷本、四库本"休"皆作"林"，未详孰是。

3. 灵芝生河洲，动摇因洪波，兰荣一何晚，严霜梓其柯。【广文选·韦孟郦文胜诗】(第300页)

按："梓"，八十卷本同，四库本作"悴"。查郦炎《见志诗·灵芝生河洲》作"瘁"，是也。"梓""悴"皆"瘁"字形讹。

4. 譬如射师有诸弟子，虽未惯习，其师扳艺，然其智慧方便善巧，余一切人所不能及。【大方广佛华严经卷七十八】（第 301 页）

按："扳"，八十卷本同。四库本作"技"，是也。查《大藏经》所收《大方广佛华严经》作"技"。

卷二十七

1. 日磾生于北狄，侍汉武而除危害，臣既有之师亦宜尔，何必取同俗而舍其异方乎。【法苑珠林卷五十五】（第 314 页）

按："磾"，八十卷本、四库本皆作"磾"，是也。查《大藏经》所收《法苑珠林》作"磾"。

2. 虽有裨谌之草创，无子产之润色，有文武之规矩，而无周吕之凿衲，则功业不成。【盐铁论·非鞅】（第 308 页）

按："衲"，八十卷本同。四库本作"枘"，是也。查《盐铁论》作"枘"。

3. 僖负辑以一飧之惠，全其所居之闾。【弘明集·牟子理惑论】（第 305 页）

按："辑"，四库本作"羁"，是也。僖负羁，春秋时代曹国大夫。

卷二十九

目将眇者，先睹秋毫耳；将聋者，先闻呐飞。【列子·仲尼】（第 332 页）

按："呐"，八十卷本同。四库本作"蚋"，是也。查《新编诸子集成》所收《列子》作"蚋"。

卷三十

1. 大歌采菱，发阳阿，鄙人听之。【淮南子·人间训】（第 339 页）

按："大"，八十卷本同。四库本作"夫"，是也。查《淮南子》作"夫"。

2. 采凌之清音，不能快楚隶之耳。【抱朴子外篇·广譬】（第 339 页）

按："凌"，八十卷本同。四库本作"菱"，是也。查《抱朴子》作"菱"。

卷三十一

1. 俾天斱培塿者识嵩岱之崇崛。【周书·武帝上纪】（第 348 页）

按："天"，八十卷本同。四库本作"夫"，是也。查《二十五史》所收《周书》作"夫"。

2. 亮无风云会，安能袭尘轨。【李善注文选·王僧达答颜延平诗】（第 359 页）

按：出处"李善注文选·王僧达答颜延平诗"，八十卷本同。四库本"平"作"年"，是也。查《文选》，出处应为《李善注文选·王僧达答颜延年诗》。

3. 竭忠诚而事君兮，反离群而赘肬。【楚辞九章·情诵】（第 360 页）

按：出处"楚辞九章·情诵"，八十卷本、四库本"情"皆作"惜"，是也。查《楚辞》，出处应为《楚辞·九章惜诵》。

卷三十二

1. 隙大则崩毁将至，故宜有以抵之也。【鬼谷子·抵藏】（第 362 页）

按：出处"鬼谷子·抵藏"，八十卷本、四库本"藏"皆作"巇"，是也。查《鬼谷子》，出处应为《鬼谷子·抵巇》。

2. 身譬如地，善意如禾，恶意如草。不去草秽，禾实不成。人不去恶意，亦不得道。【三慧经鼎八】（第 365 页）

按：出处"三慧经鼎八"，八十卷本、四库本"鼎"皆作"藉"，未详孰是。

3. 贞静之女，其美色姝。【毛诗正义·静女】（第 366 页）

按："姝"，八十卷本、四库本皆作"姝"，是也。查《毛诗正义》作"姝"。

4. 不矜细行，终累大德，为山九仞，功亏一篑。【书旅獒】（第 370 页）

按：出处"书旅獒"，八十卷本、四库本"獒"皆作"獒"，是也。查《尚书》作"獒"。

卷三十三

1. 工事无刻镂，女事无文章，国之富也。【管子·立敢】(第 374 页)

按：出处"管子·立敢"，四库本作"管子·立政"，是也。查《管子》作"政"。

2. 为无所用之，碧瑜粪土也。【淮南子·穆称训】(第 378 页)

按：出处"淮南子·穆称训"，八十卷本、四库本"穆"皆作"缪"，是也。查《淮南子》，出处应为《淮南子·缪称训》。

3. 铅刀贵一割，梦想骋良图。【文选·左思诔史诗】(第 383 页)

按：出处"文选·左思诔史诗"，八十卷本、四库本"诔"作"咏"，是也。查《文选》，出处应作《文选·左思咏史诗》。

4. 因其轻而杨之，因其重而减之。【黄帝素问内经·阴阳应象大论】(第 385 页)

按："杨"，八十卷本、四库本皆作"扬"，是也。查《黄帝素问内经》作"扬"。

卷三十四

1. 使曹沫释其三尺之剑，而操铫耨与农夫居。【战国策·齐闵王】(第 386 页)

按："沫"，八十卷本同。四库本作"沫"，是也。查《战国策》作"沫"。

2. 尧聘许由……子避世何不藏深。【太平御览·木部·豫璋】(第 390 页)

按：出处"太平御览·木部·豫璋"，八十卷本、四库本"璋"作"樟"。查《太平御览》，出处应作《太平御览·木部·豫章》。

3. 倾盖承芳讯，欲鸣当及晨。【文选·长安有侠邪行】(第 395 页)

按：出处"文选·长安有侠邪行"，八十卷本、四库本"侠"作"狭"，是也。查《文选》，出处应作《文选·长安有狭邪行》。

卷三十五

1. 龙骥踠足，有时而征。【艺文类聚·人部·别不赋】（第 400 页）

按：出处"艺文类聚·人部·别不赋"，八十卷本同。四库本"不"作"友"。皆误。查《艺文类聚》，出处应作《艺文类聚·人部·别下·怨》。

2. 万物出生，明庶长养，花叶壮茂。【焦氏易林·贲之小畜】（第 403 页）

按："茂"，八十卷本同。四库本作"成"。皆误。查《焦氏易林》作"盛"。

3. 上则折冲干帷幄，下则覆军而杀将。【天禄阁外史·问兵】（第 407 页）

按："干"，八十卷本、四库本皆作"于"，是也。查《天禄阁外史》作"于"。

4. 冬南夏北，贵其所有。【艺文类聚·鸟部·鸠】（第 407 页）

按：出处"艺文类聚·鸟部·鸠"，八十卷本、四库本"鸠"作"雁"，是也。查《艺文类聚》，出处应作《艺文类聚·鸟部·雁》。

卷三十六

六一，咸其腓凶，居吉。【易·咸】（第 415 页）

按："六一"，八十卷本同。四库本作"六二"，是也。查《周易》作"六二"。

卷三十七

1. 如有二象桶力而斗，若一被伤，退而不复。【大乘密严经卷下】（第 428 页）

按："桶"，八十卷本同。四库本作"角"。查《大藏经》所收《大乘密严经》作"捅"。

2. 明公拥之以为爪牙，譬驱虎兕以赴犬羊。【后汉书·郑太列传】（第434页）

按：出处"后汉书·郑太列传"，八十卷本同。四库本作"后汉书·郑康成传"，是也。查《二十五史》所收《后汉书》，出处应作《后汉书·郑康成传》。

卷三十八

1. 严冬播气，贞松之操自高。【南齐书·高帝木纪】（第435页）

按：出处"南齐书·高帝木纪"，八十卷本、四库本"木"皆作"本"。"木"为"本"之形讹。

2. 大寒之岁，众木皆死，然后知松栢小雕。【何晏解论语·子罕】（第435页）

按："小"，八十卷本同。四库本作"不"。查《论语集解》作"小"。

3. 无倾危之患难分，焉知贤士之所死。【楚辞·东方朔哀命】（第436页）

按：出处"楚辞·东方朔哀命"，八十卷本同。四库全书本作"东方朔谬谏"，是也。查《楚辞》，出处应为《楚辞·东方朔谬谏》。

4. 欲得五眼，所谓肉眼、天眼、彗眼、法眼、佛眼。【波罗蜜多经卷二】（第440页）

按："彗"，八十卷本同。四库本作"慧"，是也。查《大藏经》所收《波罗蜜多经》作"慧"。

5. 譬如持灯火入冥室，火适入室便亡，其冥自明，明人有智慧，譬如火光。【那先比工经卷上】（第441页）

按：出处"那先比工经卷上"，八十卷本、四库本"工"皆作"丘"，是也。

6. 纣为象著而箕子怖，以为象著必不盛羹于土簋，则必犀玉之杯，玉

杯象著必不盛菽藿。【韩非子·说林】(第 442 页)

按："著"，八十卷本同。四库本作"箸"，是也。查《韩非子集解》作"箸"。

7. 国子修短，吉凶卜于龟。【天禄阁外史·灾异】(第 443 页)

按："子"，八十卷本同。四库本作"之"，是也。查《天禄阁外史》作"之"。

8. 掇怀珠之蜂于九渊之底，指含光之珍于积石之中。【抱朴子外篇·清鉴】(第 443 页)

按："蜂"，八十卷本同。四库本作"蚌"，是也。查《抱朴子外篇》作"蚌"，"蚌"有异体作"蠊"，与"蜂"形近。

卷三十九

1. 咳唾为恩，眄睐成饰。【文选·任昉到大司马记室践】(第 453 页)

按："眄睐"，八十卷本同。四库本作"盻睐"，查《文选》作"眄睐"，"眄睐""盻睐"皆"眄睐"音讹。出处"文选·任昉到大司马记室践"，八十卷本、四库本"践"作"牋"，是也。查《文选》出处为《文选·任昉到大司马记室牋》。

2. 莫以鱼肉贱，弃捐葱与韭，莫以麻枲贱，弃捐菅与蒯。【广文选·曹孟德唐上行】(第 457 页)

按："韭""管"，八十卷本同。四库本作"薤""菅"，是也。查《乐府诗集》作"薤""菅"。出处"广文选·曹孟德唐上行"，八十卷本、四库本"唐"皆作"塘"，是也。查《乐府诗集》作《广文选·曹孟德塘上行》。

3. 故人行事施予，以利之为心，则日人易和；以害之为心，则父子离且怨。【韩非子·外储说左】(第 457 页)

按："日"，八十卷本同。四库本作"越"，是也。查《韩非子集解》作"越"。

4. 譬如刹利灌顶大王，多有仓廪盈储谷豆……于饥馑世当济群生。【大宝积经二十】(第 459 页)

按："癏"，八十卷本、四库本均作"廪"，是也。查《大正藏》所收《大宝积经》作"廪"。

卷四十

1. 豺獭知祭祀，而况人乎？故人知之至，于念想，犹豺獭之自然也，顾古质略而后文饰耳。【后汉书志·祭记上】（第465页）

按：出处"后汉书志·祭记上"，四库本作"后汉书志·祭祀上"，是也。查《二十五史》所收《后汉书》，出处应作《后汉书志·祭祀上》。

2. 守母以存其子，崇本以举其末，则形名俱有，而邪丕生。【道德经注】（第468页）

按："丕"，八十卷本、四库本作"不"，是也。查《老子》作"不"。

3. 譬如一切草木，丛林依地为根本。【法集经·欲四】（第468页）

按：出处"法集经·欲四"，八十卷本同。四库本"欲"作"卷"，是也。查《大正藏》所收《法集经》，该句在第四卷。

4. 成人有其兄，死而不为衰者。【礼记·檀弓下】（第471页）

按："衰"，八十卷本同。四库本作"衰"，是也。查《大戴礼记》作"衰"。

5. 诗云："伐柯伐柯，其则不执。"【中庸】（第472页）

按："执"，八十卷本、四库本皆作"远"，是也。查《四书章句集注》作"远"。

卷四十一

1. 譬如赋诗者，取其一章而已。【杜诗解左传·襄公二十八年】（第473页）

按：出处"杜诗解左传·襄公二十八年"，八十卷本、四库本皆作"杜氏解左传·襄公二十八年"，是也。查杜预《春秋左传集解·襄公二十八年》，"余独焉辟之赋诗，断章余取所求，焉恶识宗"句下正有此句。

2. 诗曰采葑采菲，无以下体。【左传·喜公三十三年】（第 473 页）

按：出处"左传喜公三十三年"，八十卷本同。四库本"喜"作"僖"，是也。查《左传》，出处应为《左传·僖公三十三年》。

3. 我薄菜此芑，于何处乎？【毛诗正义·采芑】（第 473 页）

按："菜"，八十卷本同。四库本作"采"，是也。查《毛诗》作"采"。

4. 参差荇【音否】菜，左右采之，窈窕淑女，琴瑟求之。【诗·国风·关雎】（第 480 页）

按："否"，八十卷本、四库本皆作"杏"，是也。

5. 隰有粟，既见君子，并坐鼓瑟。【诗·国风·车邻】（第 481 页）

按："粟"，八十卷本同。四库本作"栗"，是也。查《毛诗》作"栗"。

卷四十二

1. 次五，达子中衢，大小无迷。【太玄经·第二达】（第 484 页）

按："子"，八十卷本、四库本皆作"于"，是也。查《太玄经》作"于"。

2. 駃騠，骏马也。生七日而超其母。【史记·鲁仲连列注】（第 486 页）

按：出处"史记·鲁仲连列注"，八十卷本同。四库本作"史记·鲁仲连列传注"。查《史记》，出处应为《史记·鲁仲连邹阳列传》。

3. 处市井之肆，服君子之服，在小人之中，行贤哲之事，犹夜佩珠玉也，亦灼然矣。【意林·傅子】（第 489 页）

按："夜佩珠玉"，四库本为"夜行佩珠玉"，是也。查《意林》作"夜行珮珠玉"。

卷四十三

1. 初，勖为路逢赵贾人牛铎，识其声。【晋书·荀勖传】（第 498 页）

按："为"，八十卷本同。四库本作"于"，是也。查《晋书》作"于"。

2. 伯乐喟然大息曰：一至于此乎？【列子·说符】（第 498 页）

按："大"，八十卷本同。四库本作"太"，是也。查《新编诸子集成》所收《列子》作"太"。

3. 上古之为墼者曰苗父，苗父之为墼也，以菅为席，以刍为狗，比面而祝。【说苑·辨物】（第501页）

按："比"，八十卷本同。四库本作"北"，是也。查《说苑》作"北"。

卷四十五

1. 曾子居卫……致道者忘心矣。【庄子·襄王】（第522页）

按：出处"庄子·襄王"，八十卷本、四库本"襄"皆作"让"，是也。查《新编诸子集成》所收《庄子》，出处应作《庄子·让王》。

2. 昆仑之王，取求必得。【焦氏易林·剥之益】（第525页）

按："王"，八十卷本、四库本皆作"玉"，是也。查《焦氏易林》作"玉"。

3. 譬犹洒粒于上壤，而纳百倍之收，地谷无情于人，而自然之利至也。【弘明集·孙绰喻道论】（第526页）

按："上"，八十卷本、四库本皆作"土"，是也。查《弘明集》作"土"。

4. 曰子曰孙，重规叠短。【晋书·周访传】（第529页）

按："短"，八十卷本同。四库本作"矩"，是也。查《晋书》作"矩"。

卷四十六

卉而散诸野，终年肥遁。【何氏语林·言志王无功集无心子传】（第532页）

按："卉"，八十卷本同。四库本作"弃"，未详孰是。

卷四十七

1. 窃妻不可以废相如，受金不可以斥陈平。【抱朴子外篇·博喻】（第541页）

按："斤"，八十卷本、四库本皆作"斥"，是也。查《抱朴子》作"斥"。

2. 慌若迷涂夫偶，黡如深夜撤烛。【宋书·颜延之传】（第546页）

按："夫"，八十卷本同。四库本作"失"。查《二十五史》所收《宋书》，作"失"。

3. 天气生腾，地气下降。【京氏易传·否上】（第548页）

按："生"，八十卷本、四库本皆作"上"，是也。查《京氏易传》作"上"。

卷四十八

1. 冠履倒错，珪甒莫辨。【梁书·武帝中纪】（第548页）

按：出处"梁书·武帝中纪"，八十卷本同。四库本"中纪"作"纪中"，未详孰是。查《梁书》，该句出自其卷二《本纪第二·武帝中》。

2. 行明白而日黑兮……鳳皇飞而高翔。【广文选·东方曼倩怨思】（第556页）

按：出处"广文选·东方曼倩怨思"，八十卷本、四库本"思"皆作"世"，是也。查该句，出自《广文选·东方曼倩怨世》。

3. 鸧鹒轩翥，鸾鳳挫翮，啄碎琬琰，宝其瓴甋。【艺文类聚礼部弟文】（第557页）

按：出处"艺文类聚·礼部·弟文"，八十卷本、四库本"弟"皆作"吊"。查《艺文类聚》，出处应作《艺文类聚·礼部下·吊》。

卷四十九

1. 今使太子将之此，无异使羊将狼也。【史记·留侯世】（第566页）

按：出处"史记·留侯世"，八十卷本、四库本皆作"史记·留侯世家"，是也。

2. 此所谓挛胸之知，而愚人之计也。【盐铁论·非鞅】（第568页）

按："知"，八十卷本同。四库本作"智"，是也。查《盐铁论》作"智"。

3. 譬加饿狗舍其主食,返从仆使而求觅。【波罗蜜多经卷三百三】(第570页)

按:"加",八十卷本、四库本皆作"如",是也。查《大藏经》所收《波罗蜜多经》作"如"。

4. 犬唯逐块,不如逐人,块终不息,外道亦尔,不知断生,终不离死。【波罗蜜多经卷五百六十九】(第570页)

按:"如",八十卷本、四库本皆作"知",是也。查《大藏经》所收《波罗蜜多经》作"知"。

5. 譬如人在宝洲,但得水精珠,则所利益薄。【大智度论七十九】(第571页)

按:出处"大智度论七十九",八十卷本同。四库本作"大智度论卷七十九"。查《大藏经》所收《大智度论》,该句出自该书第八十卷。

6. 譬如有牛厌患车故,欲使车坏,前车若坏,续得后车,枙其项领。【法苑珠林卷八十九】(第572页)

按:"枙",八十卷本同,四库本作"扼"。查《大藏经》所收《法苑珠林》作"轭"。"枙""扼"皆"轭"字形讹。

卷五十

1. 女所行如是,犹鸟飞行……得诛女也。【郑氏笺诗桑桑】(第572页)

按:出处"郑氏笺诗桑桑",八十卷本同。四库本后一个"桑"作"柔",是也。查《诗经》,出处应作《郑氏笺诗·桑柔》。

2. 贾而欲赢,而恶嚚乎。【左传·昭公元年】(第574页)

按:"嚚",八十卷本同。四库本作"嚚",是也。查《左传》作"嚚"。

3. 周秕稗,君辱,弃礼,名恶。【孔子家语·相鲁】(第574页)

按:"周",八十卷本、四库本皆作"用",是也。查《孔子家语》作"用"。

4. 左手把水,如光与鬼,不可得徒。【焦氏易林·垢之旅】(第576页)

按：出处"焦氏易林·垢之旅"，八十卷本同。四库本"垢"作"姤"，是也。查《焦氏易林》，出处应作《焦氏易林·姤之旅》。

5. 亦犹和胶补釜，以硇涂疮，去冷加冰，除热用汤，飞龟舞蛇，终不可得。【参同契】（第 579 页）

按："硇"，八十卷本同。四库本作"钢"，未详孰是。

6. 如角求乳，无明覆故。【太智度论卷二十三】（第 581 页）

按："太智度论卷二十三"，八十卷本、四库全书本"太"皆作"大"，是也。

7. 非玉帛之不丰酿。【抱朴子内篇·道意】（第 583 页）

按："酿"，八十卷本同，四库本作"穰"。查《抱朴子》作"醲"。"酿""穰"为"醲"字形讹。

卷五十一

1. 居于幽冥之处，则蒙腴以为不明也。【王逸注·楚辞九章】（第 586 页）

按："腴"，四库本作"瞍"，是也。查《楚辞》作"瞍"。

2. 制造天之体，拟肤寸之检。【广文选·阮嗣宗荅伏义书】（第 591 页）

按："体"，八十卷本同。四库本作"梯"，是也。查《全晋文》，作"梯"。

3. 至秋无果实，而可得收获。【大庄严经论卷三偈】（第 592 页）

按：出处"大庄严经论卷三偈"，八十卷本、四库本"三"皆作"二"，是也。查《大藏经》所收《大庄严经论》，该偈出自该书第二卷。

4. 君有短垣而自喻之，况蛮荆则何有于周室。【国语·吴】（第 593 页）

按："喻"，八十卷本同。四库本作"踰"，是也。查《国语·吴语》，作"踰"。

卷五十二

1. 夜长日短，阴为阳成，万物空枯，藏于北陆。【焦氏易林·夬之明夷】（第 602 页）

按："成"，八十卷本、四库本皆作"贼"，是也。查《焦氏易林》作"贼"。

2. 纯则巧伪息，杂则奸邪生。【杨子法言注·明神篇】（第 604 页）

按：出处"杨子法言注·明神篇"，八十卷本、四库本"明"皆作"门"。查四部丛刊景宋本《扬子法言》，出处为"杨子法言注问神篇"。"明""门"为"问"字音讹。

卷五十三

譬如黄雀伺蝉，不知随蝉应至。【艺文类聚·内典部·寺碑】（第 612 页）

按："蝉"，八十卷本同。四库本作"弹"，是也。查《艺文类聚》作"弹"。

卷五十四

顾非累卵于叠棋焉，至观形而怀怛。【文选·魏睹赋】（第 617 页）

按：出处"文选·魏睹赋"，八十卷本、四库本"睹"皆作"都"，是也。查《文选》，出处应作《文选·魏都赋》。

卷五十五

1. 鱼以泉涸而煦末，鸟因将死而悲鸣。【梁书·任昉传】（第 628 页）

按："末"，八十卷本、四库本皆作"沫"，是也。查《二十五史》所收《梁书》，作"沫"。

2. 鹄求鱼食，道遇射戈。【焦氏易林·剥之革】（第 632 页）

按："戈"，八十卷本同。四库本作"弋"，是也。查《焦氏易林》作"弋"。

3. 匠卿操斧，豫章危殆。【焦氏易林·小过之舞】（第633页）

按：出处"焦氏易林·小过之舞"，八十卷本、四库本"舞"皆作"师"，是也。查《焦氏易林》，出处应作《焦氏易林·小过之师》。

4. 天既终日风且又有暴……又有甚恶恚怒之时。【毛诗工义终风】（第633页）

按：出处"毛诗工义终风"，八十卷本、四库本"工"皆作"正"，是也。

卷五十六

1. 犁牛之驳似虎，莠之幼似禾。【魏志·文帝纪注】（第643页）

按："驳"，八十卷本同。四库本作"骏"，是也。查《三国志》作"骏"。

2. 譬如药师，持药囊行，而自身病不能疗治。【大宝积经卷一百一十一】（第646页）

按：出处"大宝积经卷一百一十一"，八十卷本、四库本"一百一十一"皆作"一百一十二"，是也。查《大藏经》所收《大宝积经》，该句出自该书第一百一十二卷。

卷五十七

1. 人问之，口："何以昼?"【法句譬喻经一·多闻品】（第650页）

按："口"，八十卷本、四库本作"曰"，是也。查《大藏经》所收《法句譬喻经》作"曰"。

2. 岂可以藕耕中丝悬须弥山耶?【本缘经·毗罗摩品】（第654页）

按："耕"，八十卷本同。四库本作"根"，是也。查《大藏经》所收《本缘经》作"根"。

卷五十九

1. 我车坚牢，舍于方林，无所载任也，以言己才德方壮，诚可任困，

弃于草野，亦无所施也。【王逸注·楚辞九章】（第 670 页）

按："困"，八十卷本同。四库本作"用"，是也。查《楚辞》作"用"。

2. 苕苕椅桐树，寄先于南岳。【文选·司马彪赠山涛诗】（第 671 页）

按："先"，八十卷本同。四库本作"生"，是也。查《文选》作"生"。

3. 然周穆驰而犬戎叛，秦始游而二世亡。【天禄阁外史·四难】（第 674 页）

按："戒"，八十卷本、四库本皆作"戎"，是也。查《天禄阁外史》作"戎"。

卷六十一

1. 修礼以耕之，陈义以种之，讲学以耦之，本人以聚之，播乐以安之。【礼记·礼运】（第 690 页）

按："人"，八十卷本同。四库本作"仁"，是也。查《礼记》作"仁"。

2. 深愿陛下渭宫畔路，思二神为元鉴。【晋书·石季龙上传】（第 693 页）

按："渭"，八十卷本同。四库本作"清"，是也。查《晋书》作"清"。

3. 繁林蘙荟，则羽蔌云苹；玄渊浩汗，则鳞群竞赴。【抱朴子外篇·博喻】（第 697 页）

按："蔌"，八十卷本同。四库本作"族"，是也。查《抱朴子外篇》作"族"。

卷六十二

麟之趾振振音真……公族于嗟麟兮。【之趾】（第 700 页）

按：出处"之趾"，八十卷本作"诗·国风·麟之趾"，四库本作"麟之趾"。该句出处以八十卷本最为详细。

卷六十三

1. 其他胥附奔走，云合雾集，若榱橼之构大厦，众星之仰河汉。【文

苑英华·斐子野史论一】(第 716 页)

按：出处"文苑英华·斐子野史论一"，八十卷本同。四库本"斐"作"裴"，是也。查《文苑英华》，出处应为《文苑英华·裴子野史论一》。

2. 公息思知说之行也，因令其家皆为组。【吕氏春秋·去尤】(第 720 页)

按："思"，八十卷本、四库本作"忌"，是也。查《吕氏春秋》作"忌"。

卷六十五

1. 有一于此，足以亡其国。今王君兼此四者，可无戒与。【战国策·魏惠王】(第 737 页)

按："王"，八十卷本、四库本皆作"主"，是也。查《战国策》作"主"。

2. 车甚泽，人必瘁宜其亡也。【艺文类聚·舟来部车】(第 739 页)

按：出处"艺文类聚·舟来部车"，八十卷本同。四库本"来"作"车"，是也。查《艺文类聚》，出处应作《艺文类聚·舟车部·车》。

卷六十六

1. 汗明曰：君亦闻骥乎？……得为君高鸣屈于梁乎？【战国策·楚考烈士】(第 748 页)

按：出处"战国策·楚考烈士"，八十卷本、四库本"士"皆作"王"，是也。查《战国策》，出处应作《战国策·楚考烈王》。

2. 昭奚恤在此，惟太国所观。【后汉书·李膺传注】(第 752 页)

按："太"，四库本作"大"，是也。查《二十五史》所收《后汉书》，作"大"。

3. 人主得地百里则喜，四境皆货。【太平御览·礼仪部·贺】(第 755 页)

按："货"，八十卷本同。四库本作"贺"，是也。查《太平御览》作"贺"。

卷六十七

1. 物各有所施，榱橼之材，不合以为藩落也。【晋书·偖袤传】（第763页）

按：出处"晋书·偖袤传"，八十卷本、四库本"偖"皆作"褚"，是也。查《晋书》，出处应作《晋书·褚袤传》。

2. 便当随彼方圆，饰之矩矱。【陈书·后充纪】（第763页）

按：出处"陈书·后充纪"，八十卷本、四库本"充"皆作"主"，是也。查《二十五史》所收《陈书》，出处应作《陈书·后主纪》。

卷六十八

1. 南部处士请为王吹竽。宣王说之，廪食以数百人。【韩非子·内储说上】（第770页）

按："部"，四库本作"郭"，是也。查《韩非子集解》作"郭"。

2. 夫医者……必选名姓之后。【王海·诏令·律令上】（第774页）

按：出处"王海·诏令·律令上"，四库本"王"作"玉"，是也。查《玉海》，出处应作《玉海·诏令·律令上》。

3. 女因媒而嫁，不因嫁而亲。【韩诗外传】（第775页）

按：第二个"嫁"，四库本作"媒"，是也。查《韩诗外传》作"媒"。

卷六十九

如杞柳皮革，自楚往也，虽楚有材，晋实用之。【左传·襄公二十六年】（第778页）

按："柳"，八十卷本、四库本皆作"梓"，是也。查《春秋经传集解》作"梓"。

卷七十

1. 夫新砥砺……虽知者犹畏失也，不敢妄言。【韩非子·外储说右】

（第 788 页）

按：出处"韩非子·外储说右"，八十卷本、四库本"右"皆作"左"，是也。查《韩非子集解》，出处应作《韩非子·外储说左》。

2. 王者之御人臣……未得骋其骏足也。【李善注文选·曹元前六代论】（第 790 页）

按：出处"李善注文选·曹元前六代论"，八十卷本同。四库本"前"作"首"。查《文选》，出处应为《李善注文选·曹元首六代论》。

3. 二五卒与骊姬谮群公子，而直奚齐，晋人谓之二五耦。【左传·庄公二十八年】（第 792 页）

按："直"，八十卷本、四库本皆作"立"，是也。查《春秋经传集解》作"立"。

卷七十二

宋人有酤酒者……得无亡乎？【韩非子·外储说左】（第 813 页）

按：出处"韩非子·外储说左"，八十卷本同。四库本"左"作"右"，是也。查《韩非子集解》，出处应为《韩非子·外储说右》。

卷七十四

1. 位下而欲上政，无人功而欲大禄，皆怨府也。【国语·鲁】（第 830 页）
按："人"，八十卷本、四库本皆作"大"，是也。查《国语》作"大"。
2. 上九角解豸，终其直。【太玄经·第六难】（第 833 页）
按："其"，八十卷本同。四库本作"以"，是也。查《太玄经》作"以"。

卷七十五

千钧之重，悬于一木之枝。【文苑英华·庾信连珠】（第 842 页）

按："钓"，八十卷本同。四库本作"钧"，是也。查《文苑英华》作"钧"。

卷七十六

若夫左婴右婴之人，不举曰维将不正。【晏子春秋·襟上】（第 856 页）

按："曰"，八十卷本同。四库本作"四"，是也。查《晏子春秋》作"四"。

卷七十七

1. 所以自反者，陪其所以嫁。【韩子·说林】（第 862 页）

按："陪"，八十卷本同。四库本作"倍"，是也。查《韩非子集解》作"倍"。

2. 日不恒中，月盈则亏，崇山落峰，高树折枝。【文苑英华·梁武帝杂箴箴】（第 865 页）

按：出处"文苑英华·梁武帝杂箴箴"，八十卷本同。四库本第一个"箴"作"杂"，是也。查《文苑英华》，出处应为《文苑英华·梁武帝杂箴》。

3. 匪车嘌音漂叶匹如反兮，顾瞻周道。【诗·国风·匪风】（第 865 页）

按："如"，八十卷本同。四库本作"妙"，是也。查《诗经》作"妙"。

4. 下车免剑，涉血履肝老。固吾事也。【说苑·善说】（第 866 页）

按："老"，八十卷本同。四库本作"者"，是也。查《说苑》作"者"。

5. 予闻河润九里，渐汝三百步。【事文类聚·忧世】（第 866 页）

按："汝"，八十卷本同。四库本作"洳"，是也。查《事文类聚》作"洳"。

6. 逐女曰：村，相国是也。【列女传·周列国·齐孤逐女】（第 868 页）

按："村"，八十卷本同。四库本作"柱"，是也。查《列女传》作"柱"。

卷七十八

1. 曲刃驹之，直兵推之，婴不革矣。【晏子·襟上】（第 875 页）

按："驹"，八十卷本同。四库本作"句"。查《新编诸子集成》所收《晏子春秋》作"钧"。"驹""句"为"钧"字形讹。

2. 昔者文王，鬻常拥此。【贾子新书·君道】（第 880 页）

按："鬻常拥此"，八十卷本同。四库本无"鬻"字。未详孰是。

卷七十九

1. 创钜者其日久，痛甚者其愈迟。【礼记·三年间】（第 882 页）

按：出处"礼记三年间"，八十卷本、四库本"间"皆作"问"，是也。

2. 凌凌赴汨，噬鲂捕鲤。【文选·补亡诗】（第 884 页）

按：第二个"凌"，八十卷本同。四库本作"波"，是也。查《文选》作"波"。

卷八十

1. 口舌所覆，亦如溺矣。【郑氏注礼·缁】（第 893 页）

按：出处"郑氏注礼·缁"，八十卷本同。四库本作"郑氏注礼·缁衣"，是也。查《礼记》，作《郑氏注礼·缁衣》。

2. 咸跌于污，莫跌于川。【广文选·扬子云扬州牧民】（第 899 页）

按：出处"广文选·扬子云扬州牧民"，八十卷本同。四库本"民"作"箴"，是也。查该句出处为《广文选·扬子云扬州牧箴》。

3. 行自然慈，无囚得故。【维摩诘所说经·观众生品】（第 903 页）

按："囚"，八十卷本、四库本皆作"因"，是也。查《大正藏》所收《维摩诘所说经》作"因"。

卷八十一

1. 相在尔室，尚不愧于屋漏，无日不显，莫子云靓。【诗·大雅·抑下】（第 903 页）

按："子"，八十卷本同。四库本作"予"，是也。查《毛诗》作"予"。

2. 四枝合四时，五藏合五行。【杨子法言注·五百篇】（第 908 页）

按："枝"，八十卷本同。四库本作"肢"。均误。查《扬子法言》作"支"。

卷八十二

1. 风而旦雨，寒凉凄凄然。【毛诗正义·风雨】（第 918 页）

按："旦"，八十卷本同。四库本作"且"，是也。查《毛诗注疏》作"且"。

2. 久幽而不改其操，虽随和何以加诸。【前汉书·王言传】（第 919 页）

按：出处"前汉书·王言传"，八十卷本同。四库本"言"作"吉"，是也。查《汉书》，该出处为《前汉书·王吉传》。

3. 带长铗之陆离兮，冠切云之崔嵬，被明月兮佩宝璐，世溷浊而莫余知兮，吾方高驼而不顾。【楚辞九章·涉江】（第 922 页）

按："驼"，八十卷本同。四库本作"驰"，是也。查《楚辞》作"驰"。

4. 风雨急而不辍其音，霜雪零而不渝其色。【文选·刘孝标广绝交论】（第 922 页）

按："辙"，八十卷本同。四库本作"辍"，是也。查《文选》作"辍"。

卷八十三

1. 江之永叶弋反矣，不可方叶甫妄反思。【诗·国风】（第 928 页）

按："叶弋反"，八十卷本同。四库本作"叶弋亮反"，是也。查《毛诗》，作"叶弋亮反"。

2. 知其命有贵贱，能尽其心矣。【毛诗·小心】（第 928 页）

按：出处"毛诗·小心"，四库本"心"作"星"，是也。查《毛诗注疏》，出处应为《毛诗·小星》。

3. 瓜之辨有苦者，以喻其心苦也。【郑氏笺诗·东山】（第 928 页）

按："辨"，八十卷本同。四库本作"瓣"，是也。查《毛诗》作"瓣"。

4. 以葭为盖，蓬为室，岐木为林者，父为度衣。【太平御览·地部·防山】（第935页）

按："岐木为林者，父为度衣"，八十卷本作"岐木为林，耆父为度衣"，四库本作"著木为艾席，枝为床衣"。均有误。查《太平御览》作"岐木为床，耆艾为席"。

卷八十四

江汉以濯之，秋阳以暴之，皜皜乎不可尚也。【孟子·滕文公上】（第938页）

按："也"，八十卷本同。四库本作"己"，是也。查《新编诸子集成》所收《孟子》作"己"。

卷八十六

1. 君玉德可刻之于金石，声可托之于管弦。【李善注文选·文赋】（第960页）

按："玉"，八十卷本同。四库本作"王"，是也。查《文选》作"王"。

2. 毛曾与夏侯玄其坐，时人谓之蒹葭倚玉树。【世说新语·容止】（第965页）

按："其"，八十卷本、四库本皆作"共"，是也。查《世说新语》作"共"。

3. 言折秋毫，辞连春藻。【艺文类聚·职官部·司徒墓志】（第971页）

按："折"，四库本作"析"，是也。查《艺文类聚》作"析"。

4. 见者口，麟如麟也。【弘明集·牟子理惑论】（第971页）

按："口"，八十卷本、四库本皆作"曰"，是也。查《弘明集》作"曰"。

卷八十七

重以公旦多材，襦其徽烈。【文心雕龙·原道】（第973页）

按："襦"，八十卷本同。四库本作"缛"。查《文心雕龙》作"振"。"襦""缛"为"振"字形讹。

卷八十九

要当以为学者之山渊，使属笔者得采代渔猎其中。【抱朴子外篇·钧世】(第994页)

按："代"，八十卷本同。四库本作"伐"，是也。查《抱朴子外篇》作"伐"。

卷九十

言上求言，不贯为言之胍络。【玉皇本行集经】(第1009页)

按："胍"，八十卷本同。四库本作"脉"。未详孰是。

卷九十二

1. 思有所至，有身不暇狥也。【王充论衡·书解篇】(第1026页)

按："狥"，八十卷本、四库本皆作"狥"。查《论衡》作"徇"。

2. 将令学者，原始要终，寻其指叶。【杜氏解·左传序】(第1034页)

按："指"，八十卷本同。四库本作"枝"，是也。查《春秋经传集解》作"枝"。

卷九十三

1. 今夫蹶者，趍也。【孟子·公孙丑上】(第1039页)

按："也"，八十卷本同，四库本作"者"，是也。查《新编诸子集成》所收《孟子》作"者"。

2. 有荏染然柔忍之木……可以为法矣。【毛诗正义·折】(第1043页)

按：出处"毛诗正义·折"，八十卷本同。四库本"折"作"抑"。查《毛诗正义》，出处应为《毛诗正义·抑》。

3. 和氏之璧由井里之困，砻之以砥砺，错之以他山，故能致连城之价，为命世之宝。【魏志·文帝纪注】（第 1043 页）

按："困"，八十卷本同。四库本作"田"，是也。查《二十五史》所收《魏志》作"田"。

4. 砥所以致于刃，学所以尽其才。【盐铁论·殊路】（第 1044 页）

按："砥"，八十卷本、四库本作"砥"。查《盐铁论》作"砥"。

卷九十五

僬侥官师所不林也。【国语·晋】（第 1065 页）

按："林"，八十卷本同。四库本作"材"，是也。查《国语·晋语》作"材"。

卷九十六

向挚之处乎商，典非恶也，无共本也。【吕氏春秋·处方】（第 1074 页）

按："共"，八十卷本、四库本作"其"。查《吕氏春秋》作"其"。

卷九十八

1. 夫钧月非阳燧也，所以耐取大者。【王充论衡·率性篇】（第 1099 页）

按："大"，八十卷本同。四库本作"火"，是也。查《论衡》作"火"。

2. 是以人性虽质，处剑即凶。【文苑英华·庾信连珠】（第 1101 页）

按："人"，八十卷本同。四库本作"金"，是也。查《文苑英华》作"金"。

卷九十九

葛天八关，神农五弦，事与功偕，其来尚矣。【玉海·音乐·乐】（第

1114 页）

按："关"，八十卷本同。四库本作"阆"，是也。查《隋书》作"阆"。

卷一百

君弗食，孰敢强之。【韩非子·难二】（第 1122 页）

按："之"，八十卷本同。四库本作"也"，是也。查《韩非子集解》作"也"。

卷一百一

1. 不得其纪纲，还受其殃也。【河上公注老子·制惑】（第 1135 页）

按：句首八十卷本有"其"字，四库本无。查《河上公注老子》作"不得纪纲"。

2. 今天下之被诙者……民欺而不治也。【盐铁论·后刑】（第 1135 页）

按："诙"，四库本作"诛"，是也。查《盐铁论》作"诛"。

卷一百二

百海之海，不能饮一夫。【尉缭子·治本】（第 1144 页）

按："海"，八十卷本、四库本皆作"里"，是也。查《尉缭子》作"里"。

卷一百三

风沙之民，自攻其君，而归神农。【吕氏春秋·用民】（第 1152 页）

按："风"，八十卷本同。四库本作"凤"，是也。查《吕氏春秋》作"凤"。

卷一百四

1. 材贡櫄干，枯栢篠簜也。【郑氏注·周礼天官太宰】（第 1157 页）

按："枯"，八十卷本同。四库本作"栝"，是也。查《附音释周礼注疏》作"栝"。

2. 今为濡足之故，不救溺人，可乎？【新序节】（第1165页）

按：出处"新序节"，八十卷本、四库本皆作"新序节七"，是也。查《新序》，出处应为《新序·节士》。

卷一百五

主好本则民好垦草……而况愉乐音声之化乎。【管子·七臣七十一】（第1171页）

按：出处"管子·七臣七十一"，八十卷本、四库本皆作"管子·七臣七主"，是也。查《管子》，出处应为《管子·七臣七主》。

卷一百六

1. 或时大平气和……岂必有常类哉。【王充论衡·讲瑞篇】（第1184页）

按："大"，八十卷本同。四库本作"太"，是也。查《论衡》作"太"。

2. 上之亲下也如腹心，则下之亲上也，如保子之见慈母也。【大戴礼记·王言】（第1185页）

按：出处"大戴礼记·王言"，四库本"王"作"注"。查《大戴礼记》，出处应为《大戴礼记·主言》。"王""注"为"主"字形讹。

卷一百七

1. 若饥者之见美拿也，民之号呼而走之。【吕氏春秋·荡兵】（第1196页）

按："拿"，八十卷本同。四库本作"食"，是也。查《吕氏春秋》作"食"。

2. 火之所务，焚烧山林不别嘉谷。【太玄经·第二务解】（第1199页）

按：出处"太玄经·第二务解"，八十卷本同。四库本作"太玄经·二务解"。未详孰是。

卷一百八

驱而往，驱而来，若知所之。【孙武子·九地】（第1202页）

按："若"，八十卷本同。四库本作"莫"。未详孰是。

卷一百九

1. 扬之水，不流束楚。扬之水，不流束蒲。【诗·国风·杨之水】（第1212页）

按：出处"诗·国风·杨之水"，八十卷本同。四库本"杨"作"扬"，是也。查《诗经》，出处应为《诗·国风·扬之水》。

2. 言其枯槁，无润下民，不得王恩亦如是也。【毛诗正义·召昊】（第1213页）

按：出处"毛诗正义·召昊"，八十卷本同。四库本"昊"作"旻"，是也。查《毛诗正义》，出处应为《毛诗正义·召旻》。

3. 有复于王曰：吾力足以举百钧，而不足以举一羽，明足以察秋毫之末，而不见舆薪。【孟子·梁惠王上】（第1213页）

按："王"，八十卷本后无"者"字，四库本有"者"字，是也。查《新编诸子集成》所收《孟子》作"有复于王者"。

卷一百十

1. 譬若共面，斯盖谓大、小、窳、隆、丑、美之形。【后汉书·霍谞列传】（第1224页）

按："共"，八十卷本、四库本皆作"其"，是也。查《二十五史》所收《后汉书》，作"其"。

2. 譬若同陂而溉田，其受水钧也。【淮南子·齐俗训】（第1225页）

按:"钧",八十卷本同。四库本作"均",是也。查《淮南子》作"均"。

3. 犹彼曰而我白之,从其白于外也。【孟子·告子上】(第1230页)

按:"曰",八十卷本、四库本皆作"白",是也。查《新编诸子集成》所收《孟子》作"白"。

卷一百十一

1. 舒之幎于六合,卷之不盈于一握。【淮南子·原道论】(第1233页)

按:出处"淮南子·原道论",八十卷本、四库本"论"皆作"训",是也。查《淮南子》,出处应为《淮南子·原道训》。

2. 而寂漠者,音之主也。【淮南子·齐俗训】(第1234页)

按:"漠",八十卷本同。四库本作"寞",是也。查《淮南子》作"寞"。

3. 每肢有三节,三四十三,十二节。【春秋繁露·官制象天】(第1236页)

按:"十三",八十卷本同,四库本作"十二",是也。查《春秋繁露》作"十二"。

4. 心有所结,先凝为冰,心慕物涎出,心悲物泪出,心愧物汗出。【关尹子·八筹】(第1241页)

按:冰,八十卷本、四库本皆作"水",是也。查《关尹子》作"水"。

卷一百十二

1. 米出禾中,而禾未可全为美也。【春秋繁露·深察名号】(第1245页)

按:"美",八十卷本同。四库本作"米",是也。查《春秋繁露》作"米"。

2. 譬如真金,镕销冶链,既烧打已,无复尘垢,为显金性本清净故。【全光明最胜王经卷二】(第1246页)

按:"全光明最胜王经卷二",八十卷本、四库本"全"皆作"金",

是也。

3. 夫至人者，上窥青天，下潜黄泉，挥斥八极，神气不变。【列子·黄帝】（第 1247 页）

按："斤"，八十卷本同。四库本作"斥"，是也。查《新编诸子集成》所收《列子》作"斥"。

卷一百十三

1. 苟解提纲而振领，自然掘土而得金。【玉皇木行集经】（第 1254 页）

按：出处"玉皇木行集经"，八十卷本、四库本皆作"玉皇本行集经"，是也。

2. 云何乌心？谓一切处惊怖思念。【大毗卢遮那成佛神变加待经诗一】（第 1254 页）

按：出处"大毗卢遮那成佛神变加待经诗一"，八十卷本、四库本"待"皆作"持"，是也。

3. 譬如防水，善治堤塘，勿漏而已。【中木起经比丘品】（第 1255 页）

按：出处"中木起经比丘品"，八十卷本、四库本"木"皆作"本"，是也。

4. 善行无辄迹，善言无瑕谪。【老子·巧用】（第 1256 页）

按："辄"，八十卷本作"輙"。四库本作"辙"，是也。查《新编诸子集成》所收《老子》作"辙"。

5. 不着眼界，不着耳鼻舌自意界。【波罗蜜多经卷八】（第 1262 页）

按："自"，八十卷本同。四库本作"目"。查《大藏经》所收《波罗蜜多经》作"身"。"自""目"为"身"字形讹。

6. 当摄汝六情，闭其心意，妄想不生，仁得解脱，何必不见，欲使不生。【百喻经卷上】（第 1263 页）

按："仁"，八十卷本同。四库本作"人"。皆误。查《大藏经》所收《百喻经》原文作"便"。"便"疑有俗字"俩"。此处是先因"便"的俗字字形而误作"仁"，后又被误改为"人"。

卷一百十四

1. 不见可欲，使心不乱，是以恶迹止步，灭影即阴。【艺文类聚·食物部·酒成】（第1265页）

按：出处"艺文类聚·食物部·酒成"，八十卷本、四库本"成"皆作"戒"，是也。查《艺文类聚》，出处应为《艺文类聚·食物部·酒戒》。

2. 传弥仁口，若羿也，喜惧为之灾，万金为之患矣。【太平御览·工艺部·射中】（第1265页）

按："口"，八十卷本、四库本皆作"曰"，是也。查《太平御览》作"曰"。

3. 木澄秽除，清净无垢即自见。【佛说四十二章经尺一】（第1267页）

按："木"，八十卷本、四库本皆作"水"。未详孰是。

4. 欲如段肉，众鸟竞逐，以要言之，如蛾赴火，如鱼吞钩，如鹿逐声，如渴饮咸水。【三珠法门经卷下】（第1268页）

按：出处"三珠法门经卷下"，八十卷本、四库本皆作"三昧法门经卷下"，是也。

5. 中央之帝为浑沌，儵与忽时相与遇于浑沌之地。【庄子·应帝王】（第1269页）

按："相与遇"，八十卷本同。四库本作"相遇"，是也。查《新编诸子集成》所收《庄子》作"相遇"。

6. 知券契而信衰，知械机而实衰也。【淮南子·泰族训】（第1271页）

按："机"，八十卷本同。四库本作"机"，是也。查《淮南子》作"机"。

7. 夫水之性清，土者拍之，故不得清。人之性寿，物者拍之，故不得寿。【吕氏春秋·本生】（第1273页）

按："拍"，八十卷本同。四库本作"扣"，是也。查《吕氏春秋》作"扣"。

8. 焦氏之热，凝冰之寒，皆喜怒并积之所生。【郭子注·庄·在宥】（第1273页）

按："氏"，八十卷本同。四库本作"火"，是也。查《新编诸子集成》所收《庄子集释》作"火"。

卷一百十五

1. 原宪窭于鲁，子贡殖于卫，原宪之窭损生，子贡之殖累身。【列子·杨朱】（第 1275 页）

按："赍"，八十卷本、四库本皆作"贡"，是也。查《新编诸子集成》所收《列子》作"贡"。

2. 虽然夜半有力者员而趋，寐者不知，犹有所遁。【淮南子·俶真训】（第 1276 页）

按："员"，四库本作"负"，是也。查《淮南子》作"负"。

卷一百十六

蚊虻堕山，适足翱翔；咒虎之坠，碎而为此。【抱朴子外篇·如止】（第 1289 页）

按：出处"抱朴子外篇·如止"，八十卷本同。四库本"如"作"知"，是也。查《抱朴子外篇》，出处应为《抱朴子外篇·知止》。

卷一百十七

1. 虽未及婴孩之全，方于少壮，问矣。其在死亡也，则之于息焉，反其极矣。【列子·天瑞】（第 1298 页）

按："问"，八十卷本、四库本作"间"，是也。查《新编诸子集成》所收《列子》，作"间"。

2. 物食长喙，谷食短味，搏则利嘴，鸣则引吭。【师旷·禽经】（第 1301 页）

按："味"，八十卷本、四库本皆作"咮"，是也。查《师旷·禽经》作"咮"。

卷一百十八

有曰：信天缘者，常开口侍鱼。【尔雅·翼鹈】（第1311页）

按："侍"，八十卷本、四库本皆作"待"，是也。查《尔雅》作"待"。

卷一百十九

1. 良玉比德君子……入秦相如抗节。【文选·魏文武与钟大理书】（第1317页）

按：出处"文选·魏文武与钟大理书"，四库全书本作"文选·魏文帝与钟大理书"，是也。查《文选》，出处应为《文选·魏文帝与钟大理书》。

2. 其黄金树曰银为叶。【大集菩萨三昧经卷一】（第1319页）

按："曰"，四库本作"白"。未详孰是。

3. 明珠一斛，贵如王者。【述异记上】（第1320页）

按："王"，四库全书本作"玉"，是也。

4. 凡字：朋者，羽虫之属；乌者，日中之禽；舃者，知太岁之所在。【许氏说文卷】（第1320页）

按：出处"许氏说文卷"，八十卷本、四库本皆作"许氏说文卷一"，是也。

5. 今入则以背毛为裘，而弃其白，盖取厚而温也。【前汉书注·匡衡】（第1320页）

按：出处"前汉书注·匡衡"，八十卷本、四库本皆作"前汉书注·匡衡传"，是也。又，"入"，查《汉书》作"人"，是也。

卷一百二十

1. 一器而上，聚焉者车为多。【周礼考上记】（第1324页）

按：出处"周礼考上记"，八十卷本、四库全书本皆作"周礼考工记"，是也。查《附音释周礼注疏》，作《周礼·考工记》。

2. 辐广而凿浅，则是以大机，虽有良工，莫之能固。【周礼·考工记】（第1324页）

按："机"，八十卷本、四库本皆作"扷"，是也。查《附音释周礼注疏》作"扷"。

3. 啼人者绊其足，啮人者截其耳。【埤雅·品物门·大】（第1328页）

按：出处"埤雅·品物门·大"，四库本作"埤雅·品物门·犬"，是也。查《埤雅》，出处应为《埤雅·品物门·犬》。

第二节 《喻林》万历一百二十卷本所引佛教文献致误原因分析

从校勘实际来看（详见本章第一节），《喻林》万历一百二十卷本（以下简称底本）的致误原因大致可以分为误、脱、衍、倒四种情况。其中"误"的类型最多，可以分为因同音致误、因衍文致误、因脱文致误、因倒文致误、因音近致误、因形近致误、因音同形近致误、因音近形近致误等原因。除此之外，就《喻林》这本书来说，还有其他一些特点。比如：故事性强的部分错少，理论性强的部分错误多；或因刻工不熟悉典籍名称，出处部分也有不规范及出现错字的情况；或因徐元太引用比喻并非完全照搬，很多比喻乃拼接剪辑而成，在这个过程中也难免会出现错误等。下面我们来一一分析底本的错误类型和致误原因（以下所引例句都出自万历一百二十卷本）。

一、衍

因衍文致误的情况在底本出处的标注中出现得比较频繁。如《君道门十·去谗》："众口铄金，积毁销骨，丛轻折轴，羽翮飞肉，纷惊缝罗，潜然出涕。【前汉书·景十三年王传】"查《汉书》，该例底本出处中的"景十三年王传"应为"景十三王传"，相比之下，底本衍了一个"年"字。又如《人事门十七·讥调》："宋明帝纪胡母颢……橐禾绢谓上也。【困学纪奏闻卷十七·评文】"查《困学纪闻》，底本出处中的"困学纪奏闻"应为"困学纪闻"，相比之下，底本衍了一个"奏"字。

此外，因衍文致误的情况还出现在底本的内容中。如《性理门五·去智》："儵与忽时相与遇于浑沌之地，浑沌待之甚善。【庄子·应帝王】"查《庄子》可知，底本句中"相与遇"应该为"相遇"，相比之下，底本衍了一个"与"字。

二、脱

因脱文致误的情况在底本内容和出处中都有所反映，我们首先来看在所引内容中出现的脱文的情况。如《人事门四十·阅风》："行贤哲之事，犹夜佩珠玉也，亦灼然矣。【意林·傅子】"查《意林》原文，底本第二句应为"犹夜行佩珠玉也"，相较之下，底本脱了一个"行"字。又如《人事门三·自取》："晋文公时，翟人有封狐文豹之皮者，文公喟然叹曰：封狐文豹何罪哉，以其皮为罪也。【说苑·政理】"查原文"有"后有"献"字，相较之下，底本此处脱"献"字。

再来看脱文在出处中的情况。如《人事门八·审具》："乘筏渡河，虽深不殆。【焦氏易林·同之巽】"返查《焦氏易林》原文，底本出处中"同之巽"应为"同人之巽"，相较之下，底本脱"人"字。又如《人事门一·言行》："知言而不能行谓之疾，此疾虽有天医，莫能治也。【意林·仲长昌言】"查《意林》，发现底本处中的"仲长"应为"仲长统"，底本脱"统"字。

三、倒

因倒文致误的情况基本出现在底本所引内容的出处中。如《造化门二·所主》："五音非宫不调，五味非甘不和。【隋书·音乐下志】"查《隋书》，发现底本出处中的"音乐下志"应为"音乐志下"，"下志"与"志下"实为倒文。又如《人事门四十六·倒置》："冠履倒错，珪瓺莫辨。【梁书·武帝中纪】"查《梁书》，底本出处中的"武帝中纪"应为"武帝纪中"，"中纪"

与"纪中"也为倒文。倒文也有偶尔出现在句中的情况，如《人事门四十九·悖理》："且生而可养，则及日可与千松比霜，朝菌可与万椿齐雪耶？【弘明集·折夷夏论】"查《弘明集》，底本句中的"及日"应为"日及"。

四、讹

主要是字的讹误，例子见下文。《喻林》底本中的很多错误都与两字音近、形近有关，这两个致误原因既可以单独来分析，也可以结合起来分析。单独来分析，可以分为因音近致误和因形近致误两大类；两者结合起来看，可以产生因音近形近而误和因音同形近而误的致误方式。

1. 因音近致误

这种致误方式重点强调的是音近而不考虑是否形近。如《人事门五十五·不量》："岂可以藕耕，中丝悬须弥山耶？【本缘经·毗罗摩品】"查《本缘经》原文，底本句中"耕"应为"根"，"耕"和"根"古音相近，但字形相去甚远。又如《德行门五·妇道》："小星惠及下也，夫人无妒忌之行，惠及贱妾，进御于君，知其命有贵贱，能尽其心矣。【毛诗·小心】"查《毛诗》，底本出处中的"心"有误，应该为"星"。"心"和"星"字音相同，但字形完全不同。

2. 因形近致误

这种致误方式与第一种相反，重点强调的是形近而不考虑是否音近。如《人事门五·赏誉》："刘孝标目刘訏，超然越俗，如半天未霞。【何氏语林·赏誉】"考察《何氏语林》，底本句中的"未"应为"朱"，这两个字的字形十分相近，但读音却差别很大。又如《人事门九·审宜》："凡邦国之使节，山国用虎节，士国用人节，泽国用龙节。【周礼·地官·掌节】"查《周礼》，底本句中的"士"应为"土"。再如《人事门四十·通才》："次五达子中衢，大小无迷，测曰：达于中衢，道四通也。【太玄经·第二达】"查《太玄经》原文，底本"子"应作"于"。

还有因所引原书用异体字而导致形近而误的，如："掇怀珠之蜂于九渊之底，指含光之珍于积石之中。【抱朴子外篇·清鉴】"底本"蜂"，八十卷本作"蜂"，四库全书本作"蚌"，查考上古本《抱朴子外篇》作"蚌"，是也。"蚌"有异体作"蜯"，与"蜂"形近。

3. 因音同致误

这里仅强调"音同"，不考虑字形是否相近，《喻林》底本中因此致误的情况很少。如《造化门二·感应》："夫天地闭，大祲生，云雷屯，群凶作。【晋书·乞伏国人列传】"查《晋书》原文，该句应出自《晋书·乞伏国仁列传》，底本把出处中的"仁"写成"人"，两字音相同，但字形殊异。

4. 因音同形近致误

这种致误方式指两字不仅音同，而且形近。如《人事门二十一·逐势》："所论荐，则蹇驴蒙龙俊之价；所中伤，则孝已受商臣之谈。【抱朴子外篇·刺骄】"查《抱朴子内外篇》，底本"俊"应为"骏"，这两字音同，而且声旁一致。又如《人事门十一·戒泥》："昔有一人，娉取二妇。若近其一，为一所瞋。不能裁断，便在二妇中间，正身仰卧。值天大雨，屋舍淋漏，水土俱下，堕其眼中。以先有要，不敢起避，遂令二目俱失其明。【百喻经卷下】"查《百喻经》，原文中的"娉"应该为"聘"，这两字音同，而且声旁一致。

5. 因音近形近致误

这种致误方式不仅强调音近，而且强调形近。如《人事门三·自取》："道家言枉煞人者，是以兵刃而更相煞，其取非义之财，不避怨根，譬若以漏脯救饥，鸩酒解渴，非不暂饱，而死亦及之矣。【抱朴子内篇·微旨】"查《抱朴子》原文，底本句中"根"应为"恨"，这两字音近，且有相同的声旁。又如《君道门六·得人》："人主得地百里则喜，四境皆货。【太平御览·礼仪部·贺】"查《太平御览》原文，底本句中"货"应为"贺"，这两字音近，且有相同的形旁。

五、因各种其他原因致误

1. 不明句意内容

这种错误主要是因作者不了解所引譬喻句及其上下文的含义而形成。

如《人事门七·辨实》"譬如有人立梯空地，余人问言：立梯用为？【长阿含经卷十六】"，底本句中"用"应该为"何"，意为"立着梯子有什么用呢？"。查《长阿含经》原文，此处是因底本不明句意内容，导致错误。又如《人事门四十五·乖异》"天气生腾，地气下降，二象分离，万物不交也。【京氏易传·否上】"，查《京氏易传》原文，底本"生"应该为"上"，按句内前两句的逻辑关系，应该为"天气上腾"。正是因为没有明白句中内容的逻辑关系，才出现错误。

2. 不明上下文体例

这里的体例是从逻辑层面来讲的。也就是说，我们可以通过上下文相对应位置的用词情况，或通过对上下文语意的理解来判断相对应位置上的用字或用词。如《人事门九·心隐》"不洁在面，人皆耻之；不洁其心，人不肯愧，以面露外。【刘子·心隐】"，查《刘子》原文，底本句中"其"应该为"在"。其实如果留意到了相似句子结构的"不洁在面"，就不难推出与之对应的"不洁其心"的错误之处。又如《臣术门一·守正》"上九角解豸，终其直，其有施。测曰：角解豸，终以直之也。【太玄经·第六难】"，查《太玄经》，底本中的"其"应和下文一样，作"以"。再如《政治门六·明刑》"代天杀者，失纪纲，不得其纪纲，还受其殃也。【河上公注老子·制惑】"，查《河上公注老子》，底本中的"不得其纪纲"应为"不得纪纲"，也应该与后文一致。

3. 不明出处

这里的不明出处是指所选譬喻句的出处有误，并非完全是作者主观上不明出处，很有可能是客观上抄错或弄错。如《人事门十四·同归》："地之相去也，千有余里，世之相后也，千有余岁，得志行乎中国，若合符节。【孟子·离娄上】"查《孟子》原文，底本句中"离娄上"应该为"离娄下"。又如《人事门十五·难知》："远哉天之道也……迎浮云莫知其极。【黄帝素问内经·六微旨人论】"查《黄帝素问内经》，底本句中的"六微旨人论"应该为"六微旨大论"。再如《人事门三十六·见节》："弧弓弛而不张兮，孰云知其所至，无倾危之患难兮，焉知贤士之所死。【楚辞·东方朔哀命】"查《楚辞》，底本出处中的"哀命"应该为"谬谏"。

4. 义近而误

义近而误是指底本中的误字和正确的原字意义相近。如《人事门十九·势阻》"所以者何？毛毬轻搏，户扇平直，是故不受。【中阿含经卷二十】"，查《中阿含经》，底本句中"直"应为"立"。又如《君道门十·去谗》"二五卒，与骊姬谮群公子，而直奚齐，晋人谓之二五耦。【左传·庄公二十八年】"，查《左传》，底本句中"直"应为"立"。弄错的原因很可能跟上例相同，因为单独来看，"直"和"立"的意义相近。再如《君道门五·戒侈》"有一于此，足以亡其国。今王君兼此四者，可无戒与。【战国策·魏惠王】"，查《战国策卷二十三》，底本中的"王"应该为"主"，"王君"和"主君"意义也比较相近。

值得一提的是，很多时候，《喻林》四库全书本和底本之间的很多差异找不出任何相关性。如《造化门二·自然》："秋风下霜，到生挫伤，鹰鹏抟鸷，昆虫蛰藏，草木注根，鱼鳖凑渊，莫见其为者，灭而无形。【淮南子·原道训】"底本"到"，四库全书本作"群"，《淮南子集释》作"倒"，又谓"诸本俱作到"。《庄子·外物篇》："春雨日时，草木怒生，铫耨于是乎始修，草木之到植者过半而不知其然。"可见，作"到"为是。古"到""倒"通。不知四库全书本为何作"群"，是臆改，还是另有所据？又如《人事门二·交接》"诋毁坏颁颈之契，渐渍释胶漆之坚。【抱朴子外篇·交际】"，查《抱朴子》原文，底本"颁"，四库本作"刿"。这两个字的意义相去甚远，我们猜测或许四库全书在收录《喻林》时参校了其他版本。但事实到底如何，有待全面考察之后才能得出结论。

《喻林》底本中还有短语或短句运用有误的情况。如《人事门十·考伪》"谓或幻作男、女、大、小，谓或幻作象、马、牛羊、驼驴、鸡等种种禽兽。【波罗蜜多经卷四百七十二】"，查《大正藏》，底本中的"谓或"应作"或复"。又如《人世门十四·同归》"圣人与圣也，犹规之相周，矩之相袭，值当也。【李善注文选·颜延年释奠会诗】"，查《文选》，出处少了"皇太子"一词，应为《李善注文选·颜延年皇太子释奠会诗》。

第三节 《喻林》所引佛教文献的问题

本节从本章第一节《喻林》校勘记中整理出与佛教文献相关的校勘内容，并挑出典型的例子，主要从出处、正文以及所引文献与佛典文献原意义上的差别来研究《喻林》引用佛教文献的过程中所出现的问题。

一、《喻林》所引佛教文献出处中的致误原因分析

（一）形近而误

《喻林》所引用佛教文献出处中有很多因形近而致误的例子。如《人事门·失道》："如角求乳，无明覆故。【太智度论卷二十三】"该例底本出处中的"太"，八十卷本、四库全书本皆作"大"，查《大正藏》中《大智度论》，出处中的"太"应为"大"。又如《性理门·治性》："譬如真金，镕销冶链，既烧打已，无复尘垢，为显金性本清净故。【全光明最胜王经卷二】"该例底本出处中的"全"，八十卷本、四库本皆作"金"，查《大正藏》中《金光明最胜王经》，出处中的"全"应为"金"。又如《性理门·守要》："云何乌心？谓一切处惊怖思念。【大毗卢遮那成佛神变加待经诗一】"该例底本出处中的"待"，八十卷本、四库本皆作"持"，查《大毗卢遮那成佛神变加持经》，出处中的"待"应为"持"。再如《性理门·守要》："譬如防水，善治堤塘，勿漏而已。【中木起经比丘品】"底本出处中的"木"，八十卷本、四库本皆作"本"，查《大正藏》中《中本起经》，出处中的"木"应为"本"。

（二）不明卷数而误

《喻林》所引用佛教文献出处中有很多因不明卷数而致误的例子。如《人事门·计失》："譬如人在宝洲，但得水精珠，则所利益薄。【大智度论七十九】"底本出处为"大智度论七十九"，八十卷本同，四库本作"大智度

论卷七十九"。但查《大藏经》所收《大智度论》原文，该句出自该书第八十卷。又如《人事门·忽己》："譬如药师，持药囊行，而自身病不能疗治。【大宝积经卷一百一十一】"底本出处为"大宝积经卷一百一十一"，八十卷本、四库本"一百一十一"皆作"一百一十二"，查《大藏经》所收《大宝积经》原文，该句出自该书第一百一十二卷。

（三）其他原因致误

《喻林》所引用佛教文献出处中，还有很多其他原因致误的例子。我们这里所说的其他原因，指的是致误的原因没有规律。如《人事门·修治》："身譬如地，善意如禾，恶意如草。不去草秽，禾实不成。人不去恶意，亦不得道。【三慧经鼎八】"查出处"三慧经鼎八"，八十卷本、四库本"鼎"皆作"藉"，是也。又如《人事门·重本》："譬如一切草木，丛林依地为根本。【法集经·欲四】"查出处"法集经·欲四"，八十卷本同，四库本"欲"作"卷"，是也。查《大正藏》所收《法集经》，该句也在该经第四卷。

二、《喻林》所引佛教文献正文中的致误原因分析

（一）音近而误

《喻林》所引佛教文献正文中，有很多错误是因音近而误。如《人事门·辨实》："此中一节，若王若军，皆非实有，都无自性。【波罗蜜多经五百八十七】"该例中底本"节"，八十卷本同，四库本作"切"，是也。查《大藏经》所收《波罗蜜多经》亦作"切"。又如《人事门·戒泥》："昔有一人，娉取二妇……遂令二目俱失其明。【百喻经卷下】"该例中底本"娉"，八十卷本同，四库本作"聘"，是也。查《大藏经》所收《百喻经》原文，亦作"聘"。又如《人事门·易知》："犹如罗穀观空，表里悉现。【出曜经·八行品】"该例中底本"穀"，八十卷本作"穀"，四库本作"縠"，是也。查《大藏经》所收《出曜经》亦作"縠"。

（二）音同而误

虽然以下几个例子中的用字既音同又形近，但由于第三部分将会专门讨论形近而误的问题，在此我们还是主要关注音同而误的问题。如《人事门·分量》："一日熏衣，瞻卜华婆师华。【大方广佛华严经卷五十九】"该例中底本"瞻"，八十卷本作"瞻"，四库本作"薝"，是也。查《大藏经》所收《大方广佛华严经》，亦作"薝"。又如《人事门·明觉》："欲得五眼，所谓肉眼、天眼、彗眼、法眼、佛眼。【波罗蜜多经卷二】"该例中底本"彗"，八十卷本同，四库本作"慧"，是也。查《大藏经》所收《波罗蜜多经》，亦作"慧"。又如《人事门·利人》："譬如刹利灌顶大王，多有仓瘭盈储谷豆……于饥馑世当济群生。【大宝积经二十】"该例中底本"瘭"，八十卷本作"廪"，四库本作"廪"，是也。查《大正藏》所收《大宝积经》，亦作"廪"。再如《人事门·荒纵》："譬如有牛厌患车故，欲使车坏，前车若坏，续得后车，柅其项领。【法苑珠林卷八十九】"该例中"柅"，八十卷本作"柂"，四库本作"扼"。查《大藏经》所收《法苑珠林》，原文作"轭"。"柅""扼"皆"轭"字音近亦形讹。

（三）形近而误

《喻林》所引佛教正文中有很多错误是因形近而误导致的。如《人事门·因诧》："譬如射师有诸弟子，虽未惯习，其师扳艺，然其智慧方便善巧，余一切人所不能及。【大方广佛华严经卷七十八】"该例中底本"扳"，八十卷本同，四库本作"技"，是也。查《大藏经》所收《大方广佛华严经》亦作"技"。又如《人事门·无方》："日殚生于北狄，侍汉武而除危害，臣既有之师亦宜尔，何必取同俗而舍其异方乎。【法苑珠林卷五十五】"该例底本中"殚"，八十卷本、四库本皆作"磾"，是也。查《大藏经》所收《法苑珠林》亦作"磾"。又如《人事门·计失》："譬加饿狗舍其主食，返从仆使而求觅。【波罗蜜多经卷三百三】"该例中底本"加"，八十卷本、四库本皆作"如"，是也。查《大藏经》所收《波罗蜜多经》亦作"如"。再如《人事门·

计失》："犬唯逐块，不如逐人，块终不息，外道亦尔，不知断生，终不离死。【波罗蜜多经卷五百六十九】"该例中底本"如"，八十卷本、四库本皆作"知"，是也。查《大藏经》所收《波罗蜜多经》作"知"。

（四）误字

《喻林》所引佛教正文中有很多错误是无规律可循的。这些错误很有可能是四库馆臣在抄写的过程中造成的。如《人事门·贵人》："我亦当鸣，不殊于卿。【长者音悦经尺二】"该例中底本"不"，八十卷本、四库本皆作"令"，是也。查《大藏经》所收《长者音悦经》原文亦作"令"。又如《人事门·易知》："故众事顿息，有异母人，见是相已，即知此女不久产生。【波罗蜜多经卷三】"该例中底本"母"，八十卷本同，四库本作"他"，是也。查《大藏经》所收《波罗蜜多经》亦作"他"。又如《人事门·势阻》："毛毬轻搏，户扇平直，是故不受。【中阿含经卷二十】"该例中底本"直"，八十卷本、四库本作"立"，是也。查《大藏经》所收《中阿含经》亦作"立"。实际上"直"和"立"意义相同，该例也可算作意同而误。

（五）其他

《喻林》所引佛教正文中还有很多其他类型的错误。如《人事门·考伪》："谓或幻作男、女、大、小，谓或幻作象、马、牛羊、驼驴、鸡等种种禽兽。【波罗蜜多经四百七十二】"该例中底本"谓或幻作"，八十卷本、四库本作"或复幻作"，是也。查《大藏经》所收《波罗蜜多经》亦作"或复幻作"。该例之所以比较典型，是因为该例与上文的字误不同，它是短语有误的代表。又如《性理门·去情》："当摄汝六情，闭其心意，妄想不生，仁得解脱，何必不见，欲使不生。【百喻经卷上】"该例中底本"仁"，八十卷本作"仁"，四库本作"人"，皆误。查《大藏经》所收《百喻经》原文作"便"。"便"疑有俗字"伒"。此处是先因"便"的俗字字形而误作"仁"，后又被误改为"人"。该例也比较典型，是因正确字形的俗字而误的情况，比较罕见。

三、《喻林》所引佛教文献与佛典原文之间的意义出入

《喻林》中出现了很多所引佛教文献与佛典原文意义差别巨大的情况。这种情况主要是徐元太未能很好地理解佛典原文。有的是因为他不顾全篇文章或谈话的内容,孤立地取其中的一段或一句而造成的。

如《造化门·生克》:"复有风轮,名为遍霔,劫火烧时,普于世界,降霔大雨。复有风轮,名为干竭,劫水漂时,能令彼水,悉皆枯涸。【大宝积经卷八十五】"查《大正藏》原文为:"复有风轮,名为遍霔,劫火烧时,普于世界,降霔大雨。复有风轮,名为干竭,劫水漂时,能令彼水,悉皆枯涸。如是风轮,我若具说,穷劫不尽,目连当知。于意云何?此之幻师,能于如是诸风轮中暂安住不?答言:不也。佛言目连:如来能于如是风轮,行住坐卧,得无摇动,又复能以如是风轮内芥子中,现诸风轮所作之事,然于芥子无增无损,而诸风轮不相妨碍。目连当知,如来成就幻术之法,无有限极。"①从佛典上下文意来看,该句是通过描写"风轮"能平复因"劫火""劫水"而产生的自然灾害,来说明如来幻术之法无有限极,由此进一步体现出佛法无边,具有普度众生的作用。但徐元太只看到了文中"火"与"雨"、"风"与"水"互相降服的现象,就把该条材料归入"生克",实为徐元太理解错误所致。

又如《人事门·克勤》:"乞食道人,至一聚落,从一家至一家,乞食不得。见一饿狗饥卧,以杖打之,言:汝畜生无智,我种种因缘,家家求食尚不得,何况汝卧而望得。【大智度论卷八十五】"查《大正藏》原文为:"佛以不着有法答:所谓精进修福,尚不可得,何况不修福。如受乞食道人,至一聚落,从一家至一家,乞食不得。见一饿狗饥卧,以杖打之,言:汝畜生无智,我种种因缘,家家求食,尚不能得,何况汝卧而望得。须菩提问世尊:有是供养诸佛等因缘,何故不得其果报?佛答:离方便故。方便者,所谓般若波罗蜜,虽见诸佛色身,不以智慧眼见法身,虽少

---

① (唐)三藏法师玄奘译:《波罗蜜多经》卷五百八十,《大正藏》第七册,第6108页。

种善根，而不具足，虽得善知识，不亲近咨受。"①该例从字面意思来看，好像宣扬的是"我"的勤劳，批判的是"狗"的懒惰，但联系佛典上下文，实际上这里讲的是佛教的因果报应思想。文中强调了"修福"的重要性，强调了世间的贫富贵贱都有其因缘，即有福德才有得，无福德则虽勤奋亦无可得。这里的"福德"就是指前修因缘，但徐元太只片面地选取该例的字面义加以理解，把该句放在"克勤"这个子目之下，实在是不合适。

还有的是因为例句和子目含义相去甚远，也就是说，徐元太没有很好地把例句归类，这样无形中给人们形成了理解上错误的暗示，从而导致了引用义和原义的巨大的差别。下面我们再用两个例子加以说明。

如《人事门·贵忘》："又如丽日，虽照十方，而不念言：我能遍照。【波罗蜜多经卷五百六十七】"查《大正藏》原文为："性本清净，恒自庄严，何以故？本性离染，无生无灭，遍一切法，自性离故。譬如盛日，虽破众闇，而不念言：我能破彼。甚深般若波罗蜜多亦复如是，虽破无始，一切随眠，而不念言：我能破彼。又如烈日，虽开莲华，而不念言：我能开彼。甚深般若波罗蜜多亦复如是，虽开菩萨摩诃萨心，而不念言：我能开彼。又如丽日，虽照十方，而不念言：我能遍照。甚深般若波罗蜜多亦复如是，虽照无边，而无照相。如见东方赤明相现，则是不久日轮当出。"②所引内容意为"太阳能普照万物，却不四处夸耀自己的功劳"。按道理来说，深受儒家思想影响的徐元太应把子目定为"不言"或"无言"更为恰切。徐元太就该句表面意思而把它放到"贵忘"这个子目之下，便导致了归类不当的情况出现。

又如《人事门·昏暗》："仆谓饵辛者，不知辛之为辛，而无羡于甜香；悦臭者，不觉臭之为臭，而弗耽椒兰。【弘明集·驳夷夏论】"查《大正藏》原文为："娄罗之辩，各出彼俗，自相领解，犹虫喧鸟聒，何足述效。仆

---

① （唐）菩提流志译：《大宝积经》卷八十四，《大正藏》第十一册，第730页。

② （唐）三藏法师玄奘译：《波罗蜜多经》卷五百六十七，《大正藏》第七册，第5972页。

谓饵辛者，不知辛之为辛，而无羡于甜香；悦臭者，不觉臭之为臭，而不耽椒兰。犹吾子沦好淫伪，宁有想于大法。夫圣教妙通，至道渊博，既不得谓之为有，亦不得谓之为无，无彼我之义，并异同之说矣。"①在该例中，徐元太没有正确理解引文意义而把该譬喻归类为"昏暗"，实在不妥。

① 释僧佑撰：《弘明集》卷七，《大正藏》第五十二册，第78页。

结　语

从整体来看，本书注重从文献学的角度研究《喻林》的体例，也注重从修辞学的角度研究《喻林》中的"喻"，以及从这两个角度对《喻林》所引宗教文献进行研究。还注重从校勘学的角度研究《喻林》三个版本（一百二十卷本、八十卷本、四库全书本）之间的差异，进而对底本即万历一百二十卷本进行校勘。其中，对《喻林》校勘学方面和文献学方面的研究可以弥补前人研究之不足，而对《喻林》修辞学方面以及所引宗教文献的研究，则是对该书研究的新角度，也是本书的亮点所在。此外，本书的创新点如下：

第一，弄清了《喻林》引佛典的准确情况，发现并非如作者所说只引唐代以前的佛典。从《喻林》引用佛典的具体情况来看，除了失译的佛经以外，《喻林》引用的两百余种佛教典籍中，大多是六朝时的汉译佛经，但也有一些是唐、宋两代高僧译出的。据本人统计，由唐代高僧译出的佛经有三十四种，如《大毗卢遮那成佛神变加持经》《金光明最胜王经》《佛说佛地经》等。宋代佛经有七种，如《医喻经》《佛说旧城喻经》《佛说净饭王般涅槃经》等。从这一点来看，徐元太在《喻林·自序》中所说的引用书目出自"六朝以上"，是有失偏颇的。

第二，全面分析了《喻林》所收材料的性质，发现除了比喻外，还有属于比拟、类推、象征、起兴和对宇宙、世界的起源、构成及运转机制的阐释文字，从而得出了古代的"喻"比现代的"喻"范围广的结论。类推和用来解释世界万事万物变化原因的阴阳五行被收入《喻林》，充分显示该书作者对中国特色的隐喻思维方式的深刻理解。

类推思维是比喻形成的根源，在先秦诸子典籍中运用非常普遍。提到类推，我们就不得不提到连珠。在中国传统逻辑中，连珠具有作为"化石"的重要意义①，因为它是古人最早将推类思想形式化的一种标记。如班固《拟连珠》："臣闻良匠度其材而成大厦，明主器其士而建功业。"此处班固将"英明的君主"与"良好的工匠"在成其业的行为上作类比。又如陆机《演连珠》："臣闻：音以比耳为美，色以悦目为欢。是以众听所倾，非假北里之操；万夫婉娈，非俟西子之颜。故圣人随世以擢佐，明主因时而命官。"此类连珠乃陆机首创，常以"臣闻"起头，"是以"为转合，最后以"故"来引申结尾。

《喻林》中也包含了很多连珠。据本人统计，该书中所包含的连珠有两百余条。如《人事门·感通》："触非其类，虽疾弗应感，以其方虽微则顺，是以商飙漂山不兴盈尺之云，谷气乘条必降弥天之润。故暗于治者，唱繁而和寡，审乎物者，力约而功峻。【文选·陆机·演连珠】"该连珠用自然中的现象引申到政治层面，言简意赅，哲理性强。据本人研究，《文选·陆机演连珠》中的五十首，《喻林》收录了三十六首。从《喻林》中大量收录包含类推思想的譬喻句特别是连珠句来看，徐元太认为类推，且能代表类推的连珠也是比喻。

从内容上来看，《喻林》中还包含很多与古代宇宙论、本体论相关的解释说明。中国古代宇宙论以气论、太极阴阳论最为有名。"气"的概念源于《周易》，《易经·乾卦·第一》曰："潜龙勿用，阳气潜藏。"又《易传·系辞上》曰："易有太极，是生两仪，两仪生四象，四象生八卦，是故法象莫大乎天地，变通莫大乎四时。"这里"太极"指天地未分之前的元气。"气"又分为阴阳二气，阴阳二气相互作用，相摩相荡，氤氲交感，则产生宇宙万物，并推动其发展和变化。

在中国古代哲学中，本体论叫作"本根论"，它指探究天地万物产生、存在、发展变化的根本原因和根本依据的学说。中国古代哲学家一般都把

---

① 李世跃：《从连珠体的构成看中国传统思维方式》，《江淮论坛》1991 年第 2 期。

天地万物的本根归结为无形无象的与天地万物根本不同的东西，这种东西大体可以分为三类：一是没有固定形体的物质，如"气"；二是抽象的概念或原则，如"理"；三是主观精神，如"心"。这三种观点分别归属于朴素唯物主义、客观唯心主义和主观唯心主义。

　　古代的宇宙论、本体论都是比较抽象的概念，与我们所熟知的现实世界有距离。《喻林》中涉及这方面的内容一般都在《造化门》中，如：

　　　　夫天者，统元气焉，非止荡荡苍苍之谓也；地者，统元形焉，非止山川丘陵之谓也；人者，统元识焉，非止圆首方足之谓也。【文中子·立命】　　（《造化门一·形气》）

　　该例中提到了古人认为天统元气、地统元形、人统元识的观念。又如：

　　　　宋均曰："浑浑混混，鸡卵未分也。"【文选·江赋】　　（《造化门一·形气》）

　　该例引用别人的话，解说了元始的宇宙的混沌状态，给我们呈现了古人对于宇宙的观念。再如：

　　　　日薄星回，穹天所以纪物，山盈川冲，后土所以播气。【文选·陆士衡演连珠】　　（《造化门一·形气》）

　　该例也向我们传递了"气"的概念。徐元太在《喻林》中不仅收录了儒家思想中关于宇宙论、本体论的内容，也收录了佛教中很多与之相关的内容。因为佛教为外来宗教，其在解释宇宙观的时候，也与中土的宇宙观有较大差别。如《造化门·消息》："大海江河，犹有枯竭。万仞大鱼，曝脊在外。【出曜经一·无常品】"该例想象奇特，有着佛教所特有的宏大的世界观。又如《造化门·相禅》："循环三界内，犹如汲井轮。【佛说身观经卷九】"该例把佛教传统的"三世轮回"比作汲井轮，浅显易懂。

现在看来，古人的宇宙论、本体论的论述，大多不具备比喻的形式特征。但是，古人关于宇宙和世界的起源和运行机制的想象，实际上还是基于从自己本身或自己身边事出发的类比、类推，即孔子所说的"能近取譬"。换句话说，古人是通过隐喻的思维方式来认识宇宙、世界的。这可能就是《喻林》收这类内容进书的主要原因。

另外，据本人研究发现，《喻林》一般收能比附德行和哲理性较强的"喻"，很少收纯文学性的描绘性的比喻，这很大程度上与《喻林》其书的性质和徐元太编纂该书的宗旨有关。

第三，发现《喻林》门类下面的子目，是按相同相近意义类聚的。据本人研究，《喻林》意义相近或相同的子目大多安排在一起。虽然有些子目从表面来看，意义差别很大，但这些子目不管含义差别有多大，总可以找到它们中间的"核心子目"，即便"核心子目"不明显，我们也可以抽绎出它们中间的核心意义。

如《学业门一》中包含《从师》《取友》《端习》《必为》《积累》五个子目，从字面意义来看，这五个子目的含义相差很大，但是只要仔细思考，我们就会发现，这五个子目的核心子目是"端习"，因为"从师"和"取友"的目的是"端习"，而"端习"也是"必为"和"积累"的前提，而且这五个子目是围绕学习方法来讲的。

《学业门二》中包含《精专》《不息》《渐进》《深造》《折衷》《探本》六个子目，这六个子目表面的含义也相差很大，但是它们的核心子目是"深造"。因为"深造"是"精专""不息"和"渐进"的目的，也是"折衷"和"探本"的前提，而这几个子目是从追求知识的度来说的。

《学业门三》中包含《博古》《存心》《涵养》《充才》《求明》五个子目，与上文我们分析的情况不同的是，这五个子目之间没有"核心子目"。但从这五个子目中我们可以抽绎出"热爱读书，潜心学问"的核心意义，而这几个子目是从追求知识的角度来说的，虽然各自表达的侧重点不同，但都是从求道的大方向来说的。

《学业门四》中包含《求道》《求益》《志惰》三个子目，虽然这三个子目中"志惰"与另外两个含义完全相反，但"志惰"（该子目实则强调要戒除惰性）是"求道"和"求益"过程中应该极力避免的，其实本质上也与"求道""求益"一样，是劝人要勤奋好学。

《学业门五》中包含《神悟》《心得》《要成》《造士》《成名》五个子目，虽然所说的是各个不同的方面，但围绕的重点则是完成学业后的收益。我们仔细观察就会发现，这五个子目的意义也是逐层加深的。不仅《学业门》如此，其他的各门中的子目也有一定的排列规律。

第四，发现并分析了《喻林》援佛入儒的策略。《喻林》中的譬喻有很多来自佛教文献，这些佛教譬喻句被归类到按照儒家观念设立的门目中，较之其原义，发生了不同程度、不同形态的变化。笔者从多方面研究发现，《喻林》在对佛典譬喻进行归类时，充分考虑和接受了三教融合的观念和既成成果。对于在此之外的佛典譬喻的归类，则采取了"援佛就儒"的策略，即抹去或弱化其宗教特征，将其当作一般的世俗道理来理解、运用。而在"援佛就儒"过程中导致的意义改变，应该是出于编撰者的有意为之，目的是想赋予这些比喻更广泛的世俗意义。《喻林》编者广收佛教譬喻，对于当时佛教的世俗化有一定的推动作用。

本书还进一步借助《喻林》的材料线索分析了佛教譬喻对中土譬喻和相关文学文体的影响。在对丁敏的佛典譬喻分类进行再分析的基础上，将没有比况作用的佛典故事排除在外，认为真正的佛典譬喻可分为单喻和博喻，单喻可再细分为特性比喻和关系比喻。佛典譬喻对中土譬喻的影响表现在喻体的选择和创造、喻体的铺叙、取喻角度的变化和比喻方式的多样化四个方面。比喻方式中的博喻和关系比喻的发展受佛典譬喻影响尤其明显。佛典譬喻对中土譬喻文学的影响首先表现在对此后的寓言和小说上，具体表现为对寓言叙述方式、喻体的新角度阐发以及故事情节的虚构三个方面。而所有这些影响的发生，《喻林》及与《喻林》相关和类似的书是起了推波助澜的作用的。

第五，通过校勘，发现并校正了明刊一百二十卷本《喻林》中的一些关系重大的错讹。《喻林》底本中的错误有很多找不出原因，也有很多底本与四库全书本都弄错了，这种情况很大程度上是由于四库馆臣臆改而造成的。此外，还发现《喻林》底本的有些错误受原文俗字字形和异体字字形的影响。

在撰写本书时，本人还对一些问题做了深入的思考，特别是在佛教譬喻研究方面。因《喻林》中的譬喻来自 200 余种佛教典籍，涵括了大部分的汉译佛经，我们可以从研究《喻林》所引佛典文献的基础上延伸到佛教文献方面的研究，特别是把古典文献学中的研究方法运用到佛教文献的研究中。如把考据学与佛教文献研究结合起来，以考证佛典中相关内容的出处；把校勘学与佛教文献研究结合起来，校正佛典中有误的地方；把目录版本学与佛教文献研究结合起来，以系统地研究相关佛典的流传脉络等。

此外，我们还可以把佛典譬喻的研究延伸到佛教世俗化方面。《喻林》作为一本在儒家思想指导下所成的类书，却收录了这么多佛教类譬喻，使该书呈现出了"援佛入儒"的特点。因此，我们未来可以把《喻林》中佛教世俗化的现象迁移到其他时代同种类的典籍中，并拓展到当下，研究当今佛教世俗化的现象。如研究鄂东的佛寺、历代文人和哲人（如明代的李贽）跟佛寺僧人的交往以及与此相关的援佛入儒、佛教世俗化等。本书在第四章简要提到了佛教譬喻对小说和寓言两种文学形式的影响，实际上佛教譬喻对中土譬喻具体文学形式的影响远远不及这两项，应该还有戏曲、诗歌等；对中国文学思想的形成也有很大的促进作用，在这方面也应该有很大的研究空间。

参 考 文 献

一、古籍

[1] (周)尹喜：《关尹子》，中华书局 1985 年版。

[2] (春秋)师旷：《师旷禽经》，中华书局 1991 年版。

[3] (汉)王充：《论衡》，中华书局 1936 年版。

[4] (汉)恒宽愿：《盐铁论》，上海古籍出版社 1999 年版。

[5] (汉)焦延寿：《焦氏易林》，中华书局 1985 年版。

[6] (汉)黄宪：《天禄阁外史》，中华书局 1985 年版。

[7] (汉)戴得：《大戴礼记》，中华书局 1985 年版。

[8] (汉)扬雄：《扬子法言》，中华书局 1936 年版。

[9] (汉)河上公：《老子》，中华书局 2018 年版。

[10] (三国魏)王弼、(晋)韩康伯注，(唐)孔颖达疏：《宋本周易注疏》，
中华书局 2018 年版。

[11] (三国魏)何晏集解，(南朝梁)皇侃疏：《论语集解义疏》，中华书局
1985 年版。

[12] (晋)杜预注：《春秋经传集解》，中华书局 1936 年版。

[13] (晋)葛洪：《抱朴子》，上海古籍出版社 1990 年版。

[14] (南朝·宋)刘义庆：《世说新语》，中华书局 1962 年版。

[15] (梁)萧统：《文选》，上海古籍出版社 1986 年版。

[16] (梁)刘勰：《文心雕龙》，中华书局 1930 年版。

[17] (梁)僧旻：《经律异相》，上海古籍出版社 2011 年版。

[18]（梁）萧统编，（唐）李善注：《文选》，崇文书局 2017 年版。

[19]（北齐）魏收：《魏书》，中华书局 2018 年版。

[20]（唐）孔颖达疏：《毛诗正义》，中华书局 1957 年版。

[21]（唐）贾公彦传：《附音释周礼注疏》，中华书局 1936 年版。

[22]（唐）魏征：《隋书》，中华书局 2000 年版。

[23]（唐）房玄龄等：《晋书》，中华书局 2000 年版。

[24]（唐）欧阳询：《艺文类聚》，中华书局 1965 年版。

[25]（唐）道世：《法苑珠林校注》，中华书局 2003 年版。

[26]（宋）郭茂倩：《乐府诗集》，中华书局 1979 年版。

[27]（宋）李昉等编：《文苑英华》，中华书局 1982 年版。

[28]（宋）李昉等：《太平御览》，中华书局 1960 年版。

[29]（宋）朱熹：《四书章句集注》，中华书局 1983 年版。

[30]（宋）王应麟：《困学纪闻》，上海古籍出版社 2016 年版。

[31]（明）朱元璋：《明太祖集》，胡士萼点校，刘学锴审订，黄山书社
　　1991 年版。

[32]（明）徐元太：《喻林》一百二十卷本，上海辞书出版社 1991 年据明万
　　历刻本影印。

[33]（明）徐元太：《喻林》八十卷本，万历十七年（1589）何氏刊本。

[34]（明）徐元太：《喻林》一百二十卷本，文渊阁四库全书本。

[35]（明）张一桂：《漱秋堂文集》，万历庚戌（三十八年，1610 年刊本）。

[36]（明）陈俊等修，沈懋学等纂：《宁国府志》，成文出版社，影印万历
　　五年（1577）刊本。

[37]（清）庄泰弘等纂修：《宁国府志》，成文出版社，影印康熙十二年
　　（1673）刊本。

[38]（清）纪昀：《四库全书总目》，中华书局 1965 年版。

[39]（清）严可均辑：《全晋文》，商务印书馆 1999 年版。

[40]（清）王先慎：《韩非子集解》，中华书局 2013 年版。

[41]《大正新修大藏经》，大正一切经刊行会编，1924 年版。

二、今人研究论著

（一）佛教研究论著

[1]郭朋：《隋唐佛教》，齐鲁书社 1980 年版。

[2]郭朋：《明清佛教》，福建人民出版社 1982 年版。

[3]池田大作：《佛教一千年》，牛津大学出版社 1992 年版。

[4]丁敏：《佛教譬喻文学研究》，东初出版社 1996 年版。

[5]黄卓越：《佛教与晚明文学思潮》，东方出版社 1997 年版。

[6]周群：《儒释道与晚明文学思潮》，上海书店出版社 2000 年版。

[7]杨曾文：《佛教与历史文化》，宗教文化出版社 2001 年版。

[8]赖永海：《宗教与道德劝善》，江苏古籍出版社 2002 年版。

[9]史念林：《百喻经》，华夏出版社 2005 年版。

[10]周齐：《明代佛教与政治文化》，人民出版社 2005 年版。

[11]王铁钧：《中国佛典翻译史稿》，中央编译出版社 2006 年版。

[12]圣严法师：《明末佛教研究》，宗教文化出版社 2006 年版。

[13]星云：《佛教历史》，上海辞书出版社 2008 年版。

[14]杜继文：《佛教史》，江苏人民出版社 2008 年版。

[15]宋道发：《佛教史观研究》，宗教文化出版社 2009 年版。

[16]罗伟国：《图说中国道教史》，上海书店出版社 2009 年版。

[17]弘学：《小乘佛教》，巴蜀书社 2010 年版。

[18]昌乐：《阿弥陀经讲记》，宗教文化出版社 2010 年版。

[19]印顺：《初期大乘佛教之起源与开展》，中华书局 2011 年版。

[20]李尚全：《简明中国佛教史》，上海社会科学院出版社 2011 年版。

[21]陈玉女：《明代的佛教与社会》，北京大学出版社 2011 年版。

[22]王心竹：《理学与佛学》，长春出版社 2011 年版。

[23]卢巧琴：《东汉魏晋南北朝译经语料的鉴别》，浙江大学出版社 2011
年版。

[24]张中行：《佛教与中国文学》，北方文艺出版社 2011 年版。

[25]荆三隆：《杂譬喻经注译与辨析》，中国社会科学出版社 2012 年版。

[26]荆三隆：《众经撰杂譬喻注译与辨析》，中国社会科学出版社 2012 年版。

[27]俞学明：《法华经译注》，中华书局 2012 年版。

[28]荆三隆：《旧杂譬喻经注译与辨析》，中国社会科学出版社 2012 年版。

[29]郭朋：《中国佛教思想史》，社会科学文献出版社 2012 年版。

[30]郭朋：《中国佛教简史》，社会科学文献出版社 2012 年版。

[31]刘晓英：《佛教道教传播与中国文化》，学苑出版社 2012 年版。

[32]于元：《佛教的传入与传播》，吉林文史出版社 2012 年版。

[33]张志芳、张彬：《译以载道：佛典的传译与佛教的中国化》，厦门大学出版社 2012 年版。

[34]尚勇琪：《胡僧东来——汉唐时期的佛经翻译家和传播人》，兰州大学出版社 2012 年版。

[35]俞学明：《法华经译注》，中华书局 2012 年版。

[36]荆三隆：《法句譬喻经注译与辨析》，中国社会科学出版社 2013 年版。

[37]荆三隆：《杂宝藏经注译与辨析》，中国社会科学出版社 2014 年版。

[38]高健群：《传统与处境：从隐喻神学看宗教文化》，暨南大学出版社 2015 年版。

[39]张友鸾：《古译佛经寓言选》，商务印书馆 2015 年版。

[40]吴震：《明末清初劝善运动思想研究》，上海人民出版社 2016 年版。

[41]汤一介：《佛教与中国文化》，中国人民大学出版社 2016 年版。

[42]黄豪：《明代佛教劝运动研究》，花木兰文化出版社 2017 年版。

(二)其他研究论著

[1]王易：《修辞学》，商务印书馆 1932 年版。

[2]郑远汉：《辞格变异》，湖北人民出版社 1979 年版。

[3]华陆综：《尉缭子注释》，中华书局 1979 年版。

[4] 朱宝炯、谢沛霖：《明清进士题名碑录索引》，上海古籍出版社 1979 年版。

[5] 四川省中心图书馆委员会：《类书的沿革》，四川省图书馆学会 1981 年版。

[6] 王铁民：《古代寓言选读》，黑龙江人民出版社 1981 年版。

[7] 袁晖：《比喻》，安徽人民出版社 1982 年版。

[8] 郑远汉：《辞格变异》，湖北人民出版社 1982 年版。

[9] 胡道静：《中国古代的类书》，中华书局 1982 年版。

[10] 濮侃：《辞格比较》，安徽教育出版社 1983 年版。

[11] 张仁青：《丽辞探赜》，文史哲出版社 1985 年版。

[12] 张涤华：《类书流别》，商务印书馆 1985 年版。

[13] 罗愿：《尔雅翼》，中华书局 1985 年版。

[14] 吴枫：《简明中国古籍辞典》，吉林文史出版社 1988 年版。

[15] 祝鸿熹、洪湛侯：《文史工具书辞典》，浙江古籍出版社 1990 年版。

[16] 肖海波：《六朝志怪小说选译》，巴蜀书社 1990 年版。

[17] 成伟均：《修辞通鉴》，中国青年出版社 1991 年版。

[18] 徐中舒：《汉语大字典》，湖北辞书出版社 1992 年版。

[19] 刘城淮：《探骊得珠：先秦寓言通论》，陕西人民教育出版社 1992 年版。

[20] 刘城淮：《先秦寓言大全》，岳麓书社 1993 年版。

[21] 仇春霖：《古代中国寓言大系》，山西教育出版社 1994 年版。

[22] 张涌泉：《汉语俗字研究》，岳麓书社 1995 年版。

[23] 王希杰：《修辞学通论》，南京大学出版社 1996 年版。

[24] 陈望道：《修辞学发凡》，上海教育出版社 1997 年版。

[25] 周明初：《晚明士人心态及文学个案》，东方出版社 1997 年版。

[26] 钱仲联、傅璇琮、王运熙等：《中国文学大辞典》，上海辞书出版社 1997 年版。

[27] 金沛霖：《四库全书子部精要》，天津古籍出版社 1998 年版。

[28] 郑子瑜、宗廷虎:《中国修辞学通史·近现代卷》,吉林教育出版社
1998 年版。

[29] 郑子瑜:《中国修辞学通史·当代卷》,吉林教育出版社 1998 年版。

[30] 郑子瑜:《中国修辞学通史·明清卷》,吉林教育出版社 1998 年版。

[31] 郑子瑜:《中国修辞学通史·隋唐五代宋金元卷》,吉林教育出版社
1998 年版。

[32] 郑子瑜:《中国修辞学通史·先秦两汉魏晋南北朝卷》,吉林教育出版
社 1998 年版。

[33] 夏南强:《类书通论》,湖北人民出版社 2001 年版。

[34] 白本松:《先秦寓言史》,河南大学出版社 2001 年版。

[35] 钱锺书:《管锥编》,生活·读书·新知三联书店 2001 年版。

[36] 顾易生:《中国文学批评史》,上海古籍出版社 2002 年版。

[37] 张立文:《宋明理学研究》,人民出版社 2002 年版。

[38] 张莉红:《天理人欲》,四川教育出版社 2002 年版。

[39] 管锡华:《汉语古籍校勘学》,巴蜀书社 2003 年版。

[40] 陈文新:《明清章回小说流派研究》,武汉大学出版社 2003 年版。

[41] 张书岩:《异体字研究》,商务印书馆 2004 年版。

[42] 冯广艺:《汉语比喻研究史》,湖北教育出版社 2004 年版。

[43] 赵含坤:《中国类书》,河北人民出版社 2005 年版。

[44] 南炳文、何孝荣、陈安丽:《明代文化研究》,人民出版社 2005 年版。

[45] 藏策:《超隐喻与话语流变》,天津人民出版社 2006 年版。

[46] 中国传媒大学新闻传播学部:《文史要览》,中国传媒大学出版社
2006 年版。

[47] 盛若菁:《比喻语义研究》,西南交通大学出版社 2006 年版。

[48] 刘天振:《明代通俗类书研究》,齐鲁书社 2006 年版。

[49] 鲁迅:《鲁迅杂文全编》,人民文学出版社 2006 年版。

[50] 曾良:《俗字及古籍文字通例研究》,百花洲文艺出版社 2006 年版。

[51] 江育豪:《徐元太〈喻林〉研究》,花木兰文化出版社 2007 年版。

[52] 龚笃清：《明代科举图鉴》，岳麓书社 2007 年版。

[53] 孙永忠：《类书渊源与体例形成之研究》，花木兰文化出版社 2007 年版。

[54] 潘美月：《古典文献研究辑刊》第四编《类书渊源与体例形成之研究》，花木兰文化出版社 2007 年版。

[55] 谭全基：《古汉语修辞学论文集》，商务印书馆 2008 年版。

[56] 高全喜：《理心之间：朱熹和陆九渊的理学》，生活·读书·新知三联书店 2008 年版。

[57] 魏纪东：《篇章隐喻研究》，上海外语教育出版社 2009 年版。

[58] 聂焱：《比喻新论》，宁夏人民教育出版社 2009 年版。

[59] 沈乃文：《版本目录学研究》，国家图书馆出版社 2009 年版。

[60] 陈垣：《陈垣全集》，安徽大学出版社 2009 年版。

[61] 冯友兰：《中国哲学史》，重庆出版社 2009 年版。

[62] 蔡仁厚：《宋明理学·南宋篇》，吉林出版集团有限责任公司 2009 年版。

[63] 曾亦、郭晓东：《宋明理学》，南京大学出版社 2009 年版。

[64] 冯友兰：《中国哲学史》，重庆出版社 2009 年版。

[65] 钱基博：《版本通义》，岳麓书社 2010 年版。

[66] 李华：《〈左传〉修辞研究》，上海古籍出版社 2010 年版。

[67] 杨明：《刘勰评传》，南京大学出版社 2011 年版。

[68] 释印顺：《说一切有部为主的论书与论师之研究》，中华书局 2011 年版。

[69] 吕思勉：《理学纲要》，中国人民大学出版社 2011 年版。

[70] 张世亮、钟肇鹏、周桂钿译著：《春秋繁露》，中华书局 2012 年版。

[71] 葛兆光：《中国思想史》，复旦大学出版社 2013 年版。

[72] 张松辉、张景译注：《抱朴子外篇》，中华书局 2013 年版。

[73] 刘立夫、魏建中、胡勇译注：《弘明集》，中华书局 2013 年版。

[74] 胡平生、张萌译注：《礼记》，中华书局 2013 年版。

［75］南炳文、汤纲：《明史》，上海人民出版社 2014 年版。

［76］尹协理：《宋明理学》，漓江出版社 2014 年版。

［77］徐知媛：《二语隐喻理解研究》，中国社会科学出版社 2014 年版。

［78］戴卫平：《词汇隐喻研究》，世界图书出版公司 2014 年版。

［79］鲁迅：《鲁迅全集》(编年版)，人民文学出版社 2014 版。

［80］胡大雷：《〈文选〉诗研究》，世界图书出版公司 2014 年版。

［81］杨志高：《西夏文〈经律异相〉整理研究》，社会科学文献出版社 2014 年版。

［82］管锡华译注：《尔雅》，中华书局 2014 年版。

［83］许芗君：《从〈韩非子〉寓言论韩非的政治思想》，花木兰文化出版社 2015 年版。

［84］申华岑：《先秦寓言》，华中科技大学出版社 2015 年版。

［85］刘宇红：《概念隐喻理论的应用研究》，北京交通大学出版社 2016 年版。

［86］刘大为：《比喻、近喻与自喻——辞格的认知性研究》，学林出版社 2016 年版。

［87］郭焰坤：《喻类辞格流变史》，中国社会科学出版社 2016 年版。

［88］陈广忠译注：《淮南子》，中华书局 2016 年版。

［89］缪文远、罗永莲、缪伟译注：《战国策》，中华书局 2016 年版。

［90］张文强译注：《三国志》，中华书局 2016 年版。

［91］林家骊译注：《楚辞》，中华书局 2016 年版。

［92］许富宏译注：《鬼谷子》，中华书局 2016 年版。

［93］张双棣等译注：《吕氏春秋》，中华书局 2016 年版。

［94］陈涛译注：《晏子春秋》，中华书局 2016 年版。

［95］瑟伯：《当代寓言集》，人民文学出版社 2017 年版。

［96］上海书店编：《二十五史》，上海古籍出版社 2018 年版。

［97］罗辉、赵世举、罗积勇主编：《中华诗韵大辞典》，中华书局 2018 年版。

[98]李山、轩新丽译注：《管子》，中华书局 2019 年版。

三、论文

（一）期刊论文

[1]牟世金：《刘勰论文学欣赏》，《社会科学战线》1980 年第 4 期。

[2]邱天华：《比喻、讽喻不能混为一谈》，《当代修辞学》1983 年第 3 期。

[3]陈茂山：《试论明代中后期的社会风气》，《史学集刊》1984 年第 4 期。

[4]李守素、梁松：《试论类书的分类体系与分类技术》，《大学图书馆学报》1989 年第 5 期。

[5]陈茂山：《试论明代中后期的社会风气》，《史学集刊》1989 年第 4 期。

[6]郭良鋆：《佛教譬喻经文学》，《南亚研究》1989 年第 2 期。

[7]李世跃：《从连珠体的构成看中国传统思维方式》，《江淮论坛》1991 年第 2 期。

[8]谢国桢：《明末社会经济的繁荣与文化艺术的发展》，1992 年中国明史学会会议论文集。

[9]夏南强：《类书通论——论类书的性质起源发展演变和影响》，《华中师范大学学报(社会科学版)》1996 年第 6 期。

[10]熊立胜：《言语交际中的讽喻艺术》，《现代交际》1996 年第 4 期。

[11]伍立扬：《读〈喻林〉》，《瞭望》1996 年第 16 期。

[12]江育豪：《徐元太〈喻林〉及其相关问题初探》，《瞭望》1996 年第 16 期。

[13]靖居：《第一部佛教百科全书——〈法苑珠林〉》，《世界宗教文化》1998 年第 4 期。

[14]张节末：《禅观与譬喻——论中国禅宗与印度佛教的一个区别》，《哲学研究》2000 年第 3 期。

[15]李品素：《寓言应属修辞格范畴》，《科学新闻》2001 年第 26 期。

[16]夏南强：《类书的类型与归类》，《大学图书馆学报》2002 年第 4 期。

[17] 于翠玲：《论官修类书的编辑传统及其终结》，《北京师范大学学报》
（人文社会科学版）2002 年第 6 期。

[18] 施春宏：《比喻义的生成基础及理解策略》，《语文研究》2003 年第 4
期。

[19] 张斌峰：《荀子的"类推思维论"》，《中国哲学史》2003 年第 2 期。

[20] 陈明：《西域出土文献与印度古典文学研究》，《文献季刊》2003 年第 1
期。

[21] 梁平：《中国古代类书编撰简史要略》，《图书与情报》2004 年第 3 期。

[22] 夏南强：《论"应试类书"》，《图书情报工作》2004 年第 5 期。

[23] 王利伟：《儒家文化对类书编纂之影响》，《图书与情报》2004 年第 4
期。

[24] 孙津华：《四库全书总目·类书探析》，《图书馆工作与研究》2005 年
第 2 期。

[25] 张显清：《晚明社会的时代特点》，《河南师范大学学报》（哲学社会科
学版）2005 年第 6 期。

[26] 曾玉玲：《试析儒家重教化讽喻的文学观》，《成都教育学院学报》
2006 年第 10 期。

[27] 孙毅、陈朗：《讽喻的认知语用阐释》，《牡丹江教育学院学报》2006
年第 4 期。

[28] 李小彤：《类书研究现状综述》，《中国诗歌研究动态》2006 年第 1 期。

[29] 吴福秀：《〈诸经要集〉和〈法苑珠林〉版本流传之研究》，《钦州师范高
等专科学校学报》2006 年第 1 期。

[30] 杨荣祥：《讽喻辞格的文化特征》，《修辞学习》2008 年第 1 期。

[31] 陈彦：《试析寓言中的概念隐喻及认知功能》，《重庆工学院学报》（社
会科学版）2008 年第 6 期。

[32] 许结：《论汉赋"类书说"及其文学史意义》，《社会科学研究》2008 年
第 5 期。

[33] 晨鸣：《比喻、讽喻及讽喻中的两种情况》，《中学语文教学参考》

2008 年第 5 期。

[34] 汪超:《论明代日用类书与词的传播》,《图书与情报》2010 年第 2 期。

[35] 刘正平:《佛教譬喻理论研究》,《宗教学研究》2010 年第 1 期。

[36] 罗菲:《谈讽喻的定义及分类》,《河北科技师范学院学报》(社会科学版)2011 年第 4 期。

[37] 黄卫星:《事件性比喻的逻辑结构新探》,《当代修辞学》2011 年第 1 期。

[38] 蓝纯:《从认知视角看〈宝积经〉中的比喻》,《当代修辞学》2012 年第 3 期。

[39] 刘全波:《南北朝私纂文学类书考》,《图书馆工作与研究》2012 年第 3 期。

[40] 张献忠:《日用类书的出版与晚明商业社会的呈现》,《江西社会科学》2013 年第 12 期。

[41] 罗钢:《当"讽喻"遭遇"比兴"——一个西方诗学观念的中国之旅》,《北京师范大学学报》(社会科学版)2013 年第 3 期。

[42] 赵纪彬:《〈百喻经〉所集故事来源考论》,《海南师范大学学报》(社会科学版)2013 年第 3 期。

[43] 杨宗红:《论明末清初话本小说的劝善性及其文化背景——以其与善书关系为考察中心》,《安徽大学学报》(哲学社会科学版)2013 年第 2 期。

[44] 刘全波:《论明代日用类书的出版》,《山东图书馆学刊》2014 年第 5 期。

[45] 朱国华:《何谓讽喻》,《中国图书评论》2014 年第 9 期。

[46] 肖鹏:《佛教中盐的词汇和譬喻》,《佳木斯教育学院学报》2014 年第 4 期。

[47] 刘宇红,赵富春:《寓言类隐喻的映射问题》,《常州大学学报》(社会科学版)2015 年第 6 期。

[48] 何诗海:《明代类书与文体学》,《安徽大学学报》(哲学社会科学版)

2015 年第 1 期。

[49]定明：《明末清初的社会政治文化与禅宗的兴起》，《中国佛学》2015
年第 2 期。

[50]张濯清：《宋元日用类书的类型、编纂特色及其价值》，《中国出版》
2016 年第 16 期。

[51]刘全波：《再论类书的目录学演变》，《中国出版》2016 年第 16 期。

[52]刘林：《讽喻构成文学洞见的真正深度——论保罗·德曼的讽喻观及
其特色》，《山东大学学报》(哲学社会科学版)2016 年第 2 期。

[53]闫艳：《佛经翻译文本的文学性研究》，《世界宗教文化》2016 年第 4
期。

[54]张煜：《〈长阿含经〉中的譬喻、故事及其他》，《暨南学报》(哲学社会
科学版)2016 年第 12 期。

[55]陈明：《佛教譬喻故事略要本在西域和敦煌的流传——以敦研 256 号
写本为例》，《文史》2016 年第 6 期。

[56]赵纪彬：《中古佛典序跋讲说方式的譬喻性》，《唐都学刊》2017 年 9
月第 5 期。

[57]赵伟：《佛教譬喻影响中国文学举例》，《东方论坛》2017 年第 6 期。

[58]杨荣祥：《讽喻辞格的文化特征》，《修辞学习》2018 年第 1 期。

[59]张晚霞：《我国类书的发展及其类目的沿革》，《淮北师范大学学报》
(哲学社会科学版)2018 年第 2 期。

[60]何亮：《心性、人性与理性的"劝善书"——评〈理学视域下明末清初
话本小说研究〉》，《黑河学刊》2018 年第 5 期。

[61]王廷法：《佛典"譬喻"的逻辑考察》，《中北大学学报》(社会科学版)
2019 年第 3 期。

(二)学位论文

[1]马丽：《明末的劝善思想和慈善事业——以袁黄为中心的考察》，苏州
大学 2005 年硕士学位论文。

［2］周向荣：《管锥编（一）与佛典》，华中科技大学 2008 年硕士学位论文。

［3］蒋玮：《〈法苑珠林〉中的女性故事研究》，华东师范大学 2008 年硕士学位论文。

［4］桂恺：《中国古代类书编纂研究》，华中师范大学 2011 年硕士学位论文。

［5］韩瑞：《〈圆觉经〉中的比喻研究》，西安电子科技大学 2011 年硕士学位论文。

［6］刘秋尧：《〈法苑珠林〉感应缘涉梦故事研究》，陕西师范大学 2012 年硕士学位论文。

［7］赵纪彬：《〈百喻经〉故事研究》，江苏师范大学 2012 年硕士学位论文。

［8］涂媚：《明代类书考论》，江西师范大学 2012 年硕士学位论文。

［9］滕丽丽：《〈杂譬喻经〉的文学性研究》，华侨大学 2013 年硕士学位论文。

［10］姜媛媛：《〈经律异相〉譬喻文学之研究》，兰州大学 2014 年硕士学位论文。

［11］高蕊：《什译〈大庄严论经〉文学研究》，西北大学 2014 年硕士学位论文。

［12］牟德余：《柳宗元论说文论辩艺术研究》，新疆师范大学 2017 年硕士学位论文。

［13］李娅杰：《由虚入实，劝善戒恶——明末清初"儒门功过格"研究》，华东师范大学 2019 年硕士学位论文。

［14］黄志强：《佛教逻辑比较研究》，中国人民大学 2002 年博士学位论文。

［15］孙鸿亮：《佛经叙事文学与唐代小说研究》，陕西师范大学 2005 年博士学位论文。

［16］王丽娜：《偈与颂——以中古汉译佛典为中心》，南开大学 2012 年博士学位论文。

［17］刘全波：《魏晋南北朝类书编纂研究》，兰州大学 2012 年博士学位论文。

［18］王彦明:《牧斋与佛教》,福建师范大学 2013 年博士学位论文。

［19］吴章燕:《南本〈大般涅槃经〉研究》,福建师范大学 2015 年博士学位论文。

［20］王玉姝:《柳宗元诗文与佛禅的现实关照研究》,吉林大学 2016 年博士学位论文。

［21］邱蔚华:《朱熹文学与佛禅关系研究》,福建师范大学 2017 年博士学位论文。

［22］元文广:《汉译佛典譬喻故事研究》,西北大学 2019 年博士学位论文。